纪念中央财经大学建校七十周年丛书

U0735486

龙马七秩

——保险学院篇

中央财经大学保险学院　编

中国财经出版传媒集团

经济科学出版社

Economic Science Press

图书在版编目（CIP）数据

龙马七秩．保险学院篇/中央财经大学保险学院编．
—北京：经济科学出版社，2019.9
ISBN 978 - 7 - 5218 - 0991 - 6

Ⅰ．①龙…　Ⅱ．①中…　Ⅲ．①中央财经大学保险
学院 - 校史　Ⅳ．①G649.281

中国版本图书馆 CIP 数据核字（2019）第 216576 号

责任编辑：王　娟　张立莉
责任校对：杨　海
责任印制：邱　天

龙 马 七 秩

——保险学院篇

中央财经大学保险学院　编

经济科学出版社出版、发行　新华书店经销

社址：北京市海淀区阜成路甲 28 号　邮编：100142

总编部电话：010 - 88191217　发行部电话：010 - 88191522

网址：www. esp. com. cn

电子邮件：esp@ esp. com. cn

天猫网店：经济科学出版社旗舰店

网址：http：//jjkxcbs. tmall. com

北京财经印刷厂印装

710 × 1000　16 开　16.5 印张　300000 字

2020 年 1 月第 1 版　2020 年 1 月第 1 次印刷

ISBN 978 - 7 - 5218 - 0991 - 6　定价：79.00 元

目　　录

第一章
保险学院历史沿革

第一节　恢复保险教育（1978～1992 年）

一、恢复招生

1978 年 2 月 22 日，教育部向国务院报送《关于同意恢复中央财政金融学院的报告》。2 月 25 日，方毅副总理在报告上批示："拟同意，请李（先念）副主席、（纪）登奎、（余）秋里、王震、谷牧同志批示。"李先念副主席等几位领导均圈阅。3 月 16 日，教育部向财政部发出通知：根据国务院领导同志的批示，同意在北京恢复中央财政金融学院。该院设置财政、金融、国际金融、会计、统计等专业，学制三年，在校学生规模两千人；面向全国招生，实行财政部和北京市双重领导，以财政部为主。据此，中央财政金融学院恢复招生，计划首年在北京市招收财政、金融、会计三个专业走读生各 40 名，共120 名，学制四年。

二、学科恢复

复校后保险学院的前身金融系恢复建制。1979 年 11 月 26 日，中央财政金融学院张玉文同志、李继熊同志参加中国人民银行分行长会议，讨论恢复国内保险业务问题。

考虑到在改革开放发展形势下，各地开放口岸缺少涉外保险业务干部的问题亟待解决，作为新成立的中国保险学会的理事单位，中央财政金融学院积极响应财政部、中国人民银行总行党组的决定，决定开始招收第一届保险专业本科生。

在当时非常困难的条件下，李继熊老师和陈继儒老师积极推动改革开放后国内首个保险学科专业的建设，在金融系设立了国际保险专业，于1980年开始招生，并在1981年通过了学士学位授予的审核，标志着我国保险高等教育的恢复。作为率先恢复保险高等教育的中财保险专业，经财政部1986年1月批准，成立了保险系。1986年5月16日，中国人民保险公司与中央财政金融学院就办好保险系，发展保险教育事业签订了协议书。保险系不断提高教学质量，培养出的一批批毕业生不断地成为保险行业的骨干人才。

三、砥砺前行

在这一时期，国内仅有少数几所综合性大学和财经类院校具备金融保险类专业的办学资格。本学科点传承"文革"前的办学经验，全面恢复了正常的教学和研究秩序，并取得了稳步发展。学科建设初见成效，为后来的持续发展和提升打下了良好的基础。后来在中国人民保险总公司各方面的协助和支持下，系主任李继熊、系副主任陈继儒和冯寒松同志的领导下，本学科点在教学科研方面做了大量工作，取得了突出的成绩，为改革开放初期的经济建设培养了许多优秀人才。

1994年为了统一专业名称，将国际保险并入保险专业，从1994年开始招生。

第二节　精算学科的引入（1992～2004年）

一、精算起航

随着社会主义市场经济体制改革目标的确立，中国保险业发展进入了新的历史阶段，也为保险高等教育带来了契机。1992年，保险学院与英国鹰星保险公司和英国精算师学会签署了联合开展保险精算研究生教育的协议，并于1993年9月28日，开办了研究生班，引进了国际上公认的高水平的英国精算体系，开始了精算学的科研与教学工作，首届毕业生于1996年毕业。

1994年12月29日，经院长办公会议研究决定，同意保险系成立精算研究所，作为教研室同级单位，所长、副所长由保险系人员担任。作为我国第一个精算科研机构，研究所积极探索精算事业发展之路，为精算科学在中国的普及应用以及中国精算师制度的建立，做出了很大的贡献。同时也为中国保险业输送了大量的精算骨干人才，在保险监管部门、国内外知名保险公司以及一些大型金融集团担任要职。

二、基地成立

2003 年 4 月，中央财经大学整合了全校科研资源，在国家重点学科金融学（含保险学）、北京市重点学科国民经济学和校级重点学科统计学等学科的基础上，对原保险精算研究所、中国保险与风险管理研究中心等研究机构进行了优化重组，成立了中央财经大学中国精算研究院，2004 年，中国精算研究院被批准为教育部人文社会科学重点研究基地。

第三节 学院成立、蓬勃发展（2004~2019 年）

一、学院成立

保险学院于 2006 年在原保险系的基础上成立，依托于中央财经大学应用经济学以及国家重点学科，主要承担保险学、精算学、社会保障学等二级重点学科及相关学科的人才培养、科学研究和社会服务等方面的工作。

二、成绩斐然

在 2005 年世界保险大会上，中央财经大学被誉为对世界保险业做出突出贡献的亚洲三所大学之一。2008 年，中央财经大学保险专业被教育部批准为全国特色专业。2010 年起，保险学院与中国精算研究院（教育部人文社科重点研究基地）合署运行。2011 年起，保险学院成为全国保险专业学位研究生教育指导委员会秘书处的挂靠单位。2014 年起，保险学院获得了英国精算师协会授予 CT1－CT8 等 8 门课程免试认证资格。2017 年，保险学院李继熊教授荣获 2017 年度"中国金融学科终身成就奖",中央财经大学"保险风险分析与决策学科创新引智基地"("111"引智计划)获国家批准立项。同年,保险学院获得英国精算师协会高级课程 CA1 考试豁免资格。2018 年,保险学院精算项目获得北美精算师协会(SOA)Centers of Actuarial Excellence(CAE)认证。此外,中国精算师协会、英国精算师协会、北美非寿险精算师协会、英国保险学会和澳大利亚与新西兰保险与金融学会的北京考试中心均设在保险学院和中国精算研究院。

三、系所丰硕

目前,学院拥有教育部人文社会科学重点研究基地中国精算研究院,以及其他若干研究机构,包括中国保险市场研究中心、中国社会保障研究中心、中国财富管理研究中心、中国民生保障研究中心、中国农业风险管理研究中心、量化投资研究中心、中子星保险资产管理研究中心、风险管理研究中心、保险数据文献中心、风险量化与决策研究中心、社保精算研究中心、中央财经大学保险与风险管理国际联合创新实验中心等。2012 年以来,发表 SCI、SSCI 及相当水平的国际刊物上的优质论文近百篇,国家自然科学基金项目、国家社会科学基金项目数十项,省部级以上课题项目近百项,为国家多项重大决策提供重要研究报告,为确定国家养老保险给付水平等事项提供全面精算报告,并参与多项全国性重要法规的起草工作。

在教学方面,学院拥有风险管理与保险系、精算科学系、劳动与社会保障系,在保险学、精算学、社会保障学三个专业/方向均招收本科生、硕士研究生、博士研究生和博士后,其中在硕士研究生阶段招收保险学、精算学、社会保障学三个专业的学术型硕士研究生和保险专业硕士研究生。建立了高水平的、与科研机构相配合的教学平台,并且在境内外设立了 13 个常年处于良好运行状态的教学实践基地。保险专业团队被评为北京市优秀教学团队;保险学院与民安保险公司合作的教学实践基地被评为北京市优秀教学实践基地。由于高度重视教育教学改革的理论研究和实践探索,保险学院在人才培养方面取得可喜成绩。

第二章
学院本科人才培养

第一节　本科人才培养概述

一、学院本科概述

中央财经大学保险学院成立于 2006 年，前身是原中央财政金融学院金融系的保险教研室，1986 年独立成立了保险系，2006 年在原保险系的基础上组建保险学院。中央财经大学是我国最早开展保险教学和研究的高等院校，1952年在国内率先设立了保险学专业。1980 年，国内保险业务恢复后，中央财经大学国际保险专业于同年率先恢复招生，向社会输送了大批的保险专业人才，为我国保险业的发展做出了重要贡献，在国内外赢得了较高的声誉。2000 年，成功开办了劳动与社会保障专业；2002 年，保险专业作为中央财经大学金融学科的组成部分，成为国家级重点学科；在 2005 年世界保险大会上，中央财经大学被誉为对世界保险业做出突出贡献的亚洲三所大学之一；2008 年，中央财经大学保险专业被教育部批准为国家级特色专业。

1993 年，中央财经大学开始招收保险精算研究生，1994 年成立了"保险精算研究所"，在国内率先设立了精算学科研机构；2003 年成立了中央财经大学中国精算研究院，2004 年，中国精算研究院入选教育部人文社会科学重点研究基地，是教育部迄今为止保险与精算学科唯一的重点基地。2006 年 7月，根据学校党委行政决策，在原保险系的基础上正式成立了中央财经大学保险学院。

2011 年起，保险学院入选中央财经大学国家教育体制改革试点项目"财经应用型创新人才培养模式改革"校内试点单位。在充分论证的基础上，形成了"一体两翼三支柱"的本科生特色培养方案。其中，"三支柱"即保险学院本科生培养特色的三个方向，即科研创新、实践教学和国际化。

二、开设专业

传承多年的办学经验，结合近年来的教育改革实践及保险行业的人才需求，保险学院开设了两个专业和一个专业方向，分别是风险管理与保险专业、劳动与社会保障专业和精算学专业。

风险管理与保险专业。该专业在我国设立最早，国内外专业知名度和影响力最大，是全国重点学科金融学的重要组成部分，2007年保险专业成为国家特色专业建设点；2008年保险专业成为北京市优秀教学实践基地和北京市特色专业建设点；2009年保险专业成为北京市优秀教学团队，在全国保险教育领域处于领先地位；2013年，保险专业被确定为中央财经大学"财经应用型创新人才培养模式改革"试点专业；2014年，相关国际组织将中央财经大学保险专业评为全球20个具有行业影响力的保险专业，成为亚洲地区唯一获此殊荣的院校。

劳动与社会保障专业。劳动与社会保障专业是一个新兴的交叉学科，为了适应我国社会主义市场经济体制不断健全、人力资源社会保障事业快速发展对人才培养、理论和政策研究的迫切需求，教育部在1998年颁布的《普通高等学校本科专业目录》中增设了劳动与社会保障专业，隶属管理学门类的公共管理一级学科。劳动与社会保障专业研究基于人身风险的社会保障及员工福利。随着市场化改革的推进，国家的社会保障和用人单位的员工福利事业日新月异，各级各类社会保障行政管理机关、经办服务机构、金融保险机构和广大企事业单位、人力资源管理部门亟须具有新理念、新知识、新技术和国际化的劳动与社会保障高级专业人才，去从事管理、服务和理论及政策研究，人才需求层次不断提高，而且规模将持续扩大。保险学院于2000年开始招收劳动与社会保障专业本科生，2004年开始招收社会保障专业硕士研究生，2012年开始招收保险学专业社会保障研究方向的博士研究生，形成了完整的人才培养体系，是北京市高等教育自学考试劳动和社会保障专业（独立本科段）的主考院校。2008年学校批准成立了中国社会保障研究中心。

精算学专业。1992年，中央财经大学与英国精算师学会、英国鹰星保险公司签署了合作培养精算专业人才（硕士层面）的协议，并于1993年开始招生。2003 年中央财经大学中国精算研究院成立，并在 2004 年成为教育部人文社会科学重点研究基地，直属中央财经大学管理，并且与保险学院合署运行。保险学院从 2004 年开始设立保险专业精算方向，招收本科生，并设立了相应的博士点。中央财经大学是最早引入英国精算体系的中国高等院校，经过多年的发展，学院拥有一批在国内外精算界有一定影响力的教师和知名学者。中国精算研究院的专职科研专家对于学院精算科学系各层次教学活动和人才培养做出了重要贡献。2017 年，原保险专业精算方向变更为精算学专业。

三、导师制与国际化

保险学院重视学生培养，本科生入校后即采取导师制，由专任教师对于其大学四年的学业及个人发展进行全方面指导。同时，学院重视对本科生的学术研究能力的引导，使本院本科生的学术研究成果领先与国内同类院系，每年均有本科生撰写的论文入选国内外的专业学术会议。中央财经大学保险学院的毕业生在国内外保险与精算领域具有重要影响力，对于我国保险行业和精算事业的发展做出了重要贡献。目前，中央财经大学的校徽就是源自保险学院校友做出杰出贡献的中国再保险集团捐赠给学校的"吞吐大荒"雕塑作品。中央财经大学保险学院作为国际知名、国内领先的教学科研机构，秉承为人类社会和谐、国家繁荣昌盛的办学理念，培育天下英才。

本科生教育的国际化建设不仅是保险学院人才培养模式的重要手段，而且也是提升学生国际化视野的重要途径。大力推动本科生学习与职业资格的衔接，实现一定程度上本科生教育与行业的对接、学位与职业的对应、培养与使用的结合。

一是"请进来、走出去"。一方面，利用中国精算研究院国家重点社科基地平台，利用"国家 111 引智计划"的特殊便利，聘请国外知名教授为本科学生授课，开拓学生的国际化视野和专业能力。另一方面，每年选派 2～3 名本科生师资赴国外高水平大学进行为期一年的进修访学，资助学生出国参加各类学术会议、行业年会和培训项目等。

二是加强与国际保险、精算国际一流高校和权威职业资格机构的合作，实施课程嵌入，探索国际一流学科建设新模式。目前，保险学院已与英国皇家特许保险学会（CII）、澳大利亚与新西兰保险学会（ANZIIF）、北美精算师协会

(SOA)、英国精算师协会（IFOA）签署了合作协议。合作协议框架如下：本校本科生免考 CII 初级阶段 3 门课程；本校本科生毕业两年后可以自动面试获得 ANZIIF 会员资格；本校本科生获得 IFOA 精算师考试 CT 系列 8 门课和 CA1 课程的考试认证资格。

第二节 本科培养方案

针对行业发展对综合人才需求的提升，保险学院把过去本科生教育的专业课程模块扩展到五个模块，即学科基础课、通识素质课、专业基础课、专业拓展课程、实践课程模块。模块化课程主要通过专业知识学习、社会化技能学习、综合应用及能力发展和论文撰写四条行动学习主线来实现人才培养，这四条主线贯穿于学生培养全过程，达到"学生带着问题走入课堂，带着解决方案离开教室"的目的。

作为课程模块的核心，专业课程模块又根据专业方向划分为保险模块、精算认证课程模块、劳动与社会保障模块。其中，各专业方向模块又根据课程内容划分为不同的具体课程，课程之间又有一根主线进行串联。

通识素质课和实践课程模块是新增加的两个模块。通识素质模块的课程通过聘请全校最佳师资授课，拓展本科生的综合素质。实践课程模块主要通过实验课程、企业集中实习、实地考察、保险大讲堂、实务研讨、创新创业训练等方式进行，提高实践能力和创新能力。

模块化课程设置能够及时反映行业发展的新技术和新方法，可以让学生根据自己的特点进行自由组合和更新，更符合学生的实际需求。为了保证本科生模块化课程的顺利实施，学院主动压缩了专业必修课的总学分，提高了通识课、实践课的学分占比。下面分别详细介绍各专业的培养方案。

一、保险专业

（一）培养要求

本专业旨在培养德、智、体全面发展，具有扎实的经济学、金融学基础知识，熟练掌握风险管理、保险学基础理论和相关专业知识及基本技能，具备熟练应用的英语水平和计算机操作技能，可以在政府宏观经济管理部门、保险监管或银行、保险公司、各类大型企业以及相关科研机构从事风险分析与管理、保险管理及相关产品开发与服务等相关业务的实务或管理工作，具有坚实保险专业知识和实践能力、研究能力及广阔的国际化视野，具有较高的法律、道德素养与人文精神，适应国家经济和社会发展需要的创新型、实用型、复合型人才。

本专业以马克思列宁主义、毛泽东思想、邓小平理论及"三个代表"重要思想、科学发展观、习近平新时代中国特色社会主义思想为指导，培养学生良好的马列主义理论素养，使他们具备正确的政治方向，坚持党的领导，坚持四项基本原则，坚持改革开放，热爱社会主义祖国，具有爱国主义、集体主义良好的思想品德；使他们具有为社会主义现代化建设服务，为人民服务，为国家富强、民族昌盛而奋斗的志向和责任感；使他们具备遵守"爱国守法、明礼诚信、团结友善、勤俭自强、敬业奉献"的公民基本道德规范；使他们具有严谨治学、求真务实、艰苦奋斗、团结协作的品质，具有创新精神和良好的职业道德，遵纪守法，爱岗敬业。

本专业学生应能够掌握经济学、金融学的基础理论，具有较扎实的经济理论功底和丰富的专业知识；系统地掌握保险学的基本理论和业务知识，具备坚实的数学和统计学基础，了解国内外保险与风险管理的理论和实践，基本熟悉本专业所涉及领域的学科发展现状及趋势，具备较强的分析和解决实际问题的能力和初步的科研能力；熟悉我国相关法律、法规、方针和政策，具有较全面的法律和财务分析能力；掌握必要的计算机和网络技能，熟练应用相关的计算机软件；熟练掌握一门外语，达到学校规定的外语水平，能运用外语熟练地阅读专业书刊及有关信息资料。

本专业学生要求具有一定的体育和军事基本知识，掌握科学锻炼身体的基本技能，养成良好的体育锻炼和卫生习惯，达到国家规定的大学生体质健康标准，具备健全的心理和健康的体魄；善于以开拓精神从事本专业的实际业务工作；善于与他人合作，具有较好的语言和沟通能力，具有独立的研究、决策和业务活动的能力。

（二）学制、学分与学位

本专业基本修业年限为 4 年。

本专业学生应取得 156 总学分。其中：课堂教学 147 学分，包括必修课 103

学分，选修课44学分（其中保险专业知识模块要求选够14学分；相关专业知识要求选够8学分；数理英语知识模块要求选够8学分；计算机类课程选够4学分，其余课程不做学分要求；通识教育模块要求选够10学分）；实践模块9学分。

本专业授予经济学学士学位。

（三）课程体系

目前，本专业课程体系包括理论教学课程、实践教学课程和毕业论文三部分。理论教学课程包括通识课、思想政治理论课、专业课、任意选修课，其中通识课包括大学语文与写作、外语、数学、计算机与信息技术应用、体育以及学校根据培养目标开设的人文科学、管理、法律、自然科学和工程技术、艺术等方面的知识课程。实践教学课程包括实验和实训课、专业实习、社会实践、专业文献综述训练、实验教学、专题调研等。

在本培养方案中，设置思想政治与军事理论课（7门）、公共基础课（7门）、学科基础课（8门）、专业主干课（10门）、专业选修课（43门）、实践课（4门）6个课程类别，丰富专业课程体系。其中，为体现保险专业特色，结合学科发展和社会发展热点，开设保险学、风险管理学、保险计量模型（实验）等特色核心课程，优化课程结构并完善学生的知识体系；为满足未来复合型人才的需求，增设若干数理研究、计算机应用等课程，专业选修课学分比重提升至50%，体现了"通才教育"的培养观念。如图2-1所示。

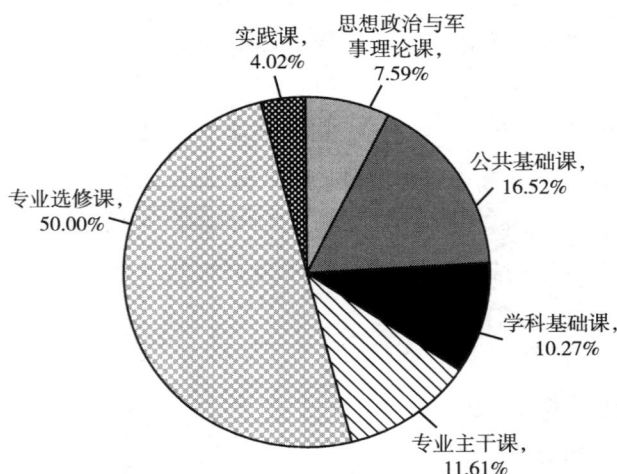

图 2-1 2017 级保险专业课程结构

实践课，4.02%
思想政治与军事理论课，7.59%
公共基础课，16.52%
学科基础课，10.27%
专业主干课，11.61%
专业选修课，50.00%

创新实践教学环节是大学生实践能力和创新能力培养的手段之一，通过实践学分模块，让学生在多维立体的实验实践教学各环节中锻炼，提高适应社会的能力。其与学校其他机构组织的第二课堂教学相结合，分别安排在大学四年的相应学期和假期，包括军事技能训练、安全教育、创新创业、毕业实习及毕业论文等。如表 2 – 1 所示。

表 2 – 1　　　　2017 级保险专业 10 门专业主干课程开课情况

编号	课程名称（中英文）	学分	学习时段
1	保险学 Insurance	3	第二学期
2	风险管理学 Risk Management	3	第三学期
3	人寿与健康保险 Life and Health Insurance	3	第三学期
4	财产与责任保险 Property and Liability Insurance	3	第四学期
5	精算学原理 Actuarial Science	3	第四学期
6	保险法 Insurance Law	2	第五学期
7	保险公司财务管理 Financial Management of Insurance Companies	2	第五学期
8	海上保险学（双语） Marine Insurance（Bilingual）	3	第六学期
9	保险计量模型（实验） Econometric Model for Insurance	2	第六学期
10	社会保障学 Social Security	2	第七学期

二、保险学专业（精算方向）

（一）培养要求

本专业方向旨在培养德、智、体全面发展，具有扎实的数学、经济学、金融学、投资学、精算学基础知识，熟练掌握保险学、精算学基础理论和相关专业知识及基本技能，具备熟练应用的英语水平和计算机操作技能，可以在保险监管或保险公司、政府宏观经济管理部门、社会保障部门，以及相关的金融单位从事对风险定量化分析与管理以及相关产品开发与服务等相关业务的实务或管理工作，具有继续深造的坚实数理基础与专业基础，适应建设社会主义市场经济发展的需要、适应经济全球化发展潮流、具有开拓创新精神的专门人才。

本专业方向学生应具备良好的马列主义理论素养，以马克思列宁主义、毛泽东思想、邓小平理论及"三个代表"重要思想、科学发展观、习近平新时代中国特色社会主义思想为指导，具备坚定的政治方向，坚持党的领导，坚持四项基本原则，坚持改革开放，热爱社会主义祖国；具有爱国主义、集体主义、社会主义良好思想品德；具有为社会主义现代化建设服务，为人民服务，为国家富强、民族昌盛而奋斗的志向和责任感；遵守"爱国守法、明礼诚信、团结友善、勤俭自强、敬业奉献"的公民基本道德规范；具有严谨治学、求真务实、艰苦奋斗、团结协作的品质，具有创新精神和良好的职业道德，遵纪守法，爱岗敬业。

本专业方向学生应能够掌握数学、金融学、保险学、投资学、社会保障学、寿险与非寿险精算的基础理论，具有较坚实的数学理论功底和较强的定量分析技能，并能与我国社会主义初级阶段的具体国情相结合；系统地掌握精算学的基本理论和业务知识，了解精算理论在保险领域的作用，了解国内外保险精算与保险公司风险管理的理论和实践，基本熟悉本专业方向所涉及领域的发展现状及趋势，具备较强的分析、解决实际问题的能力和初步的科研能力；熟悉我国相关的保险法律法规、方针和政策，具有较全面的法律和保险公司财务分析能力和较强的保险公司财务管理的理论基础；掌握必要的计算机和网络技能，熟练应用相关的计算机软件，尤其具备较强的运用计算机进行数据处理的能力；熟练掌握一门外语，通过国家公共外语四级水平测试，能运用外语熟练地阅读专业书刊及有关信息资料，并有较好的听、说、写能力，能听懂用英语教学的专业课内容。

本专业方向学生要求具有一定的体育和军事基本知识，掌握科学锻炼身体的基本技能，养成良好的体育锻炼和卫生习惯，受到必要的军事训练，达到国家规定的大学生体质健康标准，具备健全的心理和健康的体魄，能够履行建设祖国和保卫祖国的神圣义务；善于以开拓精神从事本专业方向的实际业务工作；善于与他人合作，并同时具有独立的研究、决策和业务活动的能力。

（二）学制、学分与学位

本专业方向基本修业年限为4年。

本专业方向学生应取得156总学分。其中：课堂教学147学分，包括必修课110学分，选修课37学分（其中专业选修课开设67学分，要求选满27学分；另有专业选修课拓展模块12学分，不做学分要求；通识教育选修课要求修满10学分）；课堂教学中，包括英国精算师协会认证课程8门，33学分；实践模块9学分。

本专业方向授予经济学学士学位。

（三）课程体系

1. 与英国精算师资格考试体系的对接。

2013～2014学年第二学期，保险学院开始申请英国精算师协会CT课程的认证，目前已经成功申请8门CT系列课程。以此为契机，对培养方案中的核心课程进行了凝练。

首先，在具备扎实的数学基础（数学分析、高等代数、概率论、数理统计）之上，学习经济学类课程（政治经济学、微观经济学、宏观经济学以及计量经济学）和具有本专业特色的数学类课程（优化原理、应用随机过程），其中"优化原理"是专业主干课。

其次，进入专业领域的外围，是金融、公司与市场研究类课程（经济法、公司财务与财务报告分析、金融学、投资学、金融经济学、管理学基础、商业银行经营学、国际金融、投资银行学），其中，经济法和金融学是学科基础科，公司财务与财务报告分析和投资学是专业主干课，其余课程均为选修课。

再次，进入专业课程，是风险管理理论与实务课程，包括保险学类课程9

门以及3门专业主干课程：资产负债管理、利息理论以及寿险精算数学。

最后，是精算理论与实务课程，包括生存模型、非寿险精算学、社会保障精算、精算实务以及3门统计类课程和1门计算机类课程。

从课程群的角度来看，8门认证课程分散在数学与经济学基础课程群、风险管理理论与实务课程群、精算理论与实务课程群，分别有3门学科基础课（经济学、概率统计、利息理论）、4门专业主干课（寿险精算、生存模型、非寿险精算、公司财务与财务报告分析）以及1门专业选修课（金融经济学）。

在这8门课程中，除经济学和概率统计外，其余6门课均为保险学院开设的双语课，由于英国精算师认证课程内容较多，量较大，考试时间为3小时，因此对这6门课程，每门增加了2学分，共计增加12学分。

2. 课程建设。

认证课程课堂教学的成果如下。

（1）非保险学院开设课程。

春季学期 ┌ 概率统计（CT3）
        └ 经济学（CT7）

（2）保险学院开设的课程。

秋季学期 ┌ 利息理论（CT1）
        │ 金融经济学（CT8）
        └ 生存模型（CT4）（2016年起）

春季学期 ┌ 寿险精算（CT5）
        │ 非寿险精算（CT6）
        └ 公司财务与财务报告分析（CT2）

目前，英国精算师协会对中央财经大学认证课程的认证，是通过划定期末考试的分数线进行的，即只认可期末考试，我们计划在认证课程运行3年（2015～2018年），通过完善课堂教学、规范测试、规范期中考试、规范作业等教学环节，然后提交申请资料，申请认证平时成绩，5年内（2020年）申请认证成功，从而使精算课程的国际化程度迈上新台阶，有效提高课程的"含金量"。

3. 课外实践教学。

毕业实习是课外实践教学的重要环节，目前存在人员分散、实习时间短、流于形式的问题，我们的规划如下：

我们计划借鉴北美精算名校如滑铁卢大学（Waterloo）合作教育的经验，5 年内建成 10 个校外实践基地，每个基地容纳 4～5 个学生，实现教师跟班实习，学生至少实习 3 个月的实习规划，把毕业实习落到实处。

4. 教材建设。

为使英国精算师协会 CT 课程更加适合本院学生学习，如表 2-2 所示，保险学院制定了详细的教材出版规划，出版一系列中文著作方便学生进一步理解体会课程内容。

表 2-2　　　　　　　　　未来五年出版教材规划

	著者	责任人	初稿	终稿	出版
金融数学	周桦	周桦	2019 年 3 月 1 日	2019 年 5 月 1 日	2019 年 12 月 1 日
寿险精算	郑苏晋 刘敬真	郑苏晋	2019 年 7 月 1 日	2019 年 10 月 1 日	2019 年 12 月 1 日
生存模型	徐景峰 廖朴	徐景峰	2019 年 3 月 1 日	2019 年 5 月 1 日	2019 年 8 月 1 日
公司财务与财务报告分析	郑苏晋 廖朴	郑苏晋	2019 年 9 月 1 日	2019 年 5 月 1 日	2019 年 8 月 1 日
非寿险精算	韦晓	韦晓	2019 年 3 月 1 日	2019 年 8 月 1 日	2019 年 9 月 1 日
金融经济学	徐景峰 周明	徐景峰	2019 年 3 月 1 日	2019 年 8 月 1 日	2019 年 9 月 1 日
资产负债管理 （精算风险管理）	徐景峰 郑苏晋	徐景峰	2020 年 3 月 1 日	2020 年 8 月 1 日	2020 年 11 月 1 日

5. 课程安排。

如表 2-3 所示，在本培养方案中，设置思想政治与军事理论课（7 门）、公共基础课（8 门）、学科基础课（9 门）、专业主干课（10 门）、专业选修课（30 门）、实践课（4 门）6 个课程类别，丰富专业课程体系。如图 2-2 所示，为体现精算专业特色，结合学科发展和社会发展热点，开设寿险精算数学（双语）、非寿险精算学（双语）、精算实务（实验）等特色核心课程，优化课程结构并完善学生的知识体系；为满足未来复合型人才的需求，增设若干数理研究、计算机应用等课程，专业选修课学分比重提升至 40%，体现了"通才教育"的培养观念。

表 2 – 3　　　2017 级保险学（精算方向）10 门专业主干课程开课情况

编号	课程名称（中英文）	学分	学习时段
1	保险学 Principles of Insurance	3	第二学期
2	人寿与健康保险 Life and Health Insurance	2	第三学期
3	财产与责任保险 Property and Liability Insurance	2	第四学期
4	寿险精算数学（双语） Mathematics for Life Contingency（Bilingual）	4	第四学期
5	优化原理 Optimization	2	第五学期
6	公司财务与财务报告分析（双语） Corperate Financial and Financial Report Analysis（Bilingual）	4	第五学期
7	生存模型（双语） Survival Model（Bilingual）	3	第六学期
8	非寿险精算学（双语） Loss Model（Bilingual）	4	第六学期
9	保险计量模型（实验） Econometric Model for Insurance	2	第六学期
10	精算实务（实验）Actuarial Practice	2	第七学期

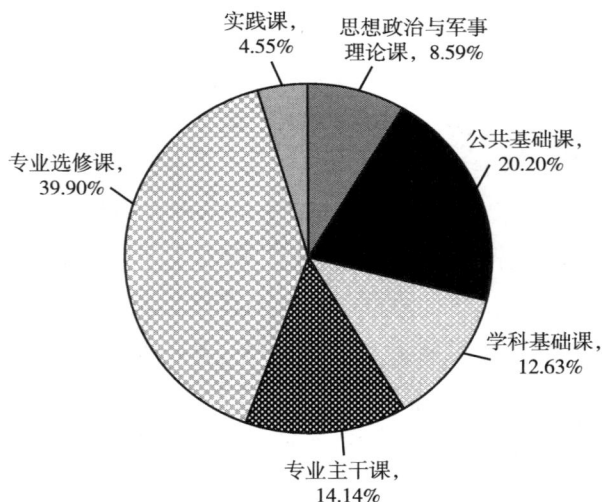

实践课，4.55%
思想政治与军事理论课，8.59%
公共基础课，20.20%
专业选修课，39.90%
学科基础课，12.63%
专业主干课，14.14%

图 2 – 2　2017 级精算专业课程结构

创新实践教学环节是大学生实践能力和创新能力培养的手段之一，通过实践学分模块，让学生在多维立体的实验实践教学各环节中锻炼，提高适应社会的能力。与学校其他机构组织的第二课堂教学相结合，分别安排在大学四年的相应学期和假期。包括军事技能训练、安全教育、创新创业、毕业实习及毕业论文等。

三、劳动与社会保障专业

（一）培养要求

本专业旨在培养德、智、体全面发展，具备扎实的管理学、经济学和社会学基础知识，系统掌握劳动与社会保障的基本理论和业务知识，熟悉我国劳动和社会保障领域的法律、法规、方针和政策，掌握社会保障基金的管理与运用流程，了解社会保障精算和企业风险管理的基本理论、方法及业务知识，熟悉劳动和社会保障业务运作，具备较强的业务操作能力，具有较好的英语水平和计算机操作技能，可以在政府财政、民政、人力资源和社会保障部门或机构以及各类企事业单位从事劳动与社会保障业务、员工福利及相关基金管理与运用等实务工作的专门人才，并具有继续深造的坚实专业基础。

本专业的培养模式是在学习管理学、经济学、社会学基本理论知识的基础上，突出本专业及与本专业密切相关的专业理论知识与实务技能。在加强政治思想教育和心理教育的同时，注重课堂教学与多种实践形式紧密结合、理论知识与实务相结合、基本理论知识与前沿专题研究相结合，切实提高学生的基础能力、专业能力、创新能力、实践能力和适应能力。本专业学生培养的具体要求包括以下几个方面。

本专业学生应坚持四项基本原则，热爱社会主义祖国，有理想，懂政策，守法纪，具有较高的政治素质；有严谨的工作作风和踏实的工作态度，团结协作，有良好的思想素养；树立科学的世界观，形成良好的职业道德。

本专业学生应掌握管理学、经济学、社会学的基本理论，掌握现代管理技术和方法；比较熟练地掌握一门外国语言；掌握中外文献检索、资料查询的基本方法；掌握计算机实用操作技能，具备运用计算机等现代技术手段进行调查分析和实际操作的能力；具有良好的文字和口头表达能力，具有较强的调查分析能力和初步的科研能力。

本专业学生应当系统地掌握劳动与社会保障的基本理论和业务知识；熟悉我国该领域的法律、方针和政策；掌握社会保障基金的管理与运用流程；了解社会保障精算和企业风险管理的基本理论、方法及业务知识；熟悉劳动和社会保障业务运作，具备较强的业务操作能力。

本专业学生应善于学习知识、善于应用知识、善于汲取实践中的经验和教训；应当善于发现和提出问题，敢于提出新观点，不断追求新知识；应当有较强的适应环境的能力，具有职业迁移的能力，具有持续发展的潜能和较强的社会适应性。

本专业学生应当掌握锻炼身体的基本技能，养成良好的体育锻炼和劳动、卫生习惯，达到大学生体育、卫生合格标准；本专业学生应掌握社会心理和行为品格方面的知识，应具有健全的人格和良好的心理素质。

（二）学制、学分与学位

本专业基本修业年限为 4 年。

本专业学生应取得 150 总学分。其中：课堂教学 141 学分，包括必修课 99 学分，选修课 42 学分（其中专业选修课开设 51 学分，要求选满 28 学分；计算机知识课程模块开设 22 学分，要求选满 4 学分；通识课要求选满 10 学分；另有素质拓展课程模块 47 学分，不做学分要求）；实践模块 9 学分。

本专业授予管理学学士学位。

（三）课程体系

如表 2 - 4 所示，在本培养方案中，设置思想政治与军事理论课（7 门）、公共基础课（7 门）、学科基础课（10 门）、专业主干课（9 门）、专业选修课（53 门）、实践课（4 门）6 个课程类别，丰富专业课程体系。其中，为体现社保专业特色，结合学科发展和社会发展热点，开设社会保障学、劳动法与社会保障法、社会保障计量模型（实验）等特色核心课程，优化课程结构并完善学生的知识体系；为满足未来复合型人才的需求，增设若干数理研究、计算机应用等课程，专业选修课学分比重提升至 53%，体现了"通才教育"的培养观念。如图 2 - 3 所示。

表 2 - 4　　　　　　　　社保专业 9 门专业主干课程开课情况

编号	课程名称（中英文）	学分	学习时段
1	社会保障学 Principles of Social Security	3	第三学期
2	人寿与健康保险 Life and Health Insurance	3	第三学期
3	精算学原理 Actuarial Science	3	第四学期
4	社会救助与社会福利 Social Assistance and Social Welfare	2	第四学期
5	员工福利规划 Employees' benefits Planning	2	第四学期
6	劳动经济学 Labor Economics	3	第五学期
7	社会保障基金管理 Social Security Fund Management	3	第六学期
8	劳动法与社会保障法 Labor Law & Social Security Law	3	第六学期
9	社会保障国际比较（双语） International Comparison of Social Security（Bilingual）	2	第七学期

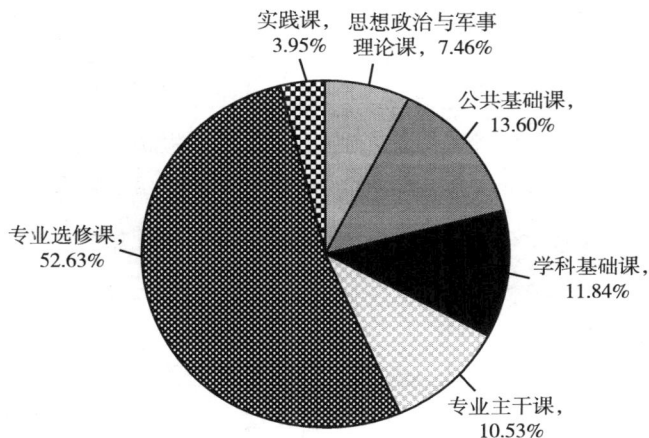

图 2 - 3　2017 级劳动与社会保障专业课程结构

1. 通识课。

大学英语、数学分析、高等代数、概率论与数理统计、计算机应用基础、数据库原理与应用、体育。

2. 思想政治理论课。

思想道德修养与法律基础、中国近代史纲要、马克思主义基本原理、毛泽东思想和中国特色社会主义理论体系概论、军事理论。

3. 专业课。

政治经济学、微观经济学、宏观经济学、金融学、财政学概论、管理学原理、会计学、经济法、社会学、民法、社会保障学、社会保障基金管理、劳动法与社会保障法、企业年金与员工福利、社会福利与社会救助、养老金经济学、社会保障国际比较、人力资源管理、组织行为学、劳动关系、风险管理、行政法与行政诉讼法、薪酬管理与绩效考评、养老保障、医疗保障、保险学、人寿与健康保险、人口学、国际风险管理与保险、世界经济概论。

4. 实验和实训课。

社会保障计量模型（实验）、社会保障职位模拟训练（实验）。

5. 专业实习。

先后建立了 10 多个校外教学实践基地，遍及我国东南西北，实践基地类型涵盖了国家机关、企事业单位，学院每年均组织校外集中实习活动，由学院和实践基地派出专人指导同学们的实践实习活动。

6. 社会实践。

注重创新创业教育和训练，高度重视本科生科研创新活动，积极鼓励学生参加指导老师的科研项目，充分利用创新创业训练计划提供的资源，一般都会提前提醒同学们关注活动信息，酝酿选题，召开申报动员和辅导会议，要求老师们积极、认真地指导同学们撰写申报书，选派有高级职称的教师参加申报答辩会，进行严格挑选，在立项后，及时督促学生和导师认真按照研究计划开展调查和研究工作。

7. 加强毕业论文写作辅导。

重视毕业论文的教学效果，对论文质量严格把关。论文选题遵循学生自主选题、指导老师进行指导的原则，使毕业论文选题结合实际，与专业相关，难度适中，并严格确保一人一题。对论文进程进行规定，要求撰写开题报告，并设有中期检查表、指导过程表等对学生完成论文进行督促，指导老师对论文写作全过程进行指导，并要求论文全面反映培养目标要求。全部论文必须进行学术不端行为检测，重复率超过 10% 者不通过论文，不得参加答辩。

第三节 本科生规模与高考分数

一、本科生规模

1952 年，中央财经大学在国内率先设立了保险学专业；1993 年，中央财经大学在国内较早开始了精算学的教学科研工作。中央财经大学保险学院自 2006 年成立起，开设保险学、保险学（精算方向）、劳动与社会保障学三个本科专业或方向，为保险行业、国家建设和社会发展培养了一批又一批的复合型高级专业人才。

如表 2-5 和图 2-4 所示，历年来，中央财经大学保险学院广育天下英才。2012~2016 年，保险学院每年招生人数约为 120 人，受学科特征影响，仅招收各地理科考生。入学第二学期，保险学院开放转专业考试，欢迎本校各个学院有志于在保险学院继续学习的优秀学生来保险学院深造。随着保险行业在我国乃至全球社会影响力的进一步加强、保险学院教育教学水平的不断提高，转入保险学院的学生数量逐年上升，这使得大批优秀学生投身保险行业，为保险业源源不断地输送有生力量。

表 2-5　　　　　　2012~2016 年保险学院本科生招生规模　　　　　单位：人

年份	专业及方向	保险学专业	保险学专业精算方向	劳动与社会保障专业	总人数
2012	招生人数	40	40	30	110
	实际招收人数	44	42	35	121
	转入人数	3	0	1	4
	转出人数	2	0	3	5
	招收考生类型	理科	理科	理科	
	语种限制	英语	英语	英语	

续表

年份	专业及方向	保险学专业	保险学专业精算方向	劳动与社会保障专业	总人数
2013	招生人数	40	40	30	110
	实际招收人数	46	39	38	123
	转入人数	2	3	0	5
	转出人数	2	1	3	6
	招收考生类型	理科	理科	理科	
	语种限制	英语	英语	英语	
2014	招生人数	40	60	30	130
	实际招收人数	40	50	30	120
	转入人数	5	2	0	7
	转出人数	1	1	3	5
	招收考生类型	理科	理科	理科	
	语种限制	英语	英语	英语	
2015	招生人数	40	40	30	110
	实际招收人数	41	42	30	113
	转入人数	14	12	1	27
	转出人数	1	0	11	12
	招收考生类型	理科	理科	理科	
	语种限制	英语	英语	英语	
2016	招生人数	40	50	30	120
	实际招收人数	47	45	30	122
	转入人数	13	5	1	19
	转出人数	1	0	4	5
	招收考生类型	理科	理科	理科	
	语种限制	英语	英语	英语	

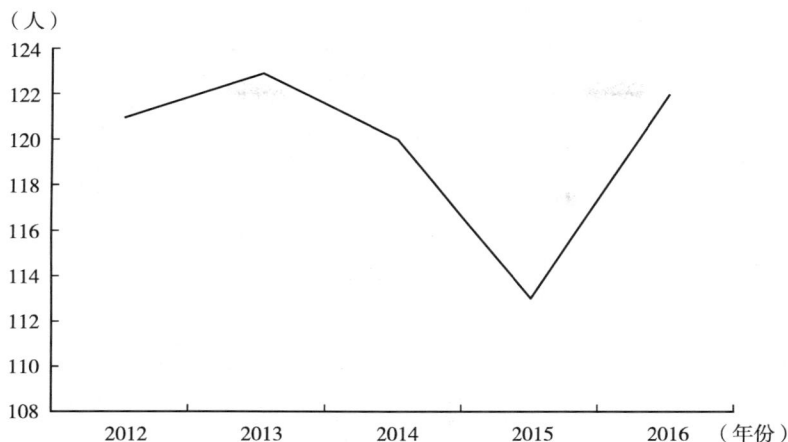

图 2 - 4　2012～2016 年保险学院实招本科生人数

二、高考分数

保险学院本科生报考人数多，考试竞争激烈，生源质量稳步提升，生源结构持续优化。表 2 - 6～表 2 - 10 是保险学院近几年录取的本科生高考成绩情况。

表 2 - 6　　　　　　　　　2012 级本科生高考分数　　　　　　　　　单位：分

省份	保险学			保险学（精算）			劳动与社会保障		
	最高分	最低分	平均分	最高分	最低分	平均分	最高分	最低分	平均分
北京	621	614	616	642	632	636	612	609	610
天津				666	665	666	666	664	665
河北	668	665	667				662	662	662
山西				627	627	627			
内蒙古	626	616	621						
辽宁	648	641	645	665	658	662			
吉林				654	645	650			
江苏				393	391	392			
浙江				703	696	701			
安徽	650	647	649				649	648	649

续表

省份	保险学			保险学（精算）			劳动与社会保障		
	最高分	最低分	平均分	最高分	最低分	平均分	最高分	最低分	平均分
福建	645	642	644	651	650	650			
江西				650	648	649			
山东				684	678	681	679	676	678
河南	635	632	634	642	634	638			
湖北	637	635	636						
湖南	637	632	635						
广东				662	662	662	659	656	658
广西	644	631	638				629	622	626
重庆	643	641	642	646	644	645			
四川	620	615	618	632	628	630	607	605	606
贵州							623	618	621
云南							618	614	616
陕西	662	662	662	665	664	665	657	655	656
甘肃	616	599	609	632	624	628	578	529	554
宁夏	562	560	561						

表 2 - 7　　　　　　　　　　　2013 级本科生高考分数　　　　　　　　　　单位：分

省份	保险学			保险学（精算）			劳动与社会保障		
	最高分	最低分	平均分	最高分	最低分	平均分	最高分	最低分	平均分
北京	678	658	665	674	669	671	653	651	652
天津				652	649	651	645	644	645
河北	654	650	652				645	642	644
山西				599	597	598			
内蒙古	626	623	625	637	627	632			
辽宁	662	661	662	667	665	666			
吉林				665	659	662			
江苏				385	384	385			
浙江				718	697	711			
安徽	607	606	607				604	601	603
福建	633	625	629	638	623	631			

省份	保险学			保险学（精算）			劳动与社会保障		
	最高分	最低分	平均分	最高分	最低分	平均分	最高分	最低分	平均分
江西				634	632	633			
山东				671	671	671	672	667	670
河南	614	610	612	620	618	619			
湖北	629	622	625						
湖南	626	620	624						
广东				660	656	657	646	643	644
广西	627	627	627				611	609	610
重庆	624	606	612	628	609	619			
四川	655	652	653	660	656	658	650	649	650
贵州							604	601	603
陕西	655	654	655	653	653	653	647	644	646
甘肃	603	596	600	620	603	614	592	592	592
宁夏	604	600	602						

表 2 – 8　　　　　　　　　　**2014 级本科生高考分数**　　　　　　单位：分

省份	保险学			保险学（精算）			劳动与社会保障		
	最高分	最低分	平均分	最高分	最低分	平均分	最高分	最低分	平均分
北京	658	652	654	688	664	672	652	652	652
天津				658	651	655	648	646	647
河北	680	679	680						
山西				646	643	645			
内蒙古	652	643	648	655	652	654			
辽宁	662	662	662	668	660	664			
吉林				678	677	678			
江苏	373	373	373	387	382	385			
浙江				690	688	689	682	682	682
安徽	613	610	611						
福建	642	640	641	642	642	642			
江西				639	637	638			
山东				689	685	687	681	679	680

续表

省份	保险学			保险学（精算）			劳动与社会保障		
	最高分	最低分	平均分	最高分	最低分	平均分	最高分	最低分	平均分
河南	650	645	648	651	648	649	641	641	641
湖北	642	633	638						
广东				650	649	650	643	636	638
广西				655	652	654	630	629	630
海南									
重庆	630	625	627	634	631	633			
四川				638	632	635	630	629	630
贵州							639	634	637
陕西							659	659	659
甘肃	631	620	625	631	629	630			
宁夏							608	606	607
新疆	643	631	635						

表2-9　　　　　　　2015级本科生高考分数　　　　　　单位：分

省份	保险学			保险学（精算）			劳动与社会保障		
	最高分	最低分	平均分	最高分	最低分	平均分	最高分	最低分	平均分
北京	676	671	673	688	680	684	672	670	671
天津				662	661	662	657	657	657
河北	679	674	676						
山西				634	633	634	611	608	610
内蒙古	643	629	636	652	647	650			
辽宁				660	659	660			
吉林				661	660	660			
江苏				382	377	380			
浙江							687	686	686
福建				657	656	656			
江西				652	645	649			
山东				680	675	678	675	671	673
河南	642	640	641	648	646	647	638	637	638
湖北	645	633	639						

续表

省份	保险学			保险学（精算）			劳动与社会保障		
	最高分	最低分	平均分	最高分	最低分	平均分	最高分	最低分	平均分
广东				667	665	666	652	651	652
广西				610	603	606	611	598	604
海南									
重庆	670	668	669	676	675	676			
四川				640	638	639	637	633	635
贵州							611	610	611
云南	654	644	648						
陕西							640	640	640
甘肃	606	604	605	616	607	613			
宁夏							584	579	583
新疆	626	622	624						
港澳台联招	494	494	494						

表 2－10　　　　　2016 级本科生高考分数　　　　　单位：分

省份	保险学			保险学（精算）			劳动与社会保障		
	最高分	最低分	平均分	最高分	最低分	平均分	最高分	最低分	平均分
北京	659	657	658	670	655	662	657	654	656
天津				667	664	666	658	655	657
河北	690	684	686						
山西				641	629	635	626	625	626
内蒙古	659	649	655	666	664	665			
辽宁				670	668	669			
吉林				679	669	674			
江苏				395	392	394			
浙江							677	676	677
福建				640	634	637			
江西				644	644	644			
山东				677	677	677	672	672	672
河南	649	647	648	661	656	659			

省份	保险学			保险学（精算）			劳动与社会保障		
	最高分	最低分	平均分	最高分	最低分	平均分	最高分	最低分	平均分
湖南				652	651	652			
广东				638	628	634	627	621	624
广西				647	647	647			
海南	786	781	784						
重庆	671	663	666	674	674	674			
四川				670	668	669			
贵州				647	647	647			
云南	654	652	653						
陕西							663	663	663
甘肃	630	623	627	635	627	632			
新疆	644	640	642						
港澳台联招	521	521	521						

第四节　本科生就业情况

一、2013～2018届本科毕业生总体就业情况

如图2-5所示，保险学院2013～2018届本科毕业生共784人，毕业生中落实就业去向782人，总体就业率为99.74%，其中国内升学276人（35.20%），出国（境）留学194人（24.74%），签就业协议145人（18.49%），签劳动合同23人（2.93%），用人单位证明142人（18.11%），自主创业1人（0.13%），自由职业1人（0.13%）。

二、2013～2018届本科毕业生分专业就业情况

如图2-6所示，分专业来看，2013～2018届保险学专业本科毕业生共308人，毕业生中落实就业去向308人，其中国内升学129人（41.88%），出国（境）留学53人（17.21%），签就业协议58人（18.83%），签劳动合同

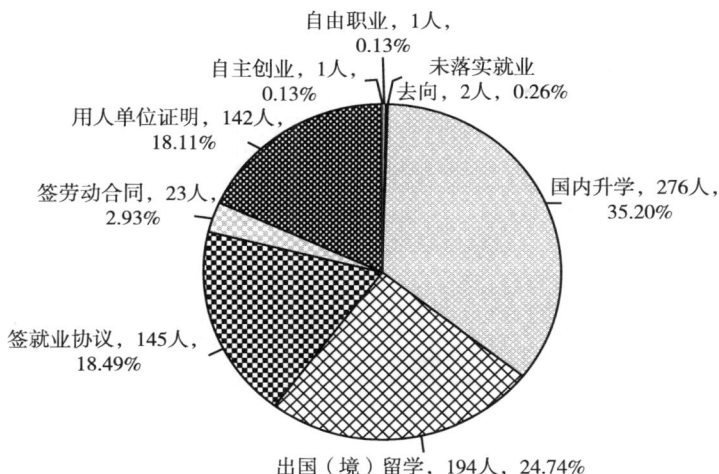

图 2 - 5　2013～2018 届本科毕业生去向

11 人（3.57%），用人单位证明 56 人（18.18%），自主创业 1 人（0.32%）；2013～2018 届保险学（精算方向）专业本科毕业生共 273 人，毕业生中落实就业去向 273 人，其中国内升学 91 人（33.33%），出国（境）留学 100 人（36.63%），签就业协议 33 人（12.09%），签劳动合同 6 人（2.20%），用人单位证明 43 人（15.75%）；2013～2018 届劳动与社会保障专业本科毕业生共 203 人，毕业生中落实就业去向 201 人，其中国内升学 56 人（27.59%），出国（境）留学 41 人（20.20%），签就业协议 54 人（26.60%），签劳动合同 6 人（2.96%），用人单位证明 43 人（21.18%），自由职业 1 人（0.49%）。

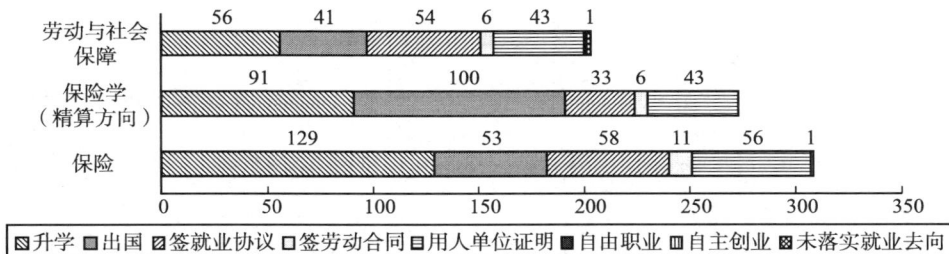

图 2 - 6　2013～2018 届本科毕业生分专业就业情况

2013～2018 届本科毕业生就业情况详情如表 2 - 11～表 2 - 16 所示。

表2-11

2013届保险学院本科毕业生就业情况

学院（研究中心）名称	专业名称	毕业总人数	升学	出国	落实毕业去向人数（人）						就业率（%）	单位就业率（%）	就业质量率（%）	单位质量贡献率（%）
					签就业协议	签劳动合同	用人单位证明	自由职业	自主创业	未落实就业去向				
保险学院	保险	86	25	22	16	6	17				100.00		80.23	
	保险学（精算方向）	51	15	20	8	3	5				100.00	100.00	90.20	82.86
	劳动与社会保障	38	10	8	10	2	8				100.00		78.95	

表2-12

2014届保险学院本科毕业生就业情况

学院（研究中心）名称	专业名称	毕业总人数	升学	出国	落实毕业去向人数（人）						就业率（%）	单位就业率（%）	就业质量率（%）	单位质量贡献率（%）
					签就业协议	签劳动合同	用人单位证明	自由职业	自主创业	未落实就业去向				
保险学院	保险	43	17	4	9	5	7				100		81.40	
	保险学（精算方向）	49	13	27	2	3	4		1		100	99.19	91.84	87.10
	劳动与社会保障	32	6	7	11	4	3			1	96.88		87.50	

表2-13

2015届保险学院本科毕业生就业情况

学院（研究中心）名称	专业名称	毕业总人数	升学	出国	落实毕业去向人数（人）						就业率（%）	单位就业率（%）	就业质量率（%）	单位质量贡献率（%）
					签就业协议	签劳动合同	用人单位证明	自由职业	自主创业	未落实就业去向				
保险学院	保险	46	28	6	3	5	9				100		80.43	
	保险学（精算方向）	40	17	14	3	3	6				100	100	85.00	78.69
	劳动与社会保障	36	10	9	6	4	11				100		69.44	

表 2-14

2016 届保险学院本科毕业生就业情况

学院（研究中心）名称	专业名称	毕业总人数	升学	出国	落实毕业去向人数（人）					未落实就业去向	就业率（%）	单位就业率（%）	就业质量率（%）	单位质量贡献率（%）
					签就业协议	签劳动合同	用人单位证明	自由职业	自主创业					
保险学院	保险	46	22	3	19		2				100	100	95.65	89.34
保险学院	保险学（精算方向）	43	14	11	9		9				100		79.07	
保险学院	劳动与社会保障	33	10	6	15		2				100		93.94	

表 2-15

2017 届保险学院本科毕业生就业情况

学院（研究中心）名称	专业名称	毕业总人数	升学	出国	落实毕业去向人数（人）					未落实就业去向	就业率（%）	单位就业率（%）	就业质量率（%）	单位质量贡献率（%）
					签就业协议	签劳动合同	用人单位证明	自由职业	自主创业					
保险学院	保险	45	19	14	8		4				100		91.11	
保险学院	保险学（精算方向）	44	16	11	10		7				100	99.19	84.09	87.10
保险学院	劳动与社会保障	35	11	7	12		4			1	100		85.71	

表 2-16

2018 届保险学院本科毕业生就业情况

学院（研究中心）名称	专业名称	毕业总人数	升学	出国	落实毕业去向人数（人）					未落实就业去向	就业率（%）	单位就业率（%）	就业质量率（%）	单位质量贡献率（%）
					签就业协议	签劳动合同	用人单位证明	自由职业	自主创业					
保险学院	保险	43	18	4	3		17				100		59.52	
保险学院	保险学（精算方向）	46	16	17	1		12				100	100	73.91	61.54
保险学院	劳动与社会保障	29	19	4	15					1	100		44.83	

第五节　实践教学

一、暑期实践制度建立

为进一步提升学院的教育教学水平，帮助学生应用所学理论知识，了解实际行业动态，积累社会工作经验，在实践中切身感悟、学有所得，进一步提高学生的综合素质水平，加强学生的整体竞争能力，中央财经大学保险学院自2010年起开始开展暑期集中实践教学特色项目。保险学院制订了完善详细的暑期实践计划，与实践基地接洽，召开学生实践动员会、为学生讲解商务礼仪、公司制度，专业的带队老师带领学生到实践中去，学生切身感悟保险公司的运作，表彰和奖励实践过程中表现突出的学生和团队，保险学院以完备的制度保障暑期实践特色项目的更好发展。评奖方法如图2－7所示。

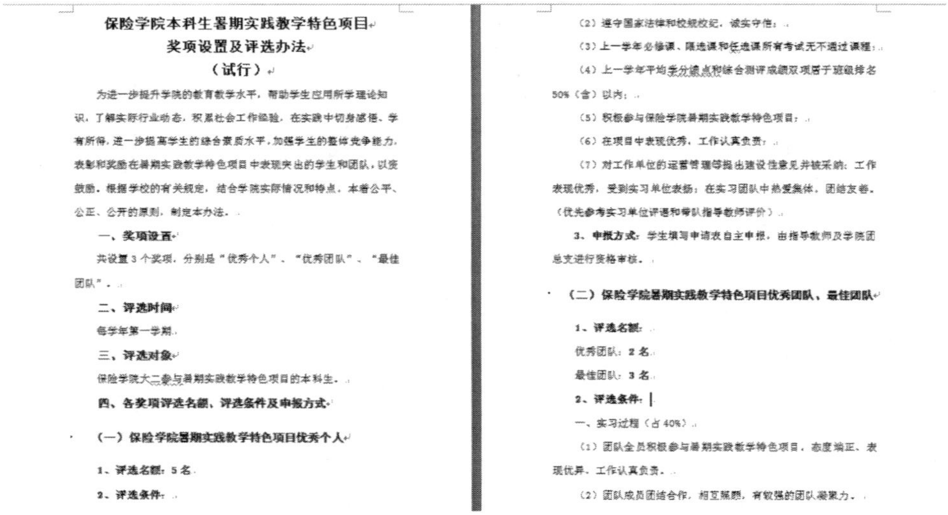

保险学院本科生暑期实践教学特色项目
奖项设置及评选办法
（试行）

为进一步提升学院的教育教学水平，帮助学生应用所学理论知识，了解实际行业动态，积累社会工作经验，在实践中切身感悟、学有所得，进一步提高学生的综合素质水平，加强学生的整体竞争能力，表彰和奖励在暑期实践教学特色项目中表现突出的学生和团队，以资鼓励。根据学校的有关规定，结合学院实际情况和特点，本着公平、公正、公开的原则，制定本办法。

一、奖项设置

共设置3个奖项，分别是"优秀个人"、"优秀团队"、"最佳团队"。

二、评选时间

每学年第一学期

三、评选对象

保险学院大二参与暑期实践教学特色项目的本科生。

四、各奖项评选名额、评选条件及申报方式

（一）保险学院暑期实践教学特色项目优秀个人

1、评选名额：5名

2、评选条件：

（2）遵守国家法律和校规校纪，诚实守信；

（3）上一学年必修课、限选课和任选课所有考试无不通过课程；

（4）上一学年平均学分绩点和综合测评成绩双项居于班级排名50%（含）以内；

（5）积极参与保险学院暑期实践教学特色项目；

（6）在项目中表现优秀，工作认真负责；

（7）对工作单位的运营管理等提出建设性意见并被采纳；工作表现优秀，受到实习单位表扬；在实习团队中热爱集体，团结友善。（优先参考实习单位评语和带队指导教师评价）

3、申报方式：学生填写申请表自主申报，由指导教师及学院团总支进行资格审核。

（二）保险学院暑期实践教学特色项目优秀团队、最佳团队

1、评选名额：

优秀团队：2名

最佳团队：3名

2、评选条件：

一、实习过程（占40%）

（1）团队全员积极参与暑期实践教学特色项目，态度端正、表现优异、工作认真负责。

（2）团队成员团结合作，相互照顾，有较强的团队凝聚力。

图2－7　保险学院本科生暑期实践评奖办法

二、实践基地充实

在保险学院领导和老师们的努力下，校外教学实践基地数量逐年上升，从 2005 年的 2 个实践基地发展到 2017 年的 15 个（期间也有签署了协议但实际无法使用的基地，到期的协议不算在列）。为提高教学实践基地的使用率，切实加强校企合作，增进校企沟通和交流，从 2010 年起，学院开始有计划、有组织地开展暑期集中实习，由教师带队深入教学实践基地进行实习，一直坚持了 8 年，从最初的一个团队 15 名学生，到 2017 年的 12 个团队 132 名学生参与，集中实习基地实际使用数量逐年上升，具体情况如表 2 - 17 所示。

表 2 - 17　　　　　　　　　保险学院实践基地情况

序号	所属学院	教学实践基地名称	地点	教师和辅助人员队伍状况	实习项目	建立基地时间
1	保险学院	中央财经大学保险学院　北京康信保险经纪有限公司实践教学基地	北京市	专业教师 2 人，辅助 1 人	保险核保、保险中介	2005 年 5 月 18 日
2	保险学院	中央财经大学　民安保险（中国）有限公司教学实践基地	北京市	专业教师 2 人，辅助 1 人	财险产品，产险核保、理赔、财务管理	2005 年 10 月 11 日
3	保险学院	中央财经大学保险学院　中国人民财产保险股份有限公司北京市海淀区支公司实践教学基地	北京市	专业教师 2 人，辅助 1 人	财险产品，产险核保、理赔、财务管理	2006 年 11 月 12 日
4	保险学院	中央财经大学保险学院　中国人寿保险陕西渭南分公司教学实践基地	陕西省渭南市	专业教师 2 人，辅助 1 人	寿险产品，产险核保、理赔、财务管理	2010 年 5 月 28 日
5	保险学院	中央财经大学保险学院　中国太平洋人寿保险股份有限公司深圳分公司共建本科生顶岗实习基地	广东省深圳市	专业教师 2 人，辅助 1 人	寿险产品，产险核保、理赔、财务管理	2010 年 10 月 13 日

序号	所属学院	教学实践基地名称	地点	教师和辅助人员队伍状况	实习项目	建立基地时间
6	保险学院	中央财经大学保险学院 中国人保财险广东省分公司教学实践基地	广东省广州市	专业教师2人，辅助1人	财险产品，产险核保、理赔、财务管理	2012年6月1日
7	保险学院	中央财经大学保险学院 中国人保财险宁波分公司教学实践基地	浙江省宁波市	专业教师2人，辅助1人	财险产品，产险核保、理赔、财务管理	2013年5月28日
8	保险学院	中央财经大学保险学院 山西省晋中市金融办教学实践基地	山西省晋中市	专业教师2人，辅助1人	保险金融企业各个岗位	2013年6月
9	保险学院	中央财经大学保险学院 平安证券有限责任公司	北京市	专业教师2人，辅助1人	证券业各个岗位	2014年7月2日
10	保险学院	中央财经大学保险学院 中国人民人寿保险股份有限公司北京市分公司教学实践基地	北京市	专业教师2人，辅助1人	寿险产品，产险核保、理赔、财务管理、中介管理	2014年7月14日
11	保险学院	中央财经大学保险学院 韦莱保险经纪有限公司教学实践基地	上海市	专业教师2人，辅助1人	保险核保、保险中介、国际保险	2014年8月29日
12	保险学院	中央财经大学保险学院 中国人民财产保险股份有限公司北京分公司教学实践基地	北京市	专业教师2人，辅助1人	财险产品，产险核保、理赔、财务管理	2015年11月10日
13	保险学院	中央财经大学保险学院 阳光财产保险股份有限公司教学实践基地	北京市	专业教师2人，辅助1人	财险产品，产险核保、理赔、财务管理	2016年1月1日
14	保险学院	中央财经大学 凯泰铭科技（北京）有限公司教学实践基地	北京市	专业教师2人，辅助1人	专业数据分析、专业软件开发等	2017年6月28日
15	保险学院	中央财经大学 中国平安财产保险股份有限公司北京分公司教学实践基地	北京市	专业教师2人，辅助1人	财险产品，产险核保、理赔、财务管理	2017年6月30日

保险学院实践基地集中使用情况如表 2 - 18 所示。

表 2 - 18   保险学院实践基地集中使用情况（2010~2017 年）

年份	实习基地	实习时间	实习人数	参与年级	带队教师
2010	陕西渭南国寿	2 周	15	2008 级	才立琴
	年度小计		15		
2011	陕西渭南国寿	2 周	16	2009 级	汤小卉
	黑龙江鹤岗金融办	2 周	16	2009 级	刘钧
	年度小计		32		
2012	陕西渭南国寿	2 周	16	2010 级	王维
	黑龙江鹤岗金融办	2 周	10	2010 级	苏伟峰
	广东人保财险	2 周	12	2010 级	陈华
	年度小计		38		
2013	陕西渭南国寿	2 周	14	2011 级	苏伟峰
	广东人保财险	2 周	10	2011 级	白雯娟
	宁波人保财险	3 周	10	2011 级	王维
	年度小计		34		
2014	陕西渭南国寿	2 周	16	2012 级	钱雨婷
	广东人保财险	2 周	12	2012 级	苏伟峰
	宁波人保财险	3 周	12	2012 级	孙梦楠
	山西晋中金融办	2 周	6	2012 级	廖朴
	人民人寿北分	3 周	13	2012 级、研一	徐晓华
	华安北京	2 周	5	2012 级	徐晓华
	年度小计		64		
2015	陕西渭南国寿	2 周	15	2013 级	陆媛
	广东人保财险	2 周	12	2013 级	王维
	宁波人保财险	3 周	15	2013 级	何玮
	山西晋中金融办	2 周	6	2013 级	才立琴
	人民人寿北分	3 周	3	2013 级	徐晓华
	人保海淀支	3 周	10	2013 级	徐晓华

年份	实习基地	实习时间	实习人数	参与年级	带队教师
2015	国寿太原支	2 周	6	2013 级	才立琴
	韦莱	4 周	2	2013 级	徐晓华
	平安北分	2 周	5	2013 级	徐晓华
	年度小计		74		
2016	陕西渭南国寿	2 周	14	2014 级	徐晓华
	广东人保财险	3 周	12	2014 级	何玮
	宁波人保财险	3 周	10	2014 级	徐倩男
	山西晋中金融办	3 周	8	2014 级	徐晓华
	人民人寿北分	4 周	13	2014 级	徐晓华
	人保海淀支	4 周	10	2014 级	徐晓华
	国寿太原支	2 周	8	2014 级	徐晓华
	平安北分	4 周	6	2014 级	徐晓华
	人保北分	4 周	23	2014 级	徐晓华
	年度小计		104		
2017	广东人保	3 周	12	2015 级	徐倩男
	宁波人保	3 周	16	2015 级	王庆焕
	人民人寿北京	3 周	20	2015 级	徐晓华
	人保海淀支	3 周	5	2015 级	徐晓华
	人保朝阳支	3 周	5	2015 级	徐晓华
	人保西城支	3 周	5	2015 级	徐晓华
	国寿财太原	2 周	7	2015 级	江珊
	晋中金融办	2 周	8	2015 级	江珊
	陕西渭南	2 周	10	2015 级	袁嘉琳
	陕西咸阳	2 周	10	2015 级	袁嘉琳
	平安北分	4 周	16	2015 级	徐晓华
	人保北分	4 周	18	2015 级	徐晓华
	年度小计		132		

保险学院暑期集中实习基地数量如图 2-8 所示。

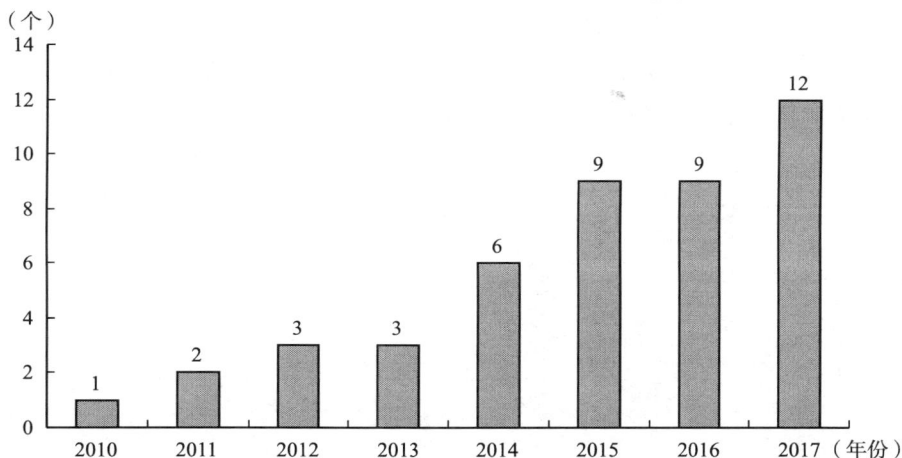

图 2 - 8　保险学院暑期集中实习基地数量

三、本科生实践积极

自建立校外教学实践基地以来，学生以极大的热情投入到实践中去。根据学院学生实际情况，每年均由大二本科生参与暑期集中实习实践。参与实习学生绝对人数呈逐年上升态势，2015 年参与实习人数达到 74 人，占比达到 61.16%，2016 年参与实习人数达到 104 人次，占比达到 83.87%，2017 年参与实习人数达到 132 人，占比达到 75.43% 左右。2010 ~ 2017 年累计参与实践学生人数达到 493 人，其中渭南分公司实践基地累计人数达到 116 人（见表 2 - 19、图 2 - 9）。

表 2 - 19　　　保险学院集中实习学生人数及占比（2010 ~ 2017 年）

年份	2010	2011	2012	2013	2014	2015	2016	2017
实习人数	15	32	38	34	64	74	104	132
当年大二学生数	108	176	125	123	122	121	124	175
占在校大二本科生比例（%）	13.89	18.18	30.40	27.64	52.46	61.16	83.87	75.43

在实践过程中，学生们深入保险公司，了解业务流程；理论结合实际，训练基础技能；巩固专业思想，激发学习热情；团队分工协作，培养合作意识。实习

项目包括保险核保、保险理赔、财务管理、保险中介、证券业务、国际保险等业务。学生们在实践过程中记实习日志，将所见所闻、所思所想记录下来，并在实习期结束后撰写了实践报告，总结了实践过程中学会的知识与感悟。

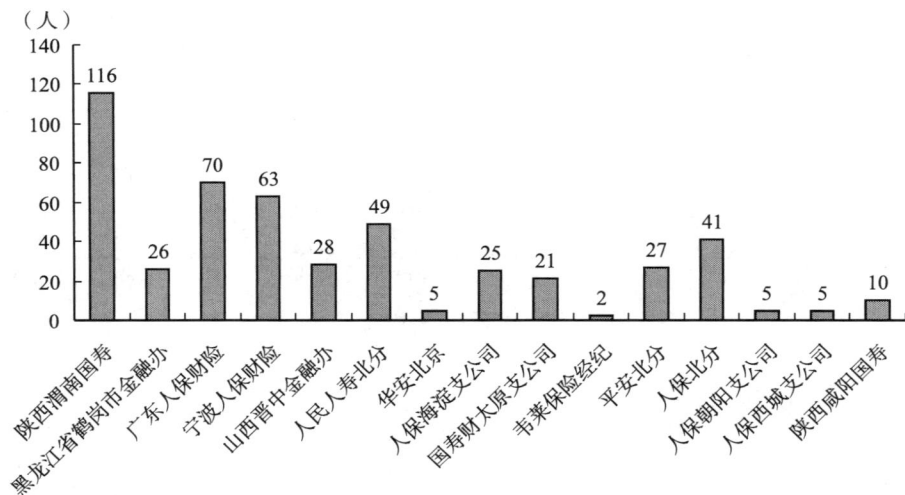

图 2-9 2010~2017 年保险学院各基地累计实习人数

为了表彰和奖励在暑期实践教学特色项目中表现突出的学生和团队，以资鼓励，2014 年保险学院制定了《保险学院本科生暑期实践教学特色项目奖项设置及评选办法》。根据本办法，每年评出"优秀个人""优秀团队""最佳团队"三个奖项。在下一学年初，保险学院召开暑期实习展示总结汇报表彰会。学生们根据他们两三周中的实习向学院展示其实习成果与收获。从 2014 年起，共有 36 个团队和 374 名学生参与汇报展示，共有 25 个团队和 24 名学生获得奖励。

保险学院开展暑期实践特色教学项目以来，受到了学生的一致好评，为提升学生的综合素质，理论与实践相结合起到了巨大作用。

第六节 本科生科研

一、本科生论文发表情况

如表 2-20 所示，保险学院本科生 2011~2017 年论文总数为 285 篇，平均每年发表 40.7 篇，保险学专业、保险学（精算）专业、劳动与社会保障专业本科生平均每年发表论文分别为 18.4 篇、16.9 篇、4 篇，就总数及各专业而言，学术科研成果发表情况较为优秀，这也与保险学院学术立院的基础相匹配，保险学院本科生在浓厚的学术氛围熏陶下，各个专业学生均具有较高的学术素养。如表 2 - 20、图 2 - 10 所示。

表 2 - 20   保险学院本科生 2011 ~ 2017 年分专业论文发表情况统计   单位：篇

论文发表篇数	2011 年	2012 年	2013 年	2014 年	2015 年	2016 年	2017 年
保险学	18	44	25	19	10	6	7
保险学（精算）	21	32	40	4	6	9	6
劳动与社会保障	0	0	16	0	5	3	4
合计	39	76	81	21	21	18	17

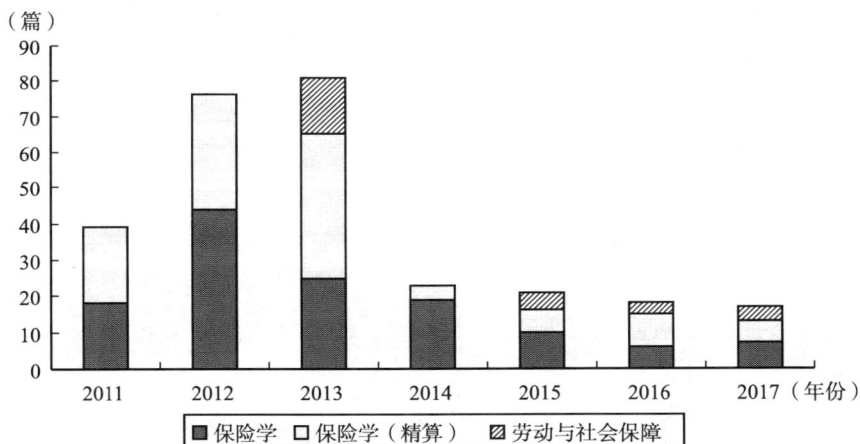

图 2 - 10   保险学院本科生 2011 ~ 2017 年分专业论文发表情况统计

从趋势上看，近四年来保险学院本科生论文发表篇数较为稳定，始终保持较高水平，同时保险学院专门设置本科生导师制，从本科生大一入学起便进行一对一指导，培养其学术研究兴趣，并在导师指导中不断提高其学术能力。

如表 2 - 21 所示，从论文类型上分类，保险学院本科生 2011 ~ 2017 年期刊论文发表平均每年 30.3 篇，其中核心期刊 5.7 篇，非核心期刊 13.3 篇，报刊文章发表平均每年 3.3 篇，会议论文发表平均每年 8.9 篇，可以看出保险学院本科生期刊论文发表一直处于较高水平，尤其难得的是每年都会有诸多文章发表在核心期刊，会议论文总体发表水平也较高，保险学院本科生视野开阔，学术成果颇多。

表 2 – 21　　　　　保险学院本科生 2011～2017 年论文发表情况分类统计　　　单位：篇

论文类型		2011 年	2012 年	2013 年	2014 年	2015 年	2016 年	2017 年
期刊论文	核心期刊	1	5	10	8	5	4	7
	非核心期刊	31	17	8	15	13	8	1
报刊文章		6	6	8	1	2	0	0
会议论文		1	4	8	23	6	10	10
合计		39	33	34	47	19	22	18

从图 2 – 11 可以看出，保险学院本科生期刊论文发表篇数虽呈减少趋势，但仍保持较高水平，会议论文发表情况在近几年迅速增长，保险学院本科生的学术研究视野不断扩大，慢慢不局限于独自研究，而是前往国内、国际舞台与各地优秀学者进行沟通交流学习，取长补短，提升自身学术水平。而保险学院也一直鼓励学生外出参会学习交流，并给予大力支持。

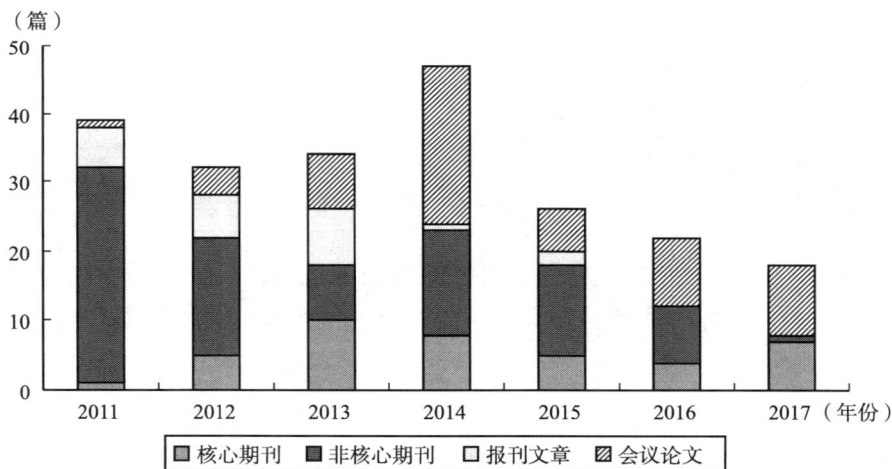

图 2 – 11　保险学院本科生 2011～2017 年论文发表情况分类统计

二、本科生参加国内外研讨会情况

经统计，保险学院本科生 2011～2017 年参加国内研讨会平均人次为 7.7

人次，参加国际研讨会平均人次为4.4人次，近年来本科生参加国内外研讨会已较为不易，但保险学院本科生仍保持较高的参会人次，国内参加会议包括如中国经济学年会、中国青年经济学者论坛、中国防灾减灾之路学术研讨会等学会、国家机关主办的研讨会，以及诸如北大塞瑟论坛、清华中国保险与风险管理国际年会、北京市大学生社会保障论坛等学校主办的研讨会；国际会议包括亚太风险管理与保险国际年会、IFABS Conference、World Business Research Conference 等世界行业学会主办的研讨会，以及美国经济学年会、EBES Conference、TIBER Symposium on Psychology and Economics 等国家、大学主办的研讨会。总体上讲，保险学院本科生广泛参加国际会议，在国内国际均崭露头角，具有一定的影响力。如表2-22所示。

表2-22 保险学院本科生2011～2017年参加国内外研讨会情况统计 单位：次

年份	2011	2012	2013	2014	2015	2016	2017
国内	5	7	6	10	6	10	10
国际	4	5	3	15	0	2	2

如图2-12所示，保险学院本科生2011～2017年参加国内外研讨会整体呈现波动趋势。学院对学生提供学术、经费方面的支持，指派专业导师进行一对一指导，对学生学术成果加以奖励，并对参会花费给予报销，增强学生学术素养的同时又激发其参会积极性，从结果上来看，取得了较好的效果。

三、本科生征文比赛获奖情况

如表2-23所示，保险学院本科生2011～2017学年校内征文比赛平均获奖8.3人次，校外征文比赛平均获奖3.4人次，校内征文比赛主要为挑战杯论文大赛，校外征文比赛主要为北京市挑战杯论文大赛、平安励志计划论文大赛，在每年平安励志计划论文大赛保险组中，保险学院学生占据半壁江山，囊括了一半以上的奖项，这也说明了保险学院本科生在保险方面较高的学术研究素养与保险学院积极进取的浓厚学术氛围。

（次）

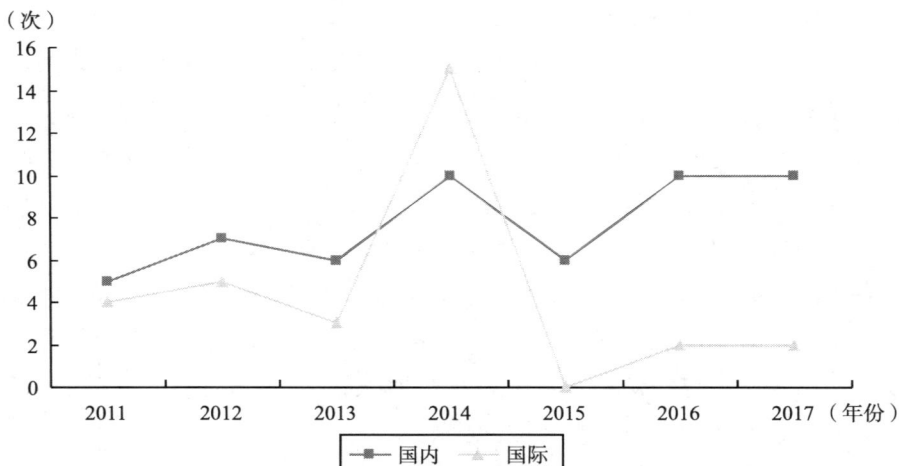

图 2 - 12　保险学院本科生 2011 ~ 2017 年参加国内外研讨会情况统计

表 2 - 23　　　　　保险学院本科生 2011 ~ 2017 年征文获奖情况统计　　　　　单位：人

年份	2011	2012	2013	2014	2015	2016	2017
校内	14	10	13	2	11	10	8
校外	0	5	8	6	4	4	1

通过图 2 - 13 可以发现，保险学院本科生近年来在校内征文比赛中获奖人次有所降低，但在校外征文比赛中获奖人次一直居高不下，其原因在于保险学院本科生学术研究中心逐渐从校内扩展到校外，除校外征文比赛以外，也更多地参与各类创业计划大赛、国际或国内数学建模大赛，这与保险学院育人的目标有一定的关系，在学术强院的基础上，保险学院旨在将学生培育为学术优秀，各方面综合发展的综合优秀人才，致力于为社会各界源源不断输送人才。

四、本科优秀毕业论文

保险学院 2012 ~ 2017 届本科毕业生优秀毕业论文共 38 篇，论文主题体现了商业保险和社会保障领域的各个热门研究方向，如长寿风险、个税递延、保险资金投资运用以及保险监管等，充分展现了保险学院本科毕业生的学术水平。表 2 - 24 为 2012 ~ 2017 届本科毕业生优秀毕业论文具体信息。

（人）

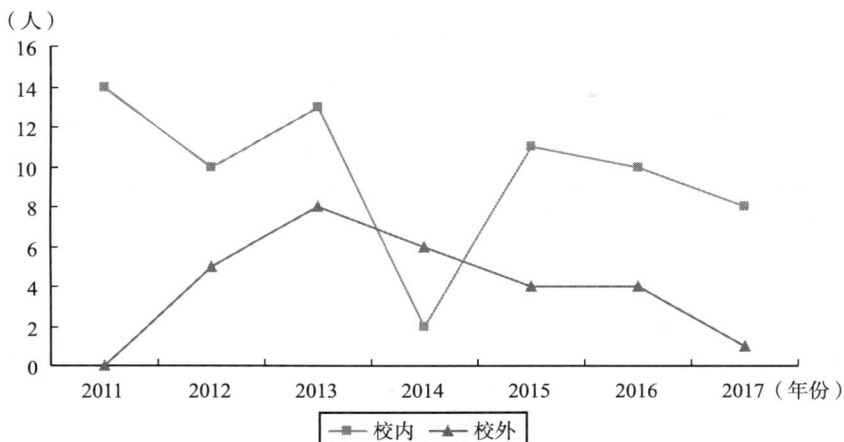

图 2 - 13　保险学院本科生 2011 ~ 2017 年征文获奖情况统计

表 2 - 24　　　　　　　　2012 ~ 2017 届本科毕业生优秀毕业论文

年份	毕业论文（设计）题目	主题词	作者姓名	作者专业	指导教师
2012	保险行业股权溢价研究	股权溢价、无风险利率、保险行业	李宇锋	保险	张楠楠
2012	基于再保需求二重性的再保险分类研究	再保险、需求二重性、分类	何雨珈	保险	胡海滨
2012	利率期限结构模型研究	利率期限结构、GED 分布、GARCH 族	李思赢	保险学（精算方向）	韦晓
2012	长寿趋势下寿险产品的双随机评估方法及应用	长寿风险、随机假设、Lee - Carter 模型、泊松对数双线性回归、蒙特卡洛模拟	邓志骏	保险学（精算方向）	杨再贵
2012	我国企业岗位创造能力分析——基于省际面板数据模型	岗位创造能力、就业弹性、生产函数、企业类型、经济体制改革	王雅雯	劳动与社会保障	刘钧
2012	全国社会保障基金投资组合的实证研究	全国社会保障基金、投资组合、CAMP 模型	苏伟峰	劳动与社会保障	李晨光

续表

年份	毕业论文（设计）题目	主题词	作者姓名	作者专业	指导教师
2013	个税递延型养老保险的效益分析	个税递延、养老保险、效益分析	杨嘉怡	保险1	周桦
2013	财务战略矩阵在中小保险公司的运用及对策研究	财务战略、矩阵、运用、对策	单佳慧	保险1	张虹
2013	民族因素是否影响少数民族地区保险发展的实证研究——以楚雄彝族自治州为例	民族因素、少数民族、保险发展、楚雄彝族自治州	李雪菱	保险2	胡海滨
2013	居民收入倍增计划对人寿保险的影响——在通胀背景下的思考	居民收入、倍增计划、人寿保险、通胀背景	杨瑞	保险2	郝演苏
2013	非寿险公司赔款准备金人为调整实证分析	非寿险、赔款准备金、人为调整	江晓	保险学（精算方向）	周桦
2013	NCD机制下各级折扣率的设定对费率不公平现象的影响	NCD机制、折扣率、费率	詹家煊	保险学（精算方向）	周渭兵
2013	中国全国社会保障基金投资收益率研究	社会保障基金、投资、收益率	王雨田	劳动与社会保障	张建伟
2013	完善我国社会保障预算制度研究	完善、社会保障、预算制度	陈靖璇	劳动与社会保障	褚福灵
2014	基于大类监管的保险资金最优投资组合的数值模拟研究	保险资金运用，投资收益；最优投资组合，非线性规划模型	邹琪慧	保险学	陈华
2014	中资财险公司盈利能力实证分析	中资财险公司，盈利能力；主成分分析，差异分析	韩亚男	保险学	张楠楠
2014	中国失独者长期护理费用缺口测算与对策分析	长期护理费用	薄正娇	保险学（精算方向）	韦晓
2014	基于不同利率结构对寿险准备金监管的实证分析	寿险准备金监管	时光	保险学（精算方向）	周桦

续表

年份	毕业论文（设计）题目	主题词	作者姓名	作者专业	指导教师
2014	我国失业保险基金高额结余的潜在风险及防范对策分析	失业保险基金	钱雨婷	劳动与社会保障	夏蕾
2014	城乡居民基本医疗保险整合研究	基本医疗保险	赵雪雁	劳动与社会保障	张建伟
2015	过往风险经历和社会互动对风险决策影响的实验经济学分析	过往风险经历、社会互动、风险决策、实验经济学	杜帅南	保险学	方志平
2015	风险决策的效用悖论：来自实验的证据	风险决策、效用悖论、实验、证据	刘一点	保险学	薛梅
2015	河南省鸡蛋价格指数保险研究	河南省、鸡蛋价格指数保险、研究	王玉娇	保险学（精算方向）	李晓林
2015	Turning Assets into Cash: A Quantitative Analysis of Reverse Mortgage	Cash、A Quantitative Analysis、Reverse Mortgage	肖松	保险学（精算方向）	周桦
2015	基于 OLG 模型的延迟退休政策对我国养老保险制度的影响及对策分析	OLG 模型、延迟退休政策、养老保险制度	庄皓昕	劳动与社会保障	周渭兵
2015	城乡统筹发展背景下的我国医疗保障制度改革及其路径分析	城乡统筹发展、医疗保障制度、改革、路径分析	何玮	劳动与社会保障	张建伟
2016	健康保险对老年人劳动供给的影响研究——来自 CHNS 微观数据的证据	健康保险、劳动供给、养老保障功效、健康功效	张哲元	保险学	陈华
2016	保险机构与其他金融机构的系统关联性研究——基于 Granger 因果检验的分析	系统关联性、Granger 因果检验、风险传递	康超	保险学	王丽珍

续表

年份	毕业论文（设计）题目	主题词	作者姓名	作者专业	指导教师
2016	Variable Annuities in China: Market Research and Product Analysis	gmwb、glwb、变额年金、嵌入式期权	许昕	保险学（精算方向）	周桦
2016	延迟退休的个人养老金财富分析——以即将退休的人群为例	退休延迟、个人养老金财富	李浩民	保险学（精算方向）	郑苏晋
2016	我国慈善款物募用分离机制研究	慈善款物、募用分离	苏泽瑞	劳动与社会保障	张建伟
2016	我国社区养老资源现状与整合创新路径研究——基于西安市的调查	社区、养老资源、资源整合、系统分析	常悦	劳动与社会保障	周渭兵
2017	保险公司资本结构影响因素的实证研究	保险公司、资本结构、资产负债率	陆讯捷	保险学	陈华
2017	保险业系统性风险传染效应研究	系统性风险、退保率、传染效应、再保险关系网	杜霞	保险学	王丽珍
2017	一类指数分布族的多项式鞅过程的生成方法探讨	指数分布族、多项式、鞅、反演	王奕可	保险学（精算方向）	刘敬真
2017	"偿二代"下保险公司最优险种和资产结构研究	偿二代、资产结构、最低资本、险种	李雪鑫	保险学（精算方向）	周桦
2017	延迟退休对养老保险代内收入再分配的影响研究——基于生存不确定性的内部收益率分析	养老保险、延迟退休、内部收益率、代内收入再分配	袁嘉琳	劳动与社会保障	李晨光
2017	医疗保障如何精准扶贫——新农合的减贫绩效分析	新农合、多维贫困、绩效	陈羽莎	劳动与社会保障	张建伟

五、本科生培养模式创新探索

（一）五位一体，探索财经应用型人才培养新模式

通过综合改革试点和人才培养模式改革的探索实践，学院在培养方案科学化、课程模块化、研究型、实务化、国际化建设等方面有了突破性进展，教育质量明显提高。五位一体，促进学生成长、提高综合素质的五个维度相互黏合，发挥合力，提高效能。

（二）更新课程体系，探索课程设置新模式

课程体系的模块化将国际权威职业资格认证课嵌入培养方案并在不同专业共享，扩大学生的选择空间。兼顾全球最权威的英美两大体系，按照认证课的标准开展教学，逆向推动全员教学质量的提高。课程设置与国际接轨、兼顾中国特色，让学生既掌握最新的国际业务技能，又充分了解国情，增强研究和应用能力。

（三）创新科研教学方法，探索本科生科研创新能力培养模式

运用课堂讨论、案例分析、团队学习、现场研究、模拟训练等方法，最大限度调动学生的积极性主动性，强化教学参与的深度和广度，营造活跃生动的教学环境，将教与学、学与用有效衔接。本科生导师制、第二课堂、学术后援中心综合发挥作用，启发学生的创新思维，提高科研能力。

（四）拓展教育资源，探索校企共同培养新模式

开放办学，统筹利用好校内外多种优质教育资源，借用外脑，共同投入本科教学。首先，实验课建设。由企业提供教学软件、派高管亲自授课。其次，开展集中实习，实施校企共同培养。形成与企业紧密结合、共育人才的机制和氛围。

（五）与国际接轨，探索国际一流学科的建设新模式

一是广泛开展调研，对标国际一流，专业课程体系与同专业全球一流高校

全面接轨；二是与全球的最权威机构合作，专业技术教育与国际权威职业资格认证全面接轨；三是开放兼容，同时和全球两大专业技术权威开展合作。

（六）两个课堂联动、全员参与，探索思政教育新模式

全员育人、专业教师参与思想政治教育。第一课堂和第二课堂联动，相互配合，互相支持。第一课堂结合专业特点开展爱国主义、诚信教育；第二课堂搭建平台，思政教育和学术交流并重，发挥科研促进的二渠道作用。

第三章
学院研究生人才培养

第一节　学院研究生培养概述

中央财经大学保险学院自 1986 年起招收保险学硕士研究生，1993 年开始招收保险精算方向硕士研究生。2003 年开始招收保险方向博士研究生。2010年在教育部正式设立保险硕士后，中央财经大学成为首批获批设立并招生的高校，2011 年正式招收保险专业硕士学位研究生。

英国精算师协会、英国保险学会和澳大利亚及新西兰保险与金融学会的北京考试中心均设在中央财经大学保险学院。本学院硕士研究生毕业后、具有 5年以上保险从业经验者，有资格免试申请成为澳大利亚及新西兰保险与金融学会高级会员。在 2005 年世界保险大会上，中央财经大学被誉为对世界保险业做出突出贡献的亚洲三所大学之一。

一、学科概况

（一）保险学

保险学是保险实践的理论概括和总结，是一门以经济理论为基础，主要研究经济活动领域风险分散和经济保障问题的专门学科，具有较强的理论性、实务性和国际性。它对国民经济的运行起到"稳定器"的作用。本学科是从金融学学科中独立出来的，在全球化、金融融合及我国经济不断发展的背景下，保险学的研究领域和内容也在不断扩展之中。

（二）精算学

精算学是利用数学、经济学、数理统计、寿险、非寿险、人口学、养老基金、投资等理论，对金融、保险、投资等行业中的风险问题提出数量化意见，使未来价值的可能性数量化，从而对金融、保险、投资等行业，对社会保障部门、政府金融监管等机构中存在的风险问题提出建议，使决策过程中的不确定性确定化，达到稳健经营、低成本有效运作目的的学科。具体表现在通过对影响不确定性事件的因素进行量化分析，以确定性的经济行为安排抵消或弱化不确定性事件的影响程度，为企业、个人的风险管理决策行为，为国家的金融、财政、社会保障等提供科学的理论基础和实践依据。

（三）社会保障学

社会保障肩负着揭示和阐明社会保障制度产生和发展的客观规律，为制定社会保障政策提供科学依据的重要使命，作为一门新兴的交叉性、应用性社会科学，自第二次世界大战后，随着全球社会保障制度的繁荣而受到关注，并获得了充分的发展。自20世纪70年代末以来，发达国家不断调整和完善原有社会保障制度以适应经济增速放慢和人口老龄化，发展中国家借鉴国际经验教训，着力构建适应国情和时代需要的社会保障制度。社会保障如何健康发展，以促进社会进步和经济成长，造福人民，为各国政界、学界和社会舆论共同瞩目，进而形成席卷全球的研究热潮。由于受到政治、经济、社会、历史文化等多重因素的影响，研究社会保障需要综合运用政治学、经济学、管理学、社会学、法学等学科知识，因此，社会保障将不断吸收其他社会科学的理论、方法、技能，朝着综合学科方向发展。

二、培养方向

（一）保险学硕士

本学科的研究方向包括保险理论、保险运行和管理、保险法律制度等，学生入学后在导师的指导下进行选择和确定。

（二）精算学硕士

本学科现设保险精算、金融风险监测与控制、风险管理和社会保障精算等研究方向，学生入学后在导师的指导下进行选择和确定。

（三）社会保障学硕士

本学科现设社会保障理论、社会保障基金管理和社会保障精算三个研究方向，学生入学后在导师的指导下进行选择和确定。

（四）保险专业硕士

本学科的研究方向为保险实务。

（五）保险学博士

保险学研究方向是系统运用经济学、风险管理、法学、管理学等理论，对保险基础理论、保险与社会发展、保险市场发展、保险运营、保险监管等重大问题进行深入研究，总结和探讨保险业发展规律，探究保险业发展模式，完善保险理论体系，以实现保险业稳定社会秩序、优化经济发展、增进社会和谐的目标。

（六）精算学博士

精算学研究方向是利用数理统计方法评估保险与金融业的风险，涉及概率、数学、统计学、金融学、金融经济学和计算机编程等学科；对保险和金融业中的与财务相关的不确定性事件提出数量化意见，使未来价值的可能性数量化，从而对金融、保险、投资、社会保障部门、政府金融监管等机构所面对的不确定性问题提出建议，达到控制分析、稳健经营、低成本有效运营的目的。

本方向主要研究保险精算与风险管理研究、社会保障精算研究、金融风险监测与控制研究三个问题。

（七）社会保障学博士

社会保障学研究方向主要研究社会保障理论与管理、社会保障与金融、社会保障与经济发展、社会保障基金管理四个问题。

三、保险学院研究生培养方案

（一）保险学术硕士

本学科是中央财经大学在应用经济学博士学位授予权一级学科点内自主设

置的学科（专业），学制二年，毕业授予经济学硕士学位。

在规定的学习年限内，本学科硕士研究生必须累计修满 32 学分，其中：德育教育 1 学分，调研实习 1 学分，课程学习 30 学分。课程学习学分中包括必修课 25 学分、选修课至少 5 学分（公共选修课要求至少修 2 学分，专业选修课要求至少 3 学分），鼓励多选。必修课包括公共基础课、学科基础课、专业课三部分。公共基础课中设置了中国特色社会主义理论与实践研究、英语课程；学科基础课中设置了高级宏观经济学、高级微观经济学、高级计量经济学课程；专业课中设置了高级保险经济学、保险理论与政策、专业英语（保险）、高级保险计量模型、财产保险研究、人身保险研究课程。选修课包括公共选修课、学科及专业基础选修课两部分，公共选修课中设置了计算机高级应用、国学经典研究、视觉艺术选讲、西方人文社科经典原著选读、第二外国语（日、法、俄）、统计回归分析理论及其应用、自然辩证法概论、马克思主义与社会科学方法论课程。学科及专业基础选修课中设置了金融市场学（Ⅱ）、金融经济学（Ⅱ）、高级风险管理、投资学、高级保险财务管理、社会保障理论研究、保险法律制度研究、再保险研究、保险企业经营管理、精算原理、优化原理、金融市场时间序列分析、数据挖掘、高等概率论、高等数理统计学、随机过程、信用风险、风险评估与控制、区域链与数字货币课程。

（二）精算学学术硕士

本学科是中央财经大学在应用经济学博士学位授予权一级学科点内自主设置的学科（专业），学习年限为三年，毕业授予经济学硕士学位。

在规定的学习年限内，本学科硕士研究生必须累计修满 42 学分，其中：德育教育 1 学分，调研实习 1 学分，课堂教学 40 学分。课堂教学学分中包括必修课 28 学分；选修课要求至少修满 14 学分（公共选修课至少 2 学分，学科与专业选修至少 12 学分）。必修课包括公共基础课、学科基础课、专业课三部分。公共基础课中设置了中国特色社会主义理论与实践研究、英语课程；学科基础课中设置了高级宏观经济学、高级微观经济学、高级计量经济学课程；专业课中设置了保险理论与政策、专业英语（精算）、随机分析基础、金融数学（Ⅰ）、精算原理、资产负债管理（Ⅰ）课程。选修课包括公共选修课、学科及专业基础选修课两部分，公共选修课中设置了计算机高级应用、国学经典研究、视觉艺术选讲、西方人文社科经典原著选读、第二外国语（日、法、俄）、统计回归分析理论及其应用、自然辩证法概论、马克思主义与社会科学方法论课程。学科及专业基础选修课中设置了数据挖掘、区块链与数字货币、金融经济学（Ⅱ）、公司财务学（Ⅱ）、金融市场时间序列分析、保险企业经营管理、社会保障精算、寿险精算实务、社会保障理论研究、金融数学（Ⅱ）、非寿险精算实务、意外险与健康险精算学、财产保险研究、人身保险研究、资产负债管理（Ⅱ）、再保险研究、信用风险、养老金精算学、风险评估与控制课程。

（三）社会保障学硕士

本学科学制二年，毕业授予管理学硕士学位。

在规定的学习年限内，本学科硕士研究生必须累计修满 32 学分，其中：德育教育 1 学分，调研实习 1 学分，课程学习 30 学分。课程学习学分中包括必修课 22 学分、选修课至少 8 学分（公共选修课要求至少修 2 学分，专业选修课要求至少 6 学分），鼓励多选。必修课包括公共基础课、学科基础课、专业课三部分。公共基础课中设置了中国特色社会主义理论与实践研究、英语课程；学科基础课中设置了高级宏观经济学、高级微观经济学、劳动经济理论与政策研究课程；专业课中设置了劳动与社会保障法律研究、社会保障国际比较研究、社会保障基金管理研究、社会保障理论研究、专业英语（社保）课程。选修课包括公共选修课、学科及专业基础选修课两部分，公共选修课中设置了计算机高级应用、国学经典研究、视觉艺术选讲、西方人文社科经典原著选读、第二外国语（日、法、俄）、统计回归分析理论及其应用、自然辩证法概论、马克思主义与社会科学方法论课程。学科及专业基础选修课中设置了统计软件、人身保险研究、劳动关系研究、行政法与行政诉讼法研究、企业年金与职业年金研究、薪酬管理与员工福利研究、高级宏观经济学、保险理论与政策、组织与人力资源管理前沿、社会保障精算课程。

（四）保险专业硕士研究生

本学科是中央财经大学在应用经济学博士学位授予权一级学科点内自主设置的学科（专业），本学科学制二年，毕业授予经济学硕士学位。

本学科硕士研究生必须累计修满 32 学分，其中：德育教育 1 学分，调研实习 1 学分，课程学习 30 学分。课程学习学分中包括必修课 18 学分、选修课至少 5 学分（公共选修课要求至少修 2 学分，专业选修课要求至少 10 学分），鼓励多选。必修课包括公共基础课、学科基础课、专业课三部分。公共基础课中设置了中国特色社会主义理论与实践研究、英语课程；学科基础课中设置了高级宏观经济学、高级微观经济学课程；专业课中设置了高级风险管理、保险理论与政策、高级保险计量模型、高级保险财务管理课程。选修课包括公共选修课、学科及专业基础选修课两部分，公共选修课中设置了计算机高级应用、国学经典研究、视觉艺术选讲、西方人文社科经典原著选读、第二外国语（日、法、俄）、统计回归分析理论及其应用、自然辩证法概论、马克思主义与社会科学方法论课程，学科及专业基础选修课中设置了金融市场学（Ⅱ）、金融经济学（Ⅱ）、高级保险经济学、社会保障理论研究、保险法律制度研究、再保险研究保险企业经营管理、精算原理、优化原理、金融市场时间序列分析、数据挖掘、高级计量经济学、高等数理统计学、财产保险研究、人身保险研究、信用风险、风险评估与控制、区域链与数字货币课程。

（五）保险学博士研究生

博士研究生基本修业年限为三年，最长不得超过六年。本学科授予经济学博士学位。

博士研究生在攻读博士学位期间应修满 26 学分，其中必修课 19 学分，选修课至少修满 7 学分。关于选修课的说明：（1）鼓励多选；（2）"风险与保险专题选讲"是各研究方向的重要选修课程，建议都选。必修课包括公共基础课、学科基础课、专业课三部分。公共基础课中设置了中国特色社会主义理论与实践研究、英语课程；学科基础课中设置了高级宏观经济学、高级微观经济学课程；专业课中设置了高风险与保险方法导论、专业英语（博士）、精算学前沿问题研究、保险学前沿问题研究、社会保障理论前沿问题研究课程。选修课包括公共选修课、学科及专业基础选修课两部分，公共选修课中设置了马克思恩格斯列宁经典著作选读读、第二外国语（日、法、俄）课程；学科及专业基础选修课中设置了养老金模型、资产定价与投资理论、风险量化与决策、保险价值管理、风险与保险专题选讲、社会保障基金管理研究、社会保障量化管理研究、社会保障理论与技术专题课程。

（六）保险学硕博连读研究生

本专业方向基本学制为 5 年，课程学习时间一般为 2 年，科学研究和撰写学位论文的时间为 3 年，毕业授予经济学博士学位。

本硕博连读方向在规定的学习年限内必须修满 50 学分，其中：德育教育 1 学分，调研实习 1 学分，课程学习 48 学分（其中必修课 34 学分，选修课至少 14 学分，鼓励多选）。必修课包括公共基础课、学科基础课、专业课三部分。公共基础课中设置了中国特色社会主义理论与实践研究、英语课程；学科基础课中设置了高级宏观经济学、高级微观经济学、高级计量经济学、随机过程课程；专业课中设置了风险与保险方法导论、高级风险管理、保险经济学、保险理论与政策、财产保险研究、人身保险研究、高级保险计量模型、保险学前沿问题研究、专业英语（保险）课程。选修课包括公共选修课、学科及专业基础选修课两部分，公共选修课中设置了第二外国语（日、法、俄）、自然辩证法概论、马克思主义与社会科学方法论课程，学科及专业基础选修课中设置了保险学前沿问题研究、社会保障理论前沿问题研究、精算学前沿问题研究、精算原理、保险法律制度研究、高级保险财务管理、再保险研究、保险企业经营管理、资产定价与投资理论、风险量化与决策、金融经济学（Ⅱ）、金融市场学（Ⅱ）、风险评估与控制、信用风险、优化原理、金融市场时间序列分析、公司财务学、数据挖掘、区块链与数字货币、高等概率论、高等数理统计学、统计软件课程。

第二节　研究生招生情况

一、招生选拔机制

（一）硕士研究生招生选拔机制

为了保障生源质量，学院在招生选拔环节严格把关，调整初试和复试专业课考试科目。初试保险专业基础增加计量经济学部分（更加注重运用能力考核），精算学考试为经济学、数理、精算并重；复试包括笔试、英语面试、专业潜质面试，考察学生的基础理论和专业知识、学术创新精神和创新能力以及专业兴趣和素养。学院每年都组织推荐免试硕士研究生报名录取工作以及招生宣传工作，吸引优质生源报考。

自 2016 年开始，学院结合新形势，举行夏令营招收推免生工作，代替传统推免保送方式，成为学院选拔优秀研究生的主要方式。通过讲座、研讨、团队活动等形式，为学生提供免试攻读硕士研究生以及硕博连读研究生的机会，确保选择最优秀的学生。首先，进行资料审核，参加夏令营的同学本科成绩排名要在专业前 10% （含）以内，两名副教授及以上职称的专业教师进行推荐。最后，进行综合面试和专业笔试，采用英语面试、专业面试等多种方式相结合的方法，挖掘学生的综合能力，通过对数学、经济学、保险学等学科的笔试考试，考察学生的基础知识。

同时对于跨学科和跨专业的研究生，在入学后实行专业课补修制度，以夯实专业基础知识，为后续学习做铺垫。

（二）博士研究生招生选拔机制

博士研究生初试考察英语、经济学基础、保险学或精算学或社会保障学三个部分的内容，复试包括科研基础与科研潜质测试和外语听说能力测试两项。科研基础测试重在根据专业培养要求考查考生对本学科理论知识系统性和前沿性掌握与研究的情况，科研潜质测试重在根据专业培养要求考查考生在本学科领域发展的已有科研水平和发展潜质、具有的科研创新意识和能力，外语听说能力测试采取现场问答方式进行考核，重在考查考生运用外语进行听说交流的能力。

申请硕博连读的博士研究生考核方式参照《中央财经大学硕博连读研究生选拔与培养管理办法》。

二、生 源 结 构

如表 3 - 1 所示，在保险学院硕士研究生招生项目中，应届生的比例从 2013 ~ 2017 年间呈现一个"U"型波动趋势，但从总体上来看比例仍在上升，应届生占招收硕士研究生总数的比例由 2013 年的 76.47% 上升到了 2017 年的 94.44% 。

接受推免研究生的比例在这五年间也同样呈现一个"U"型波动趋势，但总体上比例同样在上升，推免研究生数量占招收硕士研究生总数的比例由2013年的20.59%上升到了2017年的41.67%。

从学院录取硕士研究生的院校结构来看，尽管从2013～2017年，招收的硕士研究生本科毕业学校层次有一定的波动，但平均来看，近年来保险学院硕士生生源来自"211""985"高校的占比一直较高，2017年录取的硕士研究生中本科阶段院校为"211工程""985工程"院校比例高达77.78%，说明保险学院近年来的硕士生生源质量不断提高，大多数来自国内各大知名高校，为保险学院进一步提升人才培养质量提供了良好的生源保障。

对于博士研究生，硕士阶段院校为"211工程""985工程"院校比例在2017年有明显下降趋势；在职比例近几年一直呈现下降趋势，由2014年的44.44%下降到了2017年的14.29%。

表 3 - 1　　　　　　　　2013～2017 年保险学院研究生生源结构

类别		2013 年	2014 年	2015 年	2016 年	2017 年
硕士研究生	应届生比例	26/34 (76.47%)	25/36 (69.44%)	26/44 (59.09%)	27/33 (81.82%)	34/36 (94.44%)
	接受推免研究生比例	20.59%	16.67%	15.91%	24.24%	41.67%
	本科阶段院校为"211工程""985工程"院校比例	85.29%	72.22%	59.09%	57.58%	77.78%
博士研究生	硕士阶段院校为"211工程""985工程"院校比例	66.67%	88.89%	60.00%	62.50%	28.57%
	在职比例	16.67%	44.44%	40.00%	37.50%	14.29%
硕博连读生比例		—	11.00%	—	—	—

三、招生规模及入学分数

自2004年起，学院硕士研究生招生规模一直处于一个相对稳定的态势，2004年的招生人数为42人，2011年学院增设了保险专业学位硕士点之后招生人数出现了变化，硕士招生人数跃升到92人，之后总体招生规模各年份差别不大，2018年的硕士招生数为89人。

近年来，保险学院硕士研究生录取比例不高于 25%。第一志愿录取率均为 100%，如表 3-2 所示，保险专业硕士的招生录取分数线均远超国家线，如表 3-3、图 3-1~图 3-4 所示。

从历年数据来看，中央财经大学保险学专业考博报录比一般在 3∶1 左右。

表 3-2　　　　　　　2013~2017 年保险学院硕士研究生录取情况

	类别	2013 年	2014 年	2015 年	2016 年	2017 年
硕士研究生	报考人数/录取人数	221/34	160/36	254/44	211/33	168/36
	录取比例	15.38%	22.50%	17.32%	15.64%	21.43%
	第一志愿录取率	100%	100%	100%	100%	100%
博士研究生	报考人数/录取人数	20/6	26/9	14/5	21/8	23/7
	录取比例	30.00%	34.62%	35.71%	38.10%	30.43%

表 3-3　　　　　　　2013~2017 年保险学院硕士研究生录取情况

年份	保险学			精算学			保险			社会保障		
	国家线	录取线	招生人数	国家线	录取线	招生人数	国家线	录取线	招生人数	国家线	录取线	招生人数
2004	310	310	18	310	338	21				310	315	3
2005	335	342	17	335	385	24				335	365	9
2006	340	340	13	340	375	18				340	340	9
2007	325	354	13	325	361	15				330	330	4
2008	335	378	12	335	364	16				330	330	5
2009	315	330	14	315	338	16				315	363	5
2010	330	330	13	330	334	19				330	330	3
2011	350	354	15	350	350	19	350	350	54	350	350	4
2012	340	390	13	340	365	20	340	340	66	340	342	5
2013	340	355	10	340	376	24	340	340	43	345	345	4
2014	330	337	13	330	345	23	330	339	52	335	335	2
2015	330	334	19	330	344	25	330	330	34	335	335	3
2016	325	348	15	325	331	18	325	362	49	335	335	1

续表

年份	保险学			精算学			保险			社会保障		
	国家线	录取线	招生人数	国家线	录取线	招生人数	国家线	录取线	招生人数	国家线	录取线	招生人数
2017	335	383	15	335	371	21	335	340	46	340	340	2
2018	330	343	12	330	331	20	330	346	53	330	330	4

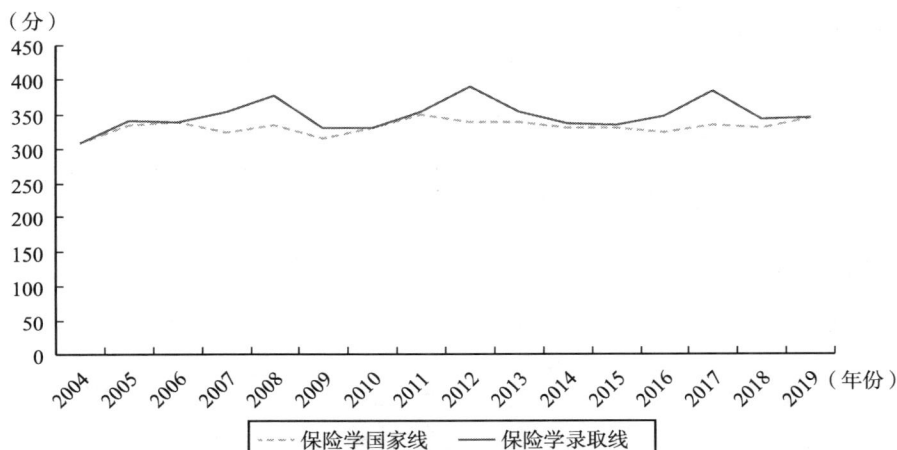

图 3 - 1　2004～2019 年保险学硕士统招成绩与国家线对比

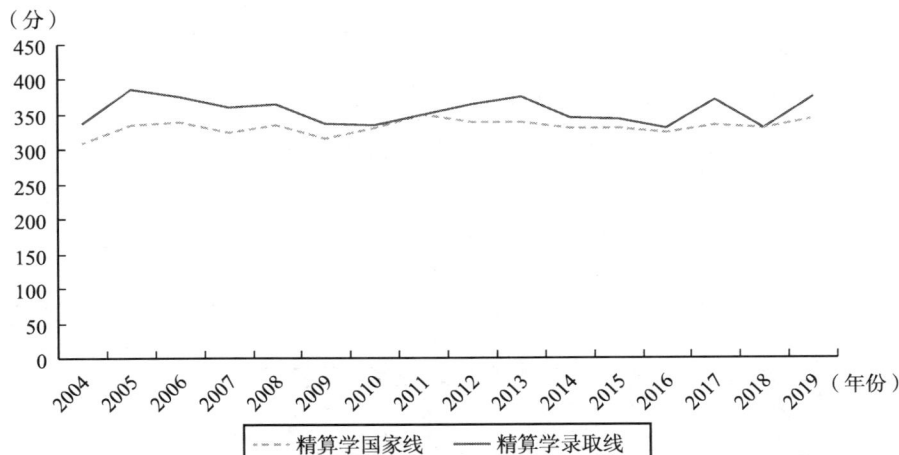

图 3 - 2　2004～2019 年精算学硕士统招成绩与国家线对比

（分）

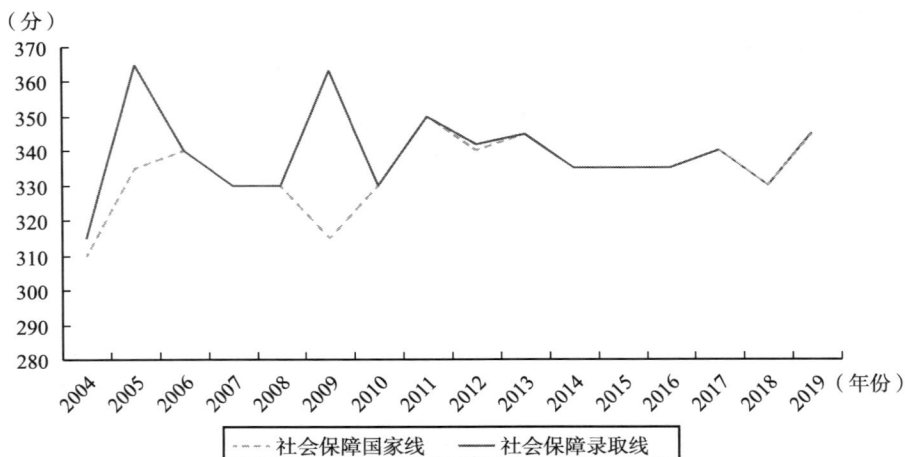

图 3 - 3　2004～2019 年社会保障硕士统招成绩与国家线对比

（分）

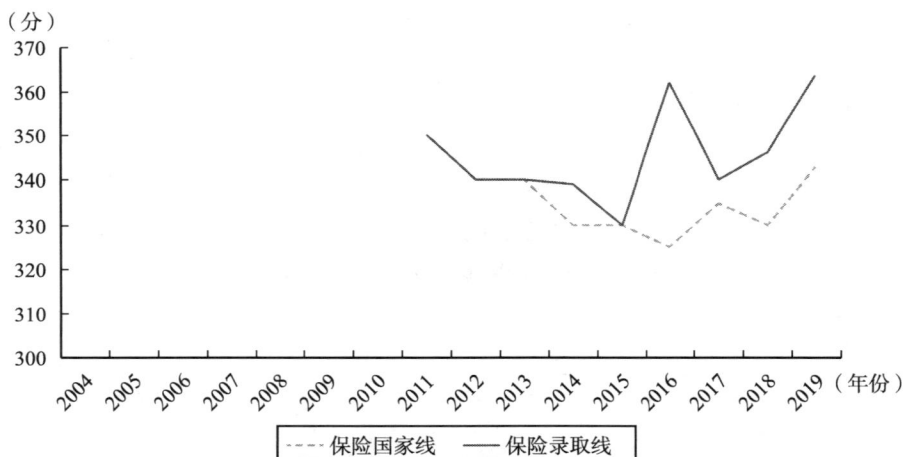

图 3 - 4　2011～2019 年保险硕士统招成绩与国家线对比

第三节　研究生就业情况

一、本学位点对毕业生的就业指导情况

学院依托学校就业指导中心、学院就业工作领导小组、研究生工作办公室开展分层次、多样化、系统化的就业指导工作，从生涯探索到自我认识，到就

业技能指导和实习推荐等环节，均有针对性地开展丰富的指导活动，以帮助学生提升就业技能和择业意识，也帮助学生尽快找准职场角色，更快适应社会。学院与各大保险公司均保持良好的合作关系，每年各大保险公司均会来保险学院定向招聘。学院联合各大保险公司有针对性地开展实习实践活动，帮助学生实现顺利就业。

学院还充分调动和发挥管理人员的作用，开展就业指导。积极利用飞信、微信、QQ、电子邮件、微博等通信方式向学生第一时间发布就业实习信息。学校就业指导中心在第二学年开设职业生涯规划课程，聘请职业规划专家来学校授课，为学生求职出谋划策。据统计，近年来平均每年开展各类就业指导活动 12 场，涵盖简历指导、职业规划、求职礼仪、无领导小组讨论等。学校还每年组织进校双选会 10 余场，为学生求职创造便利。

二、研究生就业率及去向分析

近年来，保险学院毕业研究生去向主要有有国内升学、出国留学、签协议合同等，就业率达到百分之百，详见表 3 - 4、表 3 - 5。

表 3 - 4　　　　　2013 ~ 2017 年保险学院毕业研究生去向　　　　单位：人

途径	2013 年	2014 年	2015 年	2016 年	2017 年
国内升学	1	1	1	1	1
出国（境）留学	1	1	1	1	1
签协议合同	31	29	28	35	40
自主创业	0	0	0	0	0
博士生到高水平大学任教情况	0	0	0	0	0
未就业	0	0	0	0	0
就业率	100%	100%	100%	100%	100%

表 3 – 5　　　　　　　保险学院 2017 届研究生就业情况统计　　　　　　　单位：人

党政机关		事业单位			企业		
党政机关	基层党政机关	高等教育单位	科研单位	其他事业单位	国有企业	三资企业	其他企业
7	1	1	0	4	51	2	6

三、研究生就业质量调查

学校就业指导中心每年均发布《中央财经大学毕业生就业质量报告》，根据毕业生就业问卷调查和毕业生发展跟踪调查数据，详细分析中央财经大学毕业生的结业情况和存在的问题，并指出努力方向。调查结果如图 3 – 5 所示，硕士和博士毕业生对自己所学专业的认可度较高，就业满意率达到 97.15%。2017 年参与调查的 1062 家用人单位中，98.87% 对中央财经大学人才培养的整体情况表示满意，其中 58.38% 的用人单位表示非常满意。

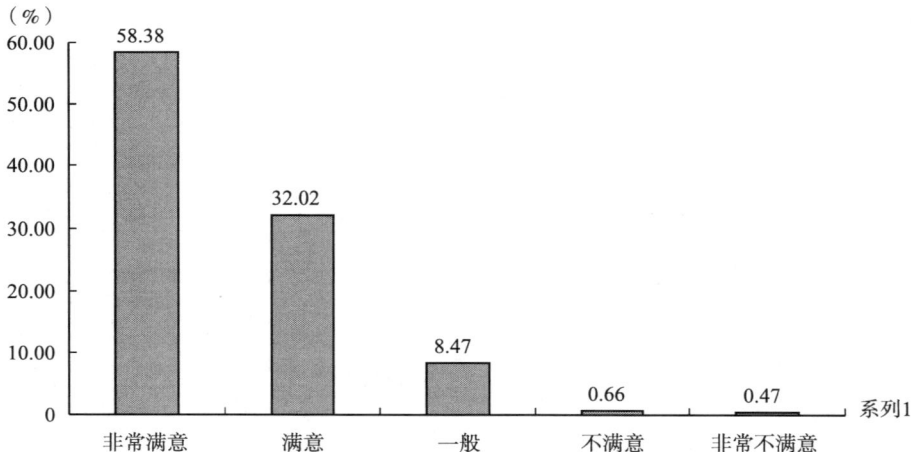

图 3 – 5　用人单位对中央财经大学毕业生职业发展的评价情况

在向用人单位调研的过程中，用人单位对保险学院人才培养等方面给予了高度的评价，如图 3 – 6、图 3 – 7 所示。

華夏保險　華夏慈善基金
HUA INSURANCE   HUA CHARITABLE FOUNDATION

To: Society of Actuary

I am very glad to give this letter.

In the past, my company has hired many students from the program of Actuarial Science at Central University of Finance and Economics. Basing on their performance in the usual work, these graduates from Central University of Finance and Economics have shown excellent professional ability, strong practical ability and great abilities in communication and team work. All colleagues here would like to give the highest praise to these graduates.

I sincerely hope that this program can send more excellent graduates to my company in the future, and I strongly believe that Central University of Finance and Economics has the most outstanding actuarial science center in China.

Contact information: Li Jeon Wei
0086 1391118 1800

SCOR
SCOR SE Beijing Branch

July 6, 2016

Professor Ming Zhou
Deputy Dean
China Institute for Actuarial Science (CIAS)
Central University of Finance and Economics (CUFE)
39 South College Road, Haidian District, Beijing, P.R.China 100081

Dear Professor Zhou,

Re: Centre of Actuarial Excellence Application

I am pleased to learn that your institute is applying for the Centre of Actuarial Excellence (CAE), an elite status program launched by the Society of Actuaries.

As you know that in 2013 SCOR SE Beijing Branch signed a MOU with your university. The purpose of the MOU is to promote the cooperation between SCOR SE Beijing Branch and the CUFE "in the actuarial field, in order to train young actuaries, with a wide knowledge of the Chinese Insurance Industry." As a result, we have been constantly hiring your students. So far, we are quite happy with the quality of interns we hired from your school and we credit this to the solid actuarial education they received from CUFE, which we believe offers one of the best actuarial program in China.

Other than hiring your students, we have supported your program in many other ways, including visited your campus and gave presentation to the actuarial students. We were also the Gold Sponsor of the 9th International Longevity Risk and Capital Markets Solutions Conference, a high profile conference that was organized by your institute and was held in Beijing on September 6-7, 2013.

As the only Ministry of Education Designated Key Research Institute in Actuarial Science and Insurance, your actuarial science program is of high calibre, we wish you successful in your CAE application !

Yours truly,

Weidong YU
General Manager

图 3-6　部分单位对保险学院毕业生及研究生教育的评价反馈

安华农业保险股份有限公司
ANHUA AGRICULTURAL INSURANCE CO.,LTD

CHINA REINSURANCE (GROUP) CORPORATION
Add: No.11 Jin Rong Avenue, Xi Cheng District,   Tel: 86-10-6657 6666
Beijing, China , 100033   Fax: 86-10-6657 6789

CHINA RE

To: Centers of Actuarial Excellence department in Society of Actuaries

I am happy to give you some comments on the students graduating from the actuarial program at the Central University of Finance and Economics.

In the past decade, my company has hired a large number of exceptional graduates from this university at both undergraduate and graduate levels. Commendably, these graduates have demonstrated the outstanding technical understanding in actuarial science and quantitative finance, the outstanding problem-solving capability, and the outstanding communication skill and team spirit. I believe these graduates will have a bright future in their career life. The Central University of Finance and Economics has done an excellent job in developing such students in actuarial science and we regard this as a rewarding and lasting partnership.

Jiaxiang Jiang
Deputy Manager of Actuarial Department
ANHUA AGRICULTURAL INSURANCE CO.,LTD.
Jingrun Building, No.28A, Fuwai Street, Xicheng District, Beijing, China
July 6, 2016

To: Centers of Actuarial Excellence department in Society of Actuaries

This letter is to confirm that we are very happy with the actuarial students we have been hiring from CUFE. CUFE has a reputable actuarial program that is one of the main suppliers of actuarial students in China. The actuarial program at CUFE is one of the best actuarial programs in China. We have been hiring many many actuarial students (both interns and full time) from the actuarial program at CUFE. These hires mostly work as actuarial interns or actuarial analyst. The works produced by these students are outstanding and we will continue hire from CUFE.

As alumnus of CUFE, I am proud to see that CUFE has continued to maintain its quality to produce high caliber actuarial graduates, and very glad to see that they are highly motivated, they are competitive, and they are highly adaptable.

Li Ming
FIA
Senior Business Director
General Manager
Business Planning and Management Department
China Reinsurance (group) Corporation
No.11 Jin Rong Avenue, Xi Cheng District, Beijing, China
January 5th 2018

图 3-7　部分单位对保险学院毕业生及研究生教育的评价反馈

第四节　研究生科研成果

　　学校每年都组织研究生学术文化节，邀请学术大家举行讲座；组织研究生科研创新项目申报，举行研究生论文大赛等活动。保险学院也经常举办风险管理与保险高端论坛、精算师论坛、保家讲坛等学术活动，邀请保险公司高管、总精算师、精算师协会等行业协会代表作为主讲人，讲述学界和业界前沿动态；举办学术论文大赛、资助学生参加国际学术会议，组织学生参加各类学术竞赛等。此外，精算研究院每周都会举办 1~2 场学术讲座，各类论坛近百场。

　　特别是近年来学院结合 2017 年度"中国金融学科终身成就奖"颁奖典礼、与英国精算师协会合作 25 周年庆典等大型活动为契机，邀请了中国人民银行原行长戴相龙先生、中国保监会原副主席、中国精算师协会创始会长魏迎宁先生、英国精算师协会主席 Colin Wilson 先生、英国精算师协会全球理事 John Taylor 先生等为学生做了精彩的学术报告。

　　此外，学院不断加强硬件条件及文献资源库建设，夯实保险学院研究生教育保障条件。目前学院拥有教育部人文社会科学重点研究基地中国精算研究院，以及其他若干研究机构，包括中国保险市场研究中心、中国社会保障研究中心、中国财富管理研究中心、中国民生保障研究中心、中国农业风险管理研究中心、量化投资研究中心、中子星保险资产管理研究中心、风险管理研究中心、保险数据文献中心、风险量化与决策研究中心、社保精算研究中心、中央财经大学哥伦比亚大学北京保险研究院保险联合创新中心等；学院专门配备了五台笔记本电脑，安装了正版的 Prophet、R、Stata、MATLAB 等软件，并向学院师生开放使用；学院征订了《保险研究》《经济研究》《金融研究》等专业领域前沿的期刊供同学们免费借阅；为了便于学生开展专业研究，学院还专门征订了全球保险财务分析数据库链接在学校图书馆中供中央财经大学学生免费使用；学院还建立了博士生文献库，供博士生免费下载使用。

一、发表论文及参与课题

　　保险学院硕士研究生在 2013~2017 年共发表论文 137 篇，平均每年 27.4 篇，其中核心期刊共 15 篇，平均每年 3 篇；保险学院硕士研究生在 2013~

2017 年参与课题数量共 318 个，平均每年 63.6 个。保险学院博士研究生在 2013～2017 年共发表论文 45 篇，平均每年 9 篇，其中核心期刊共 26 篇，每年 5.2 篇；保险学院博士研究生在 2013～2017 年参与课题数量共 91 个，平均每年 18.2 个。就总数而言，学术科研成果发表情况较为优秀，这也与保险学院学术立院的基础相匹配。保险学院硕士研究生在浓厚的学术氛围熏陶下，具有较高的学术素养。如表 3-6、表 3-7、表 3-8 所示。

表 3-6 2013～2017 年保险学院研究生科研情况

年份	2013 年		2014 年		2015 年		2016 年		2017 年	
类型	硕士生	博士生	硕士生	博士生	硕士生	博士生	硕士生	博士生	硕士生	博士生
论文发表总数（篇）	14	6	24	5	27	7	29	12	43	15
核心期刊论文发表数（篇）	2	4	2	2	4	4	3	6	4	10
参与课题数量（个）	63	10	67	16	76	12	51	43	61	10

表 3-7 2013～2017 年保险学院硕士研究生发表论文情况

序号	发表作品名称	所载刊物名称	发表时间	姓名	班级
1	《保险业应大胆涉足养老地产》	《国际金融报》	2013 年 1 月	黄海森	2012 级精算研
2	欧盟 Solvency Ⅱ 框架综述及相关问题思考	《金融发展研究》	2013 年 1 月	黄海森	2012 级精算研
3	我国产险公司最低资本标准探讨	《保险研究》	2013 年 2 月	王珣	2011 级精算研
4	欧盟 Solvency Ⅱ 框架综述及相关问题思考	《金融发展研究》	2013 年 2 月	黄海森	2012 级精算研
5	2012 年全球保险业掠影	《保险经理人》	2013 年 3 月	黄海森	2012 级精算研
6	保险行业区域不平衡性分析	《改革与开放》	2013 年 3 月	王文溢	2011 级精算研
7	我国新型农村社会养老保险制度困境与改革思路研究	《贵州民族大学学报》	2013 年 4 月	任雅姗	2012 级保险学

续表

序号	发表作品名称	所载刊物名称	发表时间	姓名	班级
8	中国保险公司竞争力评价结论的稳健性检验——以人身险公司为例	《北大塞瑟论坛2013会议论集》	2013年4月	寇业富、许文璐	2011级精算研
9	完善社会保障改善收入分配	《决策与信息》	2013年4月	王文溢	2011级精算研
10	农业天气指数保险的保障与融资功能发挥——从保险标的的可保性角度分析	《金融发展研究》	2013年5月	姚丹	2012级精算研
11	农业天气指数保险的保障与融资功能发挥——从保险标的的可保性角度分析	《金融发展研究》	2013年5月	姚丹	2012级精算研
12	我国农村商业养老保险市场研究——基于养老金替代率的精算分析	《保险职业学院学报》	2013年5月	任雅姗	2012级保险学
13	我国新型农村社会养老保险制度再分配效应研究	《海南金融》	2013年7月	任雅姗	2012级保险学
14	个税递延养老保险不可急于求成	《证券时报》	2013年11月	孙欣	2013级保险研
15	产品创新不仅是与时髦词汇接轨	《中国保险报》	2013年11月	马卉冉	2013级保险研
16	房地产政策调控效应的截面异质性	《统计研究》	2013年11月	陈瑶	2013级精算研
17	"单独两孩"利好商业生育险	《中国保险报》	2013年11月	马卉冉	2013级保险研
18	美国养老机构责任保险的发展与经验借鉴	《保险赢家》	2014年1月	王嘉怡	2013级保险研
19	我国公司债券信用保险构想	《经营管理者》	2014年4月	江露	2012级精算研
20	浅析公司债券信用风险	《经营管理者》	2014年4月	江露	2012级精算研
21	微信平台的保险机遇和挑战	《中国保险报》	2014年4月	张乾军	2013级保险研
22	我国区域性生猪保险市场发展潜力评价	《保险研究》	2014年5月	姚丹（第二作者）	2012级精算研

续表

序号	发表作品名称	所载刊物名称	发表时间	姓名	班级
23	寿险公司偿付能力影响因素的实证分析	《山东财经大学学报》	2014 年 5 月	王梦娇	2013 级保险研
24	保险公司开 4S 店有何不可	《中国保险报》	2014 年 5 月	王嘉怡	2013 级保险研
25	保险私人订制时代来临	《中国保险报》	2014 年 5 月	王嘉怡	2013 级保险研
26	中国巨灾保险制度现状及发展方向研究	《现代经济信息》	2014 年 6 月	陆静	2012 级精算研
27	从"奇葩"保险产品看我国的险种创新	《保险赢家》	2014 年 6 月	王嘉怡	2013 级保险研
28	企业重组中退休预提费用的精算分析	《保险研究》	2014 年 7 月	申丰镐（第二作者）	2012 级精算研
29	平安集团业务分析——基于全球系统重要保险机构视角	《经营管理者》	2014 年 8 月	马卉冉	2013 级保险研
30	服务营销理念是保险微信平台的核心	《保险赢家》	2014 年 8 月	张乾军	2013 级保险研
31	寿险公司利用风险边际进行利润操纵的可能性分析	《海南金融》	2014 年 9 月	马卉冉	2013 级保险研
32	基于金融 ADR 机制的我国保险消费者权益保护研究	《青年科学》	2014 年 9 月	陈月	2013 级保险研
33	基于金融 ADR 机制的我国保险消费者权益保护研究	《青年科学》	2014 年 9 月	赵晶	2013 级保险研
34	养老地产，险资的阳关道还是独木桥	《青年科学》	2014 年 9 月	农婧	2013 级保险研
35	养老地产，险资的阳关道还是独木桥	《青年科学》	2014 年 9 月	叶琪	2013 级保险研
36	探究保险产品的"私人定制"	《上海保险》	2014 年 9 月	王嘉怡	2013 级保险研
37	寿险公司偿付能力影响因素的实证分析	《山东财经大学学报》	2014 年 9 月	陈月	2013 级保险研
38	浅谈如何走出城乡居民大病保险的困境	《保险职业学院学报》	2014 年 10 月	马卉冉	2013 级保险研

序号	发表作品名称	所载刊物名称	发表时间	姓名	班级
39	浅析《保险公司偿付能力监管规则第 X 号：偿付能力风险管理要求与评估》征求意见稿	《商》	2014 年 12 月	杨扬	2012 级精算研
40	偿付能力角度下我国寿险公司资产配置研究	《保险职业学院学报》	2014 年 12 月	黄海森	2012 级精算研
41	外资寿险公司进入中国市场的股权战略	《环球市场信息导报》	2015 年 1 月	叶琪	2013 级保险研
42	关于医疗费用有效控制的思考	《商品与质量科教视野》	2015 年 1 月	王梦娇	2013 级保险研
43	食品安全责任风险监管的国际经验比较分析	《商品与质量》	2015 年 1 月	张乾军	2013 级保险研
44	中国基本养老保险基金缺口的测算及分析	《经营管理者》	2015 年 2 月	韩芸	2012 级精算研
45	利率期限结构模型研究	《经营管理者》	2015 年 2 月	韩芸	2012 级精算研
46	中国基本养老保险基金缺口的测算及分析	《经营管理者》	2015 年 2 月	李思赢	2012 级精算研
47	利率期限结构模型研究	《经营管理者》	2015 年 2 月	李思赢	2012 级精算研
48	Sharpe 指数下的再保险人最优策略研究——基于方差保费准则的实证分析	《保险职业学院学报》	2015 年 2 月	窦金龙	2012 级精算研
49	Sharpe 指数下的再保险人最优策略研究——基于方差保费准则的实证分析	《保险职业学院学报》	2015 年 2 月	杨智	2012 级精算研
50	中国健康险保费增长区域趋同化研究	《时代金融》	2015 年 2 月	杨智	2012 级精算研
51	中国相互制农业保险的现状与发展	《广西财经学院学报》	2015 年 2 月	叶琪	2013 级保险研
52	我国农业保险的道德风险及防范	《现代经济信息》	2015 年 2 月	杨爽	2013 级保险研

序号	发表作品名称	所载刊物名称	发表时间	姓名	班级
53	中国健康险保费增长区域趋同化研究	《时代金融》	2015 年 2 月	李小格	2012 级精算研
54	大数据下的保险公司的人才需求	《现代经济信息》	2015 年 2 月	赵晶	2013 级保险研
55	未决赔款准备金随机性评估方法探析	《经营管理者》	2015 年 3 月	赵经纬	2012 级精算研
56	简析农村小额寿险问题	《经营管理者》	2015 年 3 月	赵经纬	2012 级精算研
57	我国未来城镇人口预测研究	《经营管理者》	2015 年 3 月	赵修杉	2012 级精算研
58	浅析偿二代对新兴保险市场的影响	《经营管理者》	2015 年 3 月	赵修杉	2012 级精算研
59	我国农业保险的道德风险及防范	《现代经济信息》	2015 年 3 月	农婧	2013 级保险研
60	保险公司微信平台营销的优劣势分析及建议	《商品与质量》	2015 年 3 月	杨爽	2013 级保险研
61	关于完善我国保险市场退出机制的思考	《现代经济信息》	2015 年 3 月	孙欣	2013 级保险研
62	浅析偿二代对新兴保险市场的影响	《经营管理者》	2015 年 3 月	张佳	2012 级精算研
63	我国城镇人口预测研究	《经营管理者》	2015 年 3 月	张佳	2012 级精算研
64	责任保险在公共风险管理中的作用	《经济》	2015 年 4 月	沈智文	2013 级保险研
65	认识互联网保险的长尾效应	《保险赢家》	2016 年 1 月	朱君莹	2015 级保险研
66	保险交易所的制度创新与影响分析	《上海保险》	2016 年 5 月	吴剑洁	2015 级保险研
67	我国保险公司近年来资产配置变化的分析和未来趋势研究	《商》	2016 年 6 月	时光	2014 级精算研
68	外资保险公司近年发展状况及分析	《科研》	2016 年 6 月	时光	2014 级精算研
69	我国保险公司近年来资产配置变化的分析和未来趋势研究	《商》	2016 年 6 月	杨慧萌	2014 级精算研

序号	发表作品名称	所载刊物名称	发表时间	姓名	班级
70	德国医疗保险制度及其启示	《现代信息经济》	2016 年 6 月	陈竞爽	2015 级保险研
71	保险公司资本结构、业务集中度与再保险需求研究	《现代财经》	2016 年 6 月	丁宇刚	2015 级保险研
72	外资保险公司近年发展状况及分析	《科研》	2016 年 7 月	杨慧萌	2014 级精算研
73	对我国社会养老保险关系转移接续问题的探讨	《财讯》	2016 年 7 月	张潇	2014 级精算研
74	车险费率改革与大数据时代之融合：贯彻风险匹配	《时代金融》	2016 年 8 月	丁宇刚	2015 级保险研
75	车险费率改革与大数据时代之融合：贯彻风险匹配原则	《时代金融》	2016 年 8 月	王迪	2015 级保险研
76	精算在机动车辆保险中的应用	《商情》	2016 年 10 月	吴怡	2014 级精算研
77	基于大数据和人工智能的被保险人行为干预	《时代金融》	2016 年 10 月	陈富贵	2015 级保险研
78	基于大数据和人工智能的被保险人行为干预	《时代金融》	2016 年 10 月	杜妍妍	2015 级保险研
79	偿二代下最低资本与保险投资分析	《经济》	2016 年 11 月	吴怡	2014 级精算研
80	老龄化社会特征比较分析——基于北京、台湾与东京三地的数据	《上海保险》	2016 年 11 月	张乐然	2015 精算研
81	我国医疗责任保险的发展意见	《时代金融》	2016 年 11 月	陈富贵	2015 级保险研
82	我国外部精算师市场发展的机遇与影响	《山西农经》	2016 年 12 月	马祥雄	2014 级精算研
83	我国外部精算师市场发展的机遇与影响	《山西农经》	2016 年 12 月	白明光	2014 级精算研
84	发展企业年金制度，完善多支柱养老体系	《经济期刊》	2017 年 1 月	马祥雄	2014 级精算研
85	发展企业年金制度，完善多支柱养老体系	《经济期刊》	2017 年 1 月	白明光	2014 级精算研

序号	发表作品名称	所载刊物名称	发表时间	姓名	班级
86	分红机制在农业保险中的应用——以北京市政策性农业保险为例	《智富时代》	2017年1月	戴琳烨	2014级精算研
87	基于CoVaR的保险机构系统性风险研究	《上海保险》	2017年1月	郑梦灵	2016级保险研
88	从大病保险的政策定位看商业保险的有效参与	《保险职业学院学报》	2017年2月	郑梦灵	2016级保险研
89	TPP对我国保险行业的影响	《时代金融》	2017年3月	张耀	2015级保险研
90	Vasicek模型下寿险公司利率风险最低资本研究	《保险研究》	2017年3月	张乐然	2015级精算研
91	TPP对我国保险行业的影响	《时代金融》	2017年3月	杜妍妍	2015级保险研
92	互联网企业布局保险业对传统保险企业的影响	《时代金融》	2017年3月	胡晓秀	2015级保险研
93	互联网企业布局保险业对传统保险企业的影响	《时代金融》	2017年3月	王金秋	2015级保险研
94	关于相互保险公司的风险管理研究	《时代金融》	2017年3月	张洁	2015级保险研
95	关于相互保险公司的风险管理研究	《时代金融》	2017年3月	朱君莹	2015级保险研
96	我国机动车辆保险投保人与保险代理人联合欺诈博弈分析	《时代经济》	2017年3月	王迪	2015级保险研
97	我国财产保险再保安排对利润的影响	《商情》	2017年4月	任南苍	2015级保险研
98	非主业投资撬动企业转型	《新理财》	2017年4月	林吉涛	2015级精算研
99	非主业投资撬动企业转型	《新理财》	2017年4月	王文鼎	2015级精算研
100	我国机动车辆保险投保人与保险代理人联合欺诈博弈分析	《智富时代》	2017年4月	刘林贤	2015级保险研
101	被保险人健康行为干预之博弈分析	《智富时代》	2017年4月	刘林贤	2015级保险研

序号	发表作品名称	所载刊物名称	发表时间	姓名	班级
102	金融控股集团履约保证保险业务的协同效应研究	《财务与金融》	2017 年 4 月	苏晓丹	2015 级精算研
103	延迟退休会减少职工的养老金财富吗？	《保险研究》	2017 年 5 月	王文鼎	2015 级精算研
104	我国长期护理保险的发展现状与策略——基于市场分析的角度	《濮阳职业技术学院学报》	2017 年 3 月	薛雨	2016 级保险研
105	被保险人健康行为干预之博弈分析	《智富时代》	2017 年 7 月	任南苍	2015 级保险研
106	环境污染责任保险在美国的发展情况及对我国的启示	《时代金融》	2017 年 7 月	吴文娟	2016 级保险研
107	环境污染责任保险在美国的发展情况及对我国的启示	《时代金融》	2017 年 7 月	闫瑞琼	2016 级保险研
108	金融控股集团履约保证保险业务的协同效应研究——基于最低资本的视角	《财务与金融》	2017 年 8 月	李冰冰	2015 级精算研
109	商业健康保险产品创新影响因素研究	《商情》	2017 年 8 月	吴文娟	2016 级保险研
110	商业健康保险产品创新影响因素研究	《商情》	2017 年 8 月	闫瑞琼	2016 级保险研
111	我国恐怖主义风风险管理制度的构建	《时代金融》	2017 年 8 月	周代娣	2016 级保险研
112	保险职能失衡对我国保险行业的影响	《时代金融》	2017 年 9 月	王圆圆	2016 级保险研
113	保险职能失衡对我国保险行业的影响——以华夏人寿发展模式为例	《时代金融》	2017 年 9 月	韦泽麟	2016 级保险研
114	基于 DEA - Malmquist 模型对保险公司资金运用效率的研究	《时代金融》	2017 年 10 月	王圆圆	2016 级保险研
115	商业保险公司参与运动员养老保险体系建设研究	《时代金融》	2017 年 10 月	韦泽麟	2016 级保险研

序号	发表作品名称	所载刊物名称	发表时间	姓名	班级
116	商业保险公司参与运动员养老保险体系建设研究	《时代金融》	2017 年 10 月	赵坤宇	2016 级保险研
117	基于 DEA – Malmquist 模型对保险公司资金运用效率的研究	《时代金融》	2017 年 10 月	赵坤宇	2016 级保险研
118	金融发展缓解了收入不平等和贫困吗	《上海金融》	2017 年 11 月	孙忠琦	2016 级保险研
119	关于体育明星代言人负面信息的风险管理	《上海保险》	2017 年 12 月	俞文扬	2016 级保险研
120	完善社保医疗保险制度，控制医药费用过快增长	《环球市场》	2018 年 1 月	肖芝艺	2015 级精算研
121	商业税优健康险问题及对策研究	《时代金融》	2018 年 1 月	樊晓宇	2016 级保险研
122	商业税优健康险问题及对策分析	《时代金融》	2018 年 1 月	欧阳芳洁	2016 级保险研
123	浅谈保险欺诈程度探测分类的 PRIDIT 与 PRIDIT – FRE 方法	《商情》	2018 年 2 月	李墨文	2015 级精算研
124	广义线性模型在保险经验分析中的应用	《商情》	2018 年 2 月	李墨文	2015 级精算研
125	浅谈保险欺诈程度探测分类的 PRIDIT 与 PRIDIT – FRE 方法	《商情》	2018 年 2 月	李宛虹	2015 级精算研
126	广义线性模型在保险领域的应用	《商情》	2018 年 2 月	李宛虹	2015 级精算研
127	完善社会医疗保险制度，控制医药费用过快增长	《环球市场》	2018 年 2 月	林吉涛	2015 级精算研
128	广义线性模型在保险领域的应用	《商情》	2018 年 2 月	武亦文	2015 级精算研
129	广义线性模型在保险经验分析中的应用	《商情》	2018 年 2 月	武亦文	2015 级精算研
130	中国农村贫困残疾人脱贫研究	《劳动保障世界》	2018 年 2 月	俞文扬	2016 级保险研

序号	发表作品名称	所载刊物名称	发表时间	姓名	班级
131	共享单车发展过程中的风险与保险	《保险职业学院学报》	2018年2月	梁晨	2016级保险研
132	中国农村贫困残疾人脱贫研究	《劳动保障世界》	2018年2月	周代娣	2016级保险研
133	保险科技在被保险人行为干预方面的运用	《时代金融》	2018年3月	薛灵芸	2015级精算研
134	保险资金运用效率的改进策略研究	《现代商业》	2018年3月	李冰冰	2015级精算研
135	"一带一路"政策下海上保险的发展趋势研究	《山西农经》	2018年3月	路敏	2015级精算研
136	保险科技在被保险人行为干预方面的运用	《时代经融》	2018年3月	路敏	2015级精算研
137	科技创新与保险	《商情杂志》	2018年3月	樊晓宇	2016级保险研
138	我国车险费率市场化改革的困境及发展方向	《时代金融》	2018年3月	薛雨	2016级保险研
139	新型城镇化建设问题分析	《商情》	2018年3月	饶玮慧	2016级保险研
140	新型城镇化建设问题分析	《商情》	2018年3月	姜冉	2016级保险研
141	科技创新与保险	《商情》	2018年3月	欧阳芳洁	2016级保险研
142	EVA与杜邦分析法在保险公司经营绩效评价运用的比较	《商情》	2018年3月	饶玮慧	2016级保险研
143	EVA与杜邦分析法在保险公司经营绩效评价运用的比较	《商情》	2018年3月	姜冉	2016级保险研
144	保险资金运用效率的改进策略研究	《现代商业》	2018年4月	苏晓丹	2015级精算研
145	我国保险资金另类投资风险探析	《新理财》	2018年4月	张乐然	2015级精算研

表 3－8　　　　　　2013～2017 年保险学院博士、研究生发表论文情况

序号	发表作品名称	所载刊物名称	发表时间	姓名	班级
1	关于我国海上保险发展近况的分析	《经济视野》	2014 年 2 月	冯丽宇	2015 级保险博
2	上海自贸区建设中我国航运保险面临的机遇与挑战	《中国保险》	2014 年 2 月	冯丽宇	2015 级保险博
3	Development of Trust Industry in China and Its Enlightenment and Reference to the Insurance Industry	*APRIA Conference 2014*	2014 年 7 月	易辉	2015 级保险博
4	大数据对传统保险业经营的影响	《中国保险》	2014 年 12 月	王姐	2014 级保险博
5	油污责任险承保机构的监管模式探析——基于境外保赔协会代理机构的监管	《保险职业学院学报》	2015 年 2 月	冯丽宇	2015 级保险博
6	基于聚类分析的我国寿险公司开拓东盟市场策略	《保险研究》	2015 年 2 月	陆峰	2015 级保险博
7	Optimal Reinsurance with Both Proportional and Fixed Costs	*Statistics & Probability Letters*	2015 年 6 月	李鹏	2014 级保险博
8	The Assessment and Supervision of China's Systemically Important Insurers	*Advances in Social Sciences Research Journal*	2016 年 1 月	王姐	2014 级保险博
9	"一带一路"下中国—东盟自贸区保险业的发展目标定位	《当代经济管理》	2016 年 1 月	陆峰	2015 级保险博
10	Research on Internet Insurance Performance Efficiency of Life Insurance Company in China Using Data Envelopment Analysis	*Advances in Social Sciences Research Journal*	2016 年 2 月	王姐	2014 级保险博
11	谈谈相互保险的众筹生态	《投资圈》	2016 年 2 月	易辉	2015 级保险博
12	共享经济背景下的众筹相互保险	《中央财经大学学报》	2016 年 4 月	易辉	2015 级保险博
13	用众筹思维做中国的劳合社	《中国科技投资》	2016 年 4 月	易辉	2015 级保险博
14	共享经济背景下的众筹相互保险	中国人民大学书报资料中心复印报刊 F62《金融与保险》	2016 年 8 月	易辉	2015 级保险博

序号	发表作品名称	所载刊物名称	发表时间	姓名	班级
15	中国城镇企业职工统筹账户养老金的财政负担	《经济科学》	2016 年 10 月	石晨曦	2015 级保险博
16	企业职工个人账户养老金的财政负担与替代率	《财政研究》	2016 年 10 月	石晨曦	2015 级保险博
17	中国式众筹的形成与发展研究	《时代经贸》	2016 年 10 月	易辉	2015 级保险博
18	The Appropriate Extreme Value Distribution for Extreme Returns：A Look at GEV & GL	Advances in Social Sciences Research Journal	2016 年 11 月	安源	2014 级保险博
19	我国长寿风险的评估模型与管理策略综述——基于人口发展新常态视角	《保险研究》	2017 年 1 月	陈翠霞	2015 级保险博
20	The Distribution Analysis for Extreme Returns of Nikkei 225 Index：Based on the Extreme Value Distribution of GEV and GL	Archives of Business Research	2017 年 1 月	安源	2014 级保险博
21	Study on the Underwriting Circle of Property – Liability Insurance Market under Competition	Advances in Social Sciences Research Journal	2017 年 3 月	王运鹏	2014 级保险博
22	Prediction of Future Mortality in China under the New Demographic Norm	Advances in Social Sciences Research	2017 年 4 月	陈翠霞	2015 级保险博
23	相互保险商业模式的国际比较研究	《国际经济合作》	2017 年 5 月	易辉	2015 级保险博
24	How can China Become a Real Insurance Power? Findings from the study on the impacts of social advance on insurance market	Advances in Social Sciences Research Journal	2017 年 9 月	冯丽宇	2015 级保险博
25	The Feasibility Analysis and Scheme Design of Raw Milk Price Index Insurance in China	Archives of Business Research	2017 年 11 月	冯丽宇	2015 级保险博
26	DB 养老金计划去风险化研究——基于 buy-ins 与 buy-outs 工具	《首都经济贸易大学学报》	2018 年 1 月	陈翠霞	2015 级保险博

序号	发表作品名称	所载刊物名称	发表时间	姓名	班级
27	市场化进程、风险偏好与投资效果——来自沪深两市矿业企业的经验证据	《新疆大学学报》	2015 年	石晨曦	2015 级保险博
28	农村养老保险、不定寿命与消费需求	《河南社会科学》	2015 年第 11 期	许鼎	2014 级保险博
29	我国财险市场的规模效应和范围效应分析	《保险研究》	2016 年 12 月	王运鹏	2014 级保险博
30	机关事业单位基本养老保险制度财务可持续性研究——基于精算公平的视角	《经济问题》	2016 年第 7 期	许鼎	2014 级保险博
31	城镇企业职工个人账户财政补贴与偿付能力分析	《江西财经大学学报》	2017 年	石晨曦	2015 级保险博
32	城镇企业基本养老保险个人账户保障水平	《当代经济管理》	2017 年	石晨曦	2015 级保险博

二、参与国内外会议情况

学校出台了《中央财经大学研究生学术交流支持计划管理办法》，主要资助往返旅费，包括会议费、住宿费、签证费等方面。学院也出台了相应的资助办法，确保收到会议邀请的优秀论文与优秀学生可受到资助。

保险学院学生出席活跃在各大论坛会议，发表学术见解并受到了同行专家的一致好评和认可。如仅 2017 年，保险学院就先后有 2015 级保险博陈翠霞参加第 13 届长寿风险与资本市场管理国际年会、2016 级精算学硕士研究生谭碧琪参加了 IME 学术年会、2015 级保险博石晨曦和 2016 级保险学硕士生俞文扬等参加了亚太风险与保险学会（APRIA）第 21 届年会、2015 级保险博石晨曦和 2016 级保险学硕士孙忠琦等参加了北大赛瑟论坛、2016 级保险博刘兵和 2015 级保险博陈翠霞与 5 名硕士研究生应邀参加了 2017 年中国保险与风险管理国际年会等。如表 3 - 9 所示。

表3-9

保险学院研究生参加学术会议情况

序号	论文题目	会议名称	举办单位	会议地点	参会时间	姓名
1	Pricing GMDB with Flexible Premium under Heston Model	2012 精算与风险管理国际会议	厦门大学	厦门	2012 年 6 月	李莎
2	我国交强险经营区域差异实证研究	北大赛瑟论坛	北京大学	北京	2013 年 3 月	马聪
3	Climate change and the development of the insurance industry in Asia	2013 International Conference on Economic, Business Management and Education Innovation (EBMEI)	香港教育协会	香港	2013 年 5 月	戴绍文
4	国有大型商业银行的国际化之路——以中国工商银行为例	2013 年中国青年政治经济学者年会 (YAMPE)	清华大学	北京	2013 年 5 月	张文峰
5	Analysis on Risk Management and Control for Insurance – based Financial Groups	China International Conference on Insurance and Risk Management (CICIRM)	清华大学	昆明	2013 年 7 月	戴绍文
6	Critical Illness Insurance System in China: The Profitability and Sustainability for Insurance Companies	2013 年亚太风险管理与保险年会	圣约翰大学	纽约	2013 年 7 月	任雅姗
7	The Property Insurance Industry Agglomeration and the Regional Economic Growth in China (第一作者)	2013 年亚太风险管理与保险年会 (APRIA)	圣约翰大学	纽约	2013 年 7 月	袁缘
8	Relationship between Property insurance and Economic Growth with Different Industries Agglomeration	2013 中国保险与风险管理国际年会	清华大学	昆明	2013 年 7 月	袁缘
9	Analysis of the National Sovereignty Personality Factor Influencing the Local Development of Foreign Insurers—In View of International Comparative Angle	2013 年亚太风险管理与保险年会 (APRIA)	圣约翰大学	纽约	2013 年 7 月	张文峰

续表

序号	论文题目	会议名称	举办单位	会议地点	参会时间	姓名
10	中国寿险业区域发展差异化研究：绩效差异及形成机理	2013 中国保险与风险管理国际年会	清华大学	昆明	2013 年 7 月	黎春里
11	An Empirical Test of the Impact of Financial Crisis on Insurance Company Based on the Establishment of a Comprehensive Performance Evaluation Index	International Review of Financial Analysis Special Issue Conference in China (Pingyao)		平遥	2013 年 8 月	张嫁雁、马聪
12	我国新型农村社会养老保险替代率及其敏感性分析	中国保险教育论坛	中南财经政法大学	武汉	2013 年 11 月	戴绍文
13	大病保险对商业保险公司发展影响研究	中国保险教育论坛	中南财经政法大学	武汉	2013 年 11 月	任雅姗
14	中小财险公司经营绩效研究	中国保险教育论坛	中南财经政法大学	武汉	2013 年 11 月	孙秋云
15	Urban public pension, Two – Sided Altruism and Social Welfare Maximization in China	2013 年亚太风险与保险年会	圣约翰大学	纽约	2013 年 7 月	崔强
16	Dose Investing in Property & Casualty Insurance Industry In Nowadays China Remain a Wise Choice	2013 年亚太风险与保险年会	圣约翰大学	纽约	2013 年 7 月	陈肖
17	The Performance of Small – and Medium – Sized Property Insurance Companies In China	2013 年亚太风险与保险年会	圣约翰大学	纽约	2013 年 7 月	孙秋云
18	Pricing GMDB under Stochastic Volatility and Stochastic Interest Rate	2013 Actuarial Research Conference	Temple University	USA	2013 年 8 月	李莎

续表

序号	论文题目	会议名称	举办单位	会议地点	参会时间	姓名
19	Urban public pension, Longevity and Population Growth Rate in China	第9届国际长寿风险与资本市场解决方案会议	中央财经大学中国精算研究院	北京	2013年9月	崔强
20	北京市机关事业单位基本养老保险财政负担的精算	国际会议：人口老龄化：公共政策的新挑战	中央财经大学	北京	2015年9月	付凌鹏
21	中国养老金制度改革方向预测——基于OLG模型和统计学方法的分析	中国保险教育年会	东北财经大学	大连	2015年10月	陈越珺
22	Models of Occupational Annuities in Government-affiliated Institution	中国国际保险与风险年会	清华大学	西安	2016年7月	陈越珺
23	我国人身保险公司社会责任评价研究	北大塞瑟论坛	北京大学	北京	2016年6月	赵建川
24	医疗保障程度对居民预防性储蓄水平的影响：来自新型农村合作医疗保险的证据	北大塞瑟论坛	北京大学	北京	2016年6月	孙越君
25	The Influence of Ownership Structure of the Greater China Listed Insurance Companies on Corporate Performance	2016中国保险与风险管理国际年会	清华大学	西安	2016年7月	孙越君
26	广告费用与保险保费收入相关性的实证研究——以2010~2015年我国保险公司为例	2016中国保险与风险管理国际年会	清华大学	西安	2016年11月	路东方
27	中资保险经纪公司发展战略研究——基于SWOT-AHP方法	2016中国保险与风险管理国际年会	清华大学	西安	2016年11月	袁嘉

续表

序号	论文题目	会议名称	举办单位	会议地点	参会时间	姓名
28	大中华地区上市保险公司股权结构对经营绩效影响的实证研究	2016中国保险与风险管理国际年会	清华大学	西安	2016年11月	张珂源
29	广告费用与保险保费收入相关性的实证研究——以2010~2015年我国保险公司为例	2016中国保险与风险管理国际年会	清华大学	西安	2016年11月	朱昱荣
30	新农合对中老年人健康行为影响的实证研究	第八届中国风险管理与精算会议	对外经贸大学	北京	2017年7月	姜冉
31	中国寿险业融资与业务发展研究	精算与保险国际会议 & 第八届中国风险管理与精算论坛	对外经济贸易大学	北京	2017年7月	饶珲慧
32	社会保障对少数民族地区经济发展的推动（陈华、孙忠琦）	民族地区社会保障研讨会	中国社会保障学会、贵州财经大学	贵州	2017年8月	孙忠琦
33	金融发展缓解了收入不平等和贫困吗？（陈华、孙忠琦）	精算与保险国际会议 & 第八届中国风险管理与精算论坛	对外经济贸易大学	北京	2017年7月	孙忠琦
34	Risk Management of Negative Athletes Endorser's Conduct and Information Based on a Multi-stage Dynamic Game Model	亚太风险与保险会议	波兹南商业与经济大学	波兰	2017年7月	俞文扬
35	The Differentiation of China's Insurance Industry	亚太风险与保险学第21届年会	亚太风险与保险学会	波兰	2017年8月	欧阳芳洁
36	新农保对农村老年居民健康影响的实证研究——基于断点回归设计	赛瑟保险论坛2018	北京大学经济学院	北京	2018年4月	张珩元

续表

序号	论文题目	会议名称	举办单位	会议地点	参会时间	姓名
37	社会保障会影响家庭长期人力资本积累吗?——来自新型农村合作医疗的证据	中国劳动经济学者论坛2017	西南财经大学	成都	2017年7月	张哲元
38	联合投资异质性对创业公司上市表现影响的实证研究	上海市研究生学术论坛	上海市学位办	上海	2016年11月	张哲元
39	前海人寿保险股份有限公司盈利模式分析	2017中国保险与风险管理国际年会	清华大学经济管理学院	桂林	2017年7月	刘升阳
40	Governance structure and efficiency of insurance companies	2017中国保险与风险管理国际年会	清华大学	桂林	2017年7月	侯锦宇
41	Supervision and the Government for Insurance Companies Buying into Listed Comapanies	第21届亚太保险与风险管理年会	亚太风险与保险学会	波兰	2017年8月	李晓
42	Supervision and the Chinese Government for Insurance Companies Buying into Listed Comapanies	2018中国保险与风险管理国际年会	清华大学	桂林	2017年7月	侯锦宇
43	共享单车财产损失保险产品研发价值及定价思路分析	2017年中国保险与风险管理国际年会	伦敦城市大学卡斯商学院、桂林理工大学管理学院	桂林	2017年7月20日~2017年7月22日	李冰
44	共享单车财产损失保险产品研发价值及定价思路分析	2017年中国保险与风险管理国际年会	伦敦城市大学卡斯商学院、桂林理工大学管理学院	桂林	2017年7月20日~2017年7月22日	李明子

续表

序号	论文题目	会议名称	举办单位	会议地点	参会时间	姓名
45	前海人寿保险股份有限公司盈利模式分析	2017 年中国保险与风险管理国际年会	伦敦城市大学卡斯商学院、桂林理工大学管理学院	桂林	2017 年 7 月 20 日 ~ 2017 年 7 月 22 日	李明子
46	对"偿二代"TVOG 因子的验证	第七届中国风险管理与精算论坛	广东金融学院	广州	2016 年 11 月 26 日	陈健等

三、优秀毕业论文

保险学院 2013～2017 届研究生校级优秀学位论文共 9 篇，论文主题体现了商业保险和社会保障领域的各个热门研究方向，如长寿风险、变额年金、城镇居民基本医疗保险、保险公司融资行为等，充分展现了本院研究生的学术水平。表 3－10 为 2013～2017 年保险学院研究生历年优秀学位论文具体信息。

表 3－10　　　　　保险学院学术研究生历年校优秀学位论文汇总

序号	姓名	学院	专业	学位论文题目	导师姓名	年份
1	徐婧姝	保险学院	保险学	商业养老保险长寿风险的定价与管理	郝演苏	2013
2	李亚寅	保险学院	保险学	动态投资组合保险（CPPI）策略研究——以变额年金风险对冲为例	陶存文	2013
3	郅濡瑜	保险学院	保险学	城镇居民基本医疗保险对居民基本储蓄行为影响的实证研究	陈华	2014
4	陈月	保险学院	保险学	基于承保风险的财产保险公司最低资本要求实证研究	陶存文	2015
5	李桥波	保险学院	精算学	保险产品内嵌期权静态风险指标研究——基于随机利率模型和带跳资产价格模型	周桦	2016
6	詹家煊	保险学院	精算学	基于 Fourier Cosine 展开的分布密度估计方法及其应用	韦晓	2016
7	李鹏	保险学院	保险学	变额年金保险中嵌入期权的风险对冲和高效算法	周明	2017
8	杜萌	保险学院	精算学	基于 Fourier－Cosine 变换的变额年金中终身提取利益保证的定价研究	韦晓	2017
9	吴剑洁	保险学院	保险学	偿付能力指标约束下保险公司融资行为研究	陶存文	2017

第四章
学院教师科研工作

第一节　学院教师科研工作概述

学院 2019 年来专注于高水平学术论文发表与国家级课题申请。近五年来，在保险类顶级期刊 *Journal of Risk and Insurance*，精算学顶级期刊 *Insurance：Mathematics and Economics*，*ASTIN Bulletin*，*Scandinavian Actuarial Journal* 等英文期刊杂志上发表论文 33 篇；在《经济研究》《世界经济》《中国科学》《金融研究》《数量经济技术经济研究》《财政研究》《管理科学学报》《管理评论》等高水平中文期刊杂志上发表论文 50 篇；此外，近十年来，学院获得国家自然科学基金、国家社会科学基金 27 项。丰硕的科研成果支撑了保险学科、精算学科和社会保障学科的蓬勃发展。

第二节　学院教师近五年发表论文情况

一、学院教师英文论文发表情况

（一）教师英文论文汇总

保险学院教师立足国际水平科研工作，在国际经济、金融、保险、精算、统计等期刊上发表了大量优秀科研工作。如表 4 - 1 所示。

表 4 - 1   **近五年教师 A 类及以上英文论文成果**

论文题目	发表/转载时间	期刊名称	作者
An OLG Model for Optimal Investment and Insurance Decisions	2015 年 3 月 1 日	Journal of Risk and Insurance	李冰清（外）、廖朴、徐景峰
Optimal Inventory Control with Jump Diffusion and Nonlinear Dynamics in the Demand	2018 年 1 月 2 日	All SIAM Journals	刘敬真、Ka Fai Cedric Yiu（外）、Alain Bensoussan（外）
Kreǐn Space Representation and Lorentz Groups of Analytic Hilbert Modules	2018 年 4 月 30 日	Science China Mathematics	吴越、Michio Seto（外）、Rongwei Yang（外）
Convergence of Ground State Solutions for Nonlinear Schrödinger Equations on Graphs	2018 年 8 月 1 日	中国科学：数学	张宁、赵亮（外）
Optimal Reinsurance with Limited Ceded Risk：A Stochastic Dominance Approach	2014 年 1 月 1 日	ASTIN Bulletin	池义春、X. Sheldon Lin（外）
Risk - Based Asset Allocation Under Markov - Modulated Pure Jump Processes	2014 年 3 月 3 日	Stochastic Analysis and Applications	孟辉、Tak Kuen Siu（外）
Optimal Dividend Strategy with Transaction Costs for a Upward Jump Model	2014 年 7 月 5 日	Quantitative Finance	周明、Cedric Yiu（外）
Multivariate Reinsurance Designs for Minimizing an Insurer's Capital Requirement	2014 年 10 月 17 日	Insurance：Mathematics and Economics	Yunzhou Zhu（外）、池义春、Chengguo Weng（外）
Portfolio Selection by Minimizing the Present Value of Capital Injection Costs	2015 年 1 月 15 日	ASTIN Bulletin	周明、Yuen、KC（外）
A Reinsurance Game between Two Insurance Companies with Nonlinear Risk Processes	2015 年 4 月 3 日	Insurance：Mathematics and Economics	孟辉、Shuanming Li（外）、Zhuo Jin（外）
Nash Equilibrium Strategies for A Defined Contribution Pension Management	2015 年 4 月 20 日	Insurance：Mathematics and Economics	伍慧玲、张玲（外）、陈华

续表

论文题目	发表/转载时间	期刊名称	作者
Optimal Reinsurance with both Proportional and Fixed Costs	2015 年 7 月 9 日	Statistics and Probability Letters	李鹏（学）、周明、尹传存（外）
Equilibrium Investment Strategy for Defined-contribution Pension Schemes with Generalized Mean-variance Criterion and Mortality Risk	2015 年 8 月 3 日	Insurance：Mathematics and Economics	伍慧玲、曾燕（外）
Optimal Proportional Reinsurance with Common Shock Dependence	2015 年 9 月 3 日	Insurance：Mathematics and Economics	Kam C Yuen（外）、Zhibin Liang（外）、周明
Optimal Non-life Reinsurance under Solvency Ⅱ Regime	2015 年 11 月 1 日	Insurance：Mathematics and Economics	Alexandru V. Asimit（外）、池义春、Junlei Hu（外）
The Design of An Optimal Retrospective Rating Plan	2016 年 1 月 1 日	ASTIN Bulletin	Xinxiang Chen（外）、池义春、Ken Seng Tan（外）
Optimal Investment and Reinsurance Strategies for Insurers with Generalized Mean-variance Premium Principle and No-short Selling	2016 年 2 月 14 日	Insurance：Mathematics and Economics	张鑫（外）、孟辉、曾燕（外）
Optimal Insurance Risk Control with Multiple Reinsurers	2016 年 4 月 29 日	J COMPUT APPL MATH	孟辉、Tak Kuen Siu（外）、Hailiang Yang（外）
Optimal Reinsurance from the Perspectives of both An Insurer and A Reinsurer	2016 年 9 月 1 日	ASTIN Bulletin	Cai Jun（外）、CHRISTIANE LEMIEUX（外）、刘芳达
Migrations，Risks and Uncertainty：A Field Experiment in China	2016 年 11 月 1 日	Journal of Economic Behavior and Organization	Li Hao（外）、Daniel Houser（外）、毛磊、Marie－Claire Villeval（外）
A note on Optimal Insurance Risk Control with Multiple Reinsurers	2017 年 8 月 1 日	J COMPUT APPL MATH	孟辉、Tak Kuen Siu（外）、Hailiang Yang（外）
Optimal Insurance Design in the Presence of Exclusion Clauses	2017 年 9 月 6 日	Insurance：Mathematics and Economics	池义春、刘芳达

续表

论文题目	发表/转载时间	期刊名称	作者
Fast Computation of Risk Measures for Variable Annuities with Additional Earnings by Conditional Moment Matching	2017 年 11 月 2 日	ASTIN Bulletin	Nicolas Privualt（外）、韦晓
An Approximation Method for Additive Risk Factor Models and Capital Allocation Rules	2018 年 2 月 1 日	Insurance: Mathematics and Economics	周明、Jan Dhaene（外）、Jing Yao（外）
Optimum Insurance Contracts with Background Risk and Higher-order Risk Attitudes	2018 年 9 月 1 日	ASTIN Bulletin	池义春、Wei Wei（外）
Insurance Choice under Third Degree Stochastic Dominance	2018 年 11 月 1 日	Insurance: Mathematics and Economics	池义春
On the Optimality of a Straight Deductible under Belief Heterogeneity	2019 年 1 月 1 日	ASTIN Bulletin	池义春
Optimal Dynamic Risk Control for Insurers with State Dependent Income	2014 年 7 月 2 日	Journal of Applied Probability	周明、Jun Cai（外）
Optimal Reinsurance Arrangements in the Presence of Two Reinsurers	2014 年 7 月 9 日	Scandinavian Actuarial Journal	池义春、孟辉
Optimal Reinsurance Design: A Mean-variance Approach	2017 年 3 月 1 日	North American Actuarial Journal	池义春、周明
Optimal Reinsurance Under the Risk – Adjusted Value of an Insurer's Liability and an Economic Reinsurance Premium Principle	2017 年 8 月 26 日	North American Actuarial Journal	池义春、X. Sheldon Lin（外）、陈建成
Bottom-up Sentiment and Return Predictability of the Market Portfolio	2019 年 3 月 5 日	Finance Research Letters	Jiaqi Guo（外）、Youwei Li（外）、郑敏
Heterogeneous Agent Models in Financial Markets: A Nonlinear Dynamics Approach	2019 年 3 月 21 日	International Review of Financial Analysis	Xuezhong He（外）、Youwei Li（外）、郑敏

（二）英文论文成果简介

Li，B.，Liao，P. & Xu，J. An OLG Model for Optimal Investment and Insurance Decisions. *Journal Risk and Insurance*，2015，82：149－172.

This article uses overlapping generation（OLG）model to study individuals' optimal decision on consumption，investment，insurance，and education expenses. To the best of our knowledge，we are the first to discuss the individuals' demand for insurance with the consideration of intergenerational transfer payments. In the article，we incorporate insurance into the OLG model to describe individuals' optimization problem on consuming and saving，and we solve the optimal proportions of expenditure on investment，survival insurance，life insurance，and education，with the optimal consumption to be the remaining parts of expenditure. We observe that the numerical outputs are consistent with the actual data. It is also interesting to find that the human capital investment is independent of both risky asset investment and individuals' risk aversion coefficient.

Liu，J.，Cedric Yiu，K. F.，& Bensoussan，A. Optimal Inventory Control with Jump Diffusion and Nonlinear Dynamics in the Demand. *all SIAM Journals*，2018，56（1）：53－74.

In this paper，we consider an inventory control problem with a nonlinear evolution and a jump-di usion demand model. This work extends the earlier inventory model proposed by Benkherouf and Johnson［Math. Methods Oper. Res.，76（2012）：377－393］by including a general jump process. However，as those authors note，their techniques are not applicable to models with demand driven by jump-di usion processes with drift. Therefore，the combination of di usion and general compound Poisson demands is not completely solved. From the dynamic programming principle，we transform the problem into a set of quasi-variational inequalities（Q. V. I.）. The di culty arises when solving the Q. V. I. because the second derivative and integration term appear in the same inequality. Our technique is to construct a set of coupled auxiliary functions. Then，an analytical study of the Q. V. I. implies the existence and uniqueness of an（s，S）policy.

Wu Y. , Seto M. , & Yang R. W. Kreĭn Space Representation and Lorentz Groups of Analytic Hilbert Modules. *Sci China Math*, 2018, 61: 745 −768.

This paper aims to introduce some new ideas into the study of submodules in Hilbert spaces of analytic functions. The effort is laid out in the Hardy space over the bidisk $H^2(D^2)$. A closed subspace M in $H^2(D^2)$ is called a submodule if $z_i M \subset M (i = 1, 2)$. An associated integral operator (*defect operator*) C_M captures much information about M. Using a Kreĭn space indefinite metric on the range of C_M, this paper gives a representation of M. Then it studies the group (called Lorentz group) of isometric self-maps of M with respect to the indefinite metric, and in finite rank case shows that the Lorentz group is a complete invariant for congruence relation. Furthermore, the Lorentz group contains an interesting abelian subgroup (called little Lorentz group) which turns out to be a finer invariant for M.

Zhang N. , & Zhao L. Convergence of Ground State Solutions for Nonlinear Schrödinger Equations on Graphs. *Sci China Math*, 2018, 61: 1481 − 1494.

We consider the nonlinear Schrödinger equation $-\Delta u + (\lambda a(x) + 1)u = |u|^{P-1}u$ on a locally finite graph $G = (V, E)$. We prove via the Nehari method that if $a(x)$ satisfies certain assumptions, for any $\lambda > 1$, the equation admits a ground state solution $u\lambda$. Moreover, as $\lambda \to \infty$, the solution u_λ converges to a solution of the Dirichlet problem $-\Delta u + u = |u|^{P-1}u$ which is defined on the potential well Ω. We also provide a numerical experiment which solves the equation on a finite graph to illustrate our results.

Chi, Y. , & Lin, X. Optimal Reinsurance with Limited Ceded Risk: A Stochastic Dominance Approach. *ASTIN Bulletin*, 2014, 44 (1): 103 −126.

An optimal reinsurance problem from the perspective of an insurer is studied in this paper, where an upper limit is imposed on a reinsurer's expected loss over a prescribed level. In order to reduce the moral hazard, we assume that both the insurer and the reinsurer are obligated to pay more as the amount of loss increases in a typical reinsurance treaty. We further assume that the optimization criterion preserves the convex order. Such a criterion is very general as most of the criteria for optimal reinsurance problems in the literature preserve the convex order. When the reinsurance premium is calculated as a function of the actuarial value of coverage, we show via a stochastic dominance approach that any admissible reinsurance policy is dominated by a stop-loss reinsurance or a two-layer reinsurance, depending upon the amount of the reinsurance premium. Moreover, we obtain a similar result to Mossin's Theorem and find that it is optimal for the insurer to cede a loss as much as possible under the net premium principle. To further examine the reinsurance premium for the optimal piecewise linear reinsurance policy, we assume the expected value premium principle and derive the optimal reinsurance explicitly under (1) the criterion of minimizing the variance of the insurer's risk exposure, and (2) the criterion of minimizing the risk-adjusted value of the insurer's liability where the liability valuation is carried out using the cost-of-capital approach based on the conditional value at risk.

Meng, H. , & T. K. Siu. Risk – Based Asset Allocation Under Markov – Modulated Pure Jump Processes. *Stochastic Analysis and Applications*, 2014, 32 (2): 191 –206.

We consider a risk-based asset allocation problem in a Markov, regime-switching, pure jump model. With a convex risk measure of the terminal wealth of an investor as a proxy for risk, we formulate the risk-based asset allocation problem as a zero-sum, two-person, stochastic differential game between the investor and the market. The HJB dynamic programming approach is used to discuss the game problem. A semi-analytical solution of the game problem is obtained in a particular case.

Zhou, M. , & Yiu, K. F. C. Optimal Dividend Strategy with Transaction Costs for a Upward Jump Model. *Quantitative Finance*, 2014, 14: 1097 – 1106.

In this paper, we consider the optimal dividend problem with transaction costs when the incomes of a company can be described by an upward jump model. Both fixed and proportional costs are considered in the problem. The value function is defined as the expected total discounted dividends up to the time of ruin. Although the same problem has already been studied in the pure diffusion model and the spectrally negative Levy process, the optimal dividend problem in an upward jump model has two different aspects in determining the optimal dividends barrier and in the property of the value function. First, the value function is twice continuous differentiable in the diffusion case, but it is not in the jump model. Second, under the spectrally negative Levy process, downward jumps will not cause any payment actions; however, it might trigger dividend payments when there are upward jumps. In deriving the optimal barriers, we show that the value function is bounded by a linear function. Using this property, we establish the verification theorem for the value function. By solving the quasi-variational inequalities associated with this problem, we obtain the closed-form solution to the value function and hence the optimal dividend strategy when the income sizes follow a common exponential distribution. In the presence of a fixed transaction cost, it is shown that the optimal strategy is a two-barrier policy, and the optimal barriers are only dependent on the fixed cost and not the proportional cost. A numerical example is used to illustrate how the fixed cost plays a significant role in the optimal dividend strategy and also the value function. Moreover, an increased fixed cost results in larger but less frequent dividend payments.

Y. Zhu, Y. Chi, & C. Weng. Multivariate Reinsurance Designs for Minimizing An Insurer's Capital Requirement. *Insurance: Mathematics and Economics*, 2014, 59: 144 –155.

This paper investigates optimal reinsurance strategies for an insurer with multiple lines of business under the criterion of minimizing its total capital requirement calculated based on the multivariate lower-orthant Value-at-risk. The reinsurance is purchased by the insurer for each line of business separately. The premium principles used to compute the reinsurance premiums are allowed to differ from one line of business to another, but they all satisfy three mild conditions: distribution invariance, risk loading and preserving the convex order, which are satisfied by many popular premium principles. Our results show that an optimal strategy for the insurer is to buy a two-layer reinsurance policy for each line of business, and it reduces to be a one-layer reinsurance contract for premium principles satisfying some additional mild conditions, which are met by the expected value principle, standard deviation principle and Wang's principle among many others. In the end of this paper, some numerical examples are presented to illustrate the effects of marginal distributions, risk dependence structure and reinsurance premium principles on the optimal layer reinsurance.

Zhou, M., & Yuen, K. Portfolio Selection by Minimizing the Present Value of Capital Injection Costs. *ASTIN Bulletin*, 2015, 45 (1): 207 – 238.

This paper considers the portfolio selection and capital injection problem for a diffusion risk model within the classical Black – Scholes financial market. It is assumed that the original surplus process of an insurance portfolio is described by a drifted Brownian motion, and that the surplus can be invested in a risky asset and a risk-free asset. When the surplus hits zero, the company can inject capital to keep the surplus positive. In addition, it is assumed that both fixed and proportional costs are incurred upon each capital injection. Our objective is to minimize the expected value of the discounted capital injection costs by controlling the investment policy and the capital injection policy. We first prove the continuity of the value function and a verification theorem for the corresponding Hamilton – Jacobi – Bellman (HJB) equation. We then show that the optimal investment policy is a solution to a terminal value problem of an ordinary differential equation. In particular, explicit solutions are derived in some special cases and a series solution is obtained for the general case. Also, we propose a numerical method to solve the optimal investment and capital injection policies. Finally, a numerical study is carried out to illustrate the effect of the model parameters on the optimal policies.

Meng, H., Li, S., & Jin, Z. A Reinsurance Game between Two Insurance Companies with Nonlinear Risk Processes. *Insurance: Mathematics and Economics*, 2015, 62: 91 – 97.

In this paper, we consider a stochastic differential reinsurance game between two insurance companies with nonlinear (quadratic) risk control processes. We assume that the goal of each insurance company is to maximize the exponential utility of the difference between its terminal surplus and that of its competitor at a fixed terminal time T. First, we give an explicit partition (including nine subsets) of time interval $[0, T]$. Further, on every subset, an explicit Nash equilibrium strategy is derived by solving a pair of Hamilton – Jacobi – Bellman equations. Finally, for some special cases, we analyze the impact of time t and quadratic control parameter on the Nash equilibrium strategy and obtain some simple partition of $[0, T]$. Based on these results, we apply some numerical analysis of the time t, quadratic control parameter and competition sensitivity parameter on the Nash equilibrium strategy and the value function.

Wu, H., Zhang, L., & Chen, H. Nash Equilibrium Strategies for A Defined Contribution Pension Management. *Insurance: Mathematics and Economics*, **2015, 62: 202 – 214.**

This paper studies the time-consistent investment strategy for a defined contribution (DC) pension plan under the mean-variance criterion. Since the time horizon of a pension fund management problem is relatively long, two background risks are taken into account: the inflation risk and the salary risk. Meanwhile, there are a risk-free asset, a stock and an inflation-indexed bond available in the financial market. The extended Hamilton – Jacobi – Bellman (HJB for short) equation of the equilibrium value function and the verification theorem corresponding to our problem are presented. The closed-form time-consistent investment strategy and the equilibrium efficient frontier are obtained by stochastic control technique. The effects of the inflation and stochastic income on the equilibrium strategy and the equilibrium efficient frontier are illustrated by mathematical and numerical analysis. Finally, we compare in detail the time-consistent results in our paper with the pre-commitment one and find the distinct properties of these two results.

Li, P., Zhou, M., & Yin, C. Optimal Reinsurance with Both Proportional and Fixed Costs. *Statistics & Probability Letters*, **2015, 106: 134 – 141.**

This paper investigates an optimal reinsurance problem with both proportional and fixed transaction costs. Associated with a reinsurance, the proportional cost is usually charged by the reinsurer and the fixed cost occurs at the beginning of the reinsurance due to consultant commission. We describe an insurer's original cash reserve process by a Brownian motion with positive drift. The insurer aims to minimize its ruin probability by taking a dynamic reinsurance strategy. This leads to a mixed regular control and optimal stopping problem. We solve it by establishing a connection with an optimal stopping problem. The value function and the optimal reinsurance strategy are obtained explicitly.

Wu，H.，& Zeng，Y. Equilibrium Investment Strategy for Defined-contribution Pension Schemes with Generalized Mean-variance Criterion and Mortality Risk. *Insurance：Mathematics and Economics*，2015，64：396 – 408.

This paper studies a generalized multi-period mean-variance portfolio selection problem within the game theoretic framework for a defined-contribution pension scheme member. The member is assumed to have a stochastic salary flow and a stochastic mortality rate, and is allowed to invest in a financial market with one risk-free asset and one risky asset. The explicit expressions for the equilibrium investment strategy and equilibrium value function are obtained by backward induction. In addition, some sensitivity analysis and numerical illustrations are provided to show the effects of mortality risk on our results.

Yuen，K. C.，Liang，Z.，& Zhou，M. Optimal Proportional Reinsurance with Common Shock Dependence. *Insurance：Mathematics and Economics*，2015，64：1 – 13.

In this paper, we consider the optimal proportional reinsurance strategy in a risk model with multiple dependent classes of insurance business, which extends the work of Liang and Yuen（2014）to the case with the reinsurance premium calculated under the expected value principle and to the model with two or more classes of dependent risks. Under the criterion of maximizing the expected exponential utility, closed-form expressions for the optimal strategies and value function are derived not only for the compound Poisson risk model but also for the diffusion approximation risk model. In particular, we find that the optimal reinsurance strategies under the expected value premium principle are very different from those under the variance premium principle in the diffusion risk model. The former depends not only on the safety loading, time and interest rate, but also on the claim size distributions and the counting processes, while the latter depends only on the safety loading, time and interest rate. Finally, numerical examples are presented to show the impact of model parameters on the optimal strategies.

A. V. Asimit，Y. Chi，J. Hu. Optimal Non-life Reinsurance under Solvency II Regime. *Insurance：Mathematics and Economics*，2015，65：227 – 237.

The optimal reinsurance contract is investigated from the perspective of an insurer who would like to minimise its risk exposure under Solvency II. Under this regulatory framework, the insurer is exposed to the retained risk, reinsurance premium and change in the risk margin requirement as a result of reinsurance. Depending on how the risk margin corresponding to the reserve risk is calculated, two optimal reinsurance problems are formulated. We show that the optimal reinsurance policy can be in the form of two layers. Further, numerical examples illustrate that the optimal two-layer reinsurance contracts are only slightly different under these two methodologies.

Chen, X. , Chi, Y. , & Tan, K. The Design of An Optimal Retrospective Rating Plan. *ASTIN Bulletin*, **2016, 46 (1): 141 – 163.**

A retrospective rating plan, whose insurance premium depends upon an insured's actual loss during the policy period, is a special insurance agreement widely used in liability insurance. In this paper, the design of an optimal retrospective rating plan is analyzed from the perspective of the insured who seeks to minimize its risk exposure in the sense of convex order. In order to reduce the moral hazard, we assume that both the insured and the insurer are obligated to pay more for a larger realization of the loss. Under the further assumptions that the minimum premium is zero, the maximum premium is proportional to the expected indemnity, and the basic premium is the only free parameter in the formula for retrospective premium given by Meyers (2004) and that the basic premium is determined in such a way that the expected retrospective premium equates to the expected indemnity with a positive safety loading, we formally establish the relationship that the insured will suffer more risk for a larger loss conversion factor or a higher maximum premium. These findings suggest that the insured prefers an insurance policy with the expected value premium principle, which is a special retrospective premium principle with zero loss conversion factor. In addition, we show that any admissible retrospective rating plan is dominated by a stop-loss insurance policy. Finally, the optimal retention of a stop-loss insurance is derived numerically under the criterion of minimizing the risk-adjusted value of the insured's liability where the liability valuation is carried out using the cost-of-capital approach based on the conditional value at risk.

Zhang, X. , Meng, H. , & Zeng, Y. Optimal Investment and Reinsurance Strategies for Insurers with Generalize Mean-variance Premium Principle and No-short Selling. *Insurance*: *Mathematics and Economics*, 2016, 67: 125 – 132.

This paper analyzes the optimal investment and reinsurance strategies for insurers with a generalized mean-variance premium principle. The surplus process of the insurer is described by the diffusion model which is an approximation of the classical Cramér – Lundberg model. The insurer can purchase reinsurance and invest her surplus in a financial market consisting of a risk-free asset and multiple risky assets. The insurer is not allowed to short sell the risky assets. Two optimization problems, maximizing the expected utility function of terminal wealth and minimizing the probability of ruin, are considered. We first derive the form of optimal reinsurance for the two optimization problems. Then, by using the stochastic dynamic programming, we obtain the closed-form expressions of optimal investment and reinsurance strategies and optimal value functions for the two optimization problems. We find that our results are more general than some ones in the existing literature.

H. Meng, T. K. Siu, & H. Yang. Optimal Insurance Risk Control with Multiple Reinsurers. *Journal of Computational and Applied Mathematics*, 2016, 306: 40 – 52.

An optimal insurance risk control problem is discussed in a general situation where several reinsurance companies enter into a reinsurance treaty with an insurance company. These reinsurance companies adopt variance premium principles with different parameters. Dividends with fixed costs and taxes are paid to shareholders of the insurance company. Under certain conditions, a combined proportional reinsurance treaty is shown to be optimal in a class of plausible reinsurance treaties. Within the class of combined proportional reinsurance strategies, analytical expressions for the value function and the optimal strategies are obtained.

Cai, J. , Lemieux, C. , & Liu, F. Optimal Reinsurance from the Perspectives of both An Insurer and A Reinsurer. *ASTIN Bulletin*, 2016, 46 (3): 815 – 849.

Optimal reinsurance from an insurer's point of view or from a reinsurer's point of view has been studied extensively in the literature. However, as two parties of a reinsurance contract, an insurer and a reinsurer have conflicting interests. An optimal form of reinsurance from one party's point of view may be not acceptable to the other party. In this paper, we study optimal reinsurance designs from the perspectives of both an insurer and a reinsurer and take into account both an insurer's aims and are insurer's goals in reinsurance contract designs. We develop optimal reinsurance contracts that minimize the convex combination of the Value-at – Risk (VaR) risk measures of the insurer's loss and the reinsurer's loss under two types of constraints, respectively. The constraints describe the interests of both the insurer and the reinsurer. With the first type of constraints, the insurer and the reinsurer each have their limit on the VaR of their own loss. With the second type of constraints, the insurer has a limit on the VaR of his loss while the reinsurer has a target on his profit from selling are insurance contract. For both types of constraints, we derive the optimal reinsurance forms in a wide class of reinsurance policies and under the expected value reinsurance premium principle. These optimal reinsurance forms are more complicated than the optimal reinsurance contracts from the perspective of one party only. The proposed models can also be reduced to the problems of minimizing the VaR of one party's loss under the constraints on the interests of both the insurer and the reinsurer.

Hao, L. , Houser, D. , & Mao, L. Migrations, Risks, and Uncertainty: A Feld Experiment in China. *Journal of Economic Behavior & Organization*, 2016, 131: 126 – 140.

We report data from the first incentivized artefactual field experiment conducted in China to understand whether Chinese migrants differ from non-migrants in terms of preferences regarding risk and uncertainty in various contexts. We find that, compared to non-migrants, migrants are significantly more likely to enter competitions when they expect competitive entries from others; however, migrants are not different from non-migrants in risk and ambiguity preferences where strategic uncertainty is absent. Our results suggest that migration may be driven more by a stronger belief in one's chance of succeeding in an uncertain competitive environment than by differences risk attitudes related to state uncertainty.

H. Meng，T. K. Siu，& H. Yang. A Note on Optimal Insurance Risk Control with Multiple Reinsurers. *Journal of Computational and Applied Mathematics*，2017，319：38 −42.

This note revisits the problem discussed in Meng et al. （2016） where an optimal insurance risk control problem was considered in a diffusion approximation model with multiple reinsurers adopting variance premium principles. It was shown in Meng et al. （2016） that under a certain technical condition，a combined proportional reinsurance treaty is an optimal form in a class of plausible reinsurance treaties. From both theoretical and practical perspectives，an interesting question may be whether the combined proportional reinsurance treaty is still an optimal form in a quite considerably larger class of plausible reinsurance treaties. This note addresses this question and shows that a combined proportional reinsurance treaty is still an optimal form.

Chi，Y. C.，& Liu，F. D. Optimal Insurance Design in the Presence of Exclusion Clauses. *Insurance：Mathematics and Economics*，2017，76：185 −195.

The present work studies the design of an optimal insurance policy from the perspective of an insured，where the insurable loss is mutually exclusive from another loss that is denied in the insurance coverage. To reduce ex post moral hazard，we assume that both the insured and the insurer would pay more for a larger realization of the insurable loss. When the insurance premium principle preserves the convex order，we show that any admissible insurance contract is suboptimal to a two-layer insurance policy under the criterion of minimizing the insured's total risk exposure quantified by value at risk，tail value at risk or an expectile. The form of optimal insurance can be further simplified to be one-layer by imposing an additional weak condition on the premium principle. Finally，we use Wang's premium principle and the expected value premium principle to illustrate the applicability of our results，and find that optimal insurance solutions are affected not only by the size of the excluded loss but also by the risk measure chosen to quantify the insured's risk exposure.

Privault，N.，& Wei，X. Fast Computation of Risk Measures for Variable Annuities with Additional Earnings by Conditional Moment Matching. *ASTIN Bulletin*，2018，48 （1）：171 −196.

We propose an approximation scheme for the computation of the risk measures of guaranteed minimum maturity benefits (GMMBs) and guaranteed minimum death benefits (GMDBs), based on the evaluation of single integrals under conditional moment matching. This procedure is computationally efficient in comparison with standard analytical methods while retaining a high degree of accuracy, and it allows one to deal with the case of additional earnings and the computation of related sensitivities.

Zhou, M., Dhaene, J., & Yao, J. An Approximation Method for Additive Risk Factor Models and Capital Allocation Rules. *Insurance: Mathematics and Economics*, **2018, 79: 92 – 100.**

This paper proposes the use of convex lower bounds as approximation to evaluate the aggregation of risks, based on additive risk factor models in the multivariate generalized Gamma distribution context. We consider two types of additive risk factor model. In Model 1, the risk factors that contribute to the aggregation are deterministic. In Model 2, we consider contingent risk factors. We work out the explicit formulae of the convex lower bounds, by which we propose an analytical approximate capital allocation rule based on the conditional tail expectation. We conduct stress tests to show that our method is robust across various dependence structures.

Chi, Y., & Wei, W. Optimum Insurance Contracts with Background Risk and Higher-order Risk Attitudes. *ASTIN Bulletin*, **2018, 48 (3): 1025 – 1047.**

In this paper, we study an optimal insurance problem in the presence of background risk from the perspective of an insured with higher-order risk attitudes. We introduce several useful dependence notions to model positive dependence structures between the insurable risk and background risk. Under these dependence structures, we compare insurance contracts of different forms in higher order risk attitudes and establish the optimality of stop-loss insurance form. We also explicitly derive the optimal retention level. Finally, we carry out a comparative analysis and investigate how the change in the insured's initial wealth or background risk affects the optimal retention level.

Chi, Y. Insurance Choice under Third Degree Stochastic Dominance. *Insurance: Mathematics and Economics*, **2018, 83: 198 – 205.**

In this paper, we investigate the insurance choice of a risk-averse and prudent insured by assuming that the insurance premium is calculated by a general mean-variance principle. This general class of premium principles encompasses many widely used premium principles such as expected value, variance related, modified variance and mean value principles. We show that any admissible insurance contract, in which the marginal indemnity above a deductible minimum is decreasing in the loss and has a value greater than zero and less than one, is suboptimal to a dual change-loss insurance policy or a change-loss insurance policy, depending upon the coefficient of variation of the ceded loss. Especially for variance related premium principles, it is shown that the change-loss insurance is optimal. In addition to change-loss insurance, a numerical example illustrates that the dual change-loss insurance may also be an optimal choice when the insurance premium is calculated by mean value principle.

Chi, Y. On the Optimality of A Straight Deductible under Belief Heterogeneity. *ASTIN Bulletin*, 2019, 49 (1): 243 - 262.

This article attempts to extend Arrow's theorem of the deductible to the case of belief heterogeneity, which allows the insured and the insurer to have different beliefs about the distribution of the underlying loss. Like Huberman et al. [(1983) Bell Journal of Economics, 14 (2), 415 - 426], we preclude ex post moral hazard by asking both parties in the insurance contract to pay more for a larger realization of the loss. It is shown that, ceteris paribus, full insurance above a constant deductible is always optimal for any chosen utility function of a risk-averse insured if and only if the insurer appears more optimistic about the conditional loss given non-zero loss than the insured in the sense of monotone hazard rate order. We derive the optimal deductible level explicitly and then examine how it is affected by the changes of the insured's risk aversion, the insurance price and the degree of belief heterogeneity.

Zhou, M. , & Cai, J. Optimal Dynamic Risk Control for Insurers with State-dependent Income. *Journal of Applied Probability*, 2014, 51 (2): 417 - 435.

In this paper we investigate optimal forms of dynamic reinsurance polices among a class of general reinsurance strategies. The original surplus process of an insurance portfolio is assumed to follow a Markov jump process with state-dependent income. We assume that the insurer uses a dynamic reinsurance policy to minimize the probability of absolute ruin, where the traditional ruin can be viewed as a special case of absolute ruin. In terms of approximation theory of stochastic process, the controlled diffusion model with a general reinsurance policy is established strictly. In such a risk model, absolute ruin is said to occur when the drift coefficient of the surplus process turns negative, when the insurer has no profitability any more. Under the expected value premium principle, we rigorously prove that a dynamic excess-of-loss reinsurance is the optimal form of reinsurance among a class of general reinsurance strategies in a dynamic control framework. Moreover, by solving the Hamilton – Jacobi – Bellman equation, we derive both the explicit expression of the optimal dynamic excess-of-loss reinsurance strategy and the closed-form solution to the absolute ruin probability under the optimal reinsurance strategy. We also illustrate these explicit solutions using numerical examples.

Chi, Y. , & Meng, H. Optimal Reinsurance Arrangements in the Presence of Two Reinsurers. *Scandinavian Actuarial Journal*, 2014, 5: 424 – 438.

In this paper, we investigate the optimal form of reinsurance from the perspective of an insurer when he decides to cede part of the loss to two reinsurers, where the first reinsurer calculates the premium by expected value principle while the premium principle adopted by the second reinsurer satisfies three axioms: distribution invariance, risk loading, and preserving stop-loss order. In order to exclude the moral hazard, a typical reinsurance treaty assumes that both the insurer and reinsurers are obligated to pay more for the larger loss. Under the criterion of minimizing value at risk (VaR) or conditional value at risk (CVaR) of the insurer's total risk exposure, we show that an optimal reinsurance policy is to cede two adjacent layers, where the upper layer is distributed to the first reinsurer. To further illustrate the applicability of our results, we derive explicitly the optimal layer reinsurance by assuming a generalized Wang's premium principle to the second reinsurer.

Chi, Y. & Zhou, M. Optimal Reinsurance Design: A Mean – Variance Approach. *North American Actuarial Journal*, 2017, 21 (1): 1 – 14.

In this article, we study an optimal reinsurance model from the perspective of an insurer who has a general mean-variance preference. In order to reduce ex post moral hazard, we assume that both parties in a reinsurance contract are obligated to pay more for a larger realization of loss. We further assume that the reinsurance premium is calculated only based on the mean and variance of the indemnity. This class of premium principles is quite general in the sense that it includes many widely used premium principles such as expected value, mean value, variance, and standard deviation principles. Moreover, to protect the insurer's profit, a lower bound is imposed on its expected return. We show that any admissible reinsurance policy is dominated by a change-loss reinsurance or a dual change-loss reinsurance, depending upon the coefficient of variation of the ceded loss. Further, the change-loss reinsurance is shown to be optimal if the premium loading increases in the actuarial value of the coverage; while it becomes decreasing, the optimal reinsurance policy is in the form of dual change loss. As a result, the quota-share reinsurance is always optimal for any variance-related reinsurance premium principle. Finally, some numerical examples are applied to illustrate the applicability of the theoretical results.

Chi, Y. , Lin, X. S. , & Tan, K. S. Optimal Reinsurance Under the Risk – Adjusted Value of an Insurer's Liability and an Economic Reinsurance Premium Principle. *North American Actuarial Journal*, **2017, 21 (3): 417 – 432.**

In this article, an optimal reinsurance problem is formulated from the perspective of an insurer, with the objective of minimizing the risk-adjusted value of its liability where the valuation is carried out by a cost-of-capital approach and the capital at risk is calculated by either the value-at-risk (VaR) or conditional value-at-risk (CVaR). In our reinsurance arrangement, we also assume that both insurer and reinsurer are obligated to pay more for a larger realization of loss as a way of reducing ex-post moral hazard. A key contribution of this article is to expand the research on optimal reinsurance by deriving explicit optimal reinsurance solutions under an economic premium principle. It is a rather general class of premium principles that includes many weighted premium principles as special cases. The advantage of adopting such a premium principle is that the resulting reinsurance premium depends not only on the risk ceded but also on a market economic factor that reflects the market environment or the risk the reinsurer is facing. This feature appears to be more consistent with the reinsurance market. We show that the optimal reinsurance policies are piecewise linear under both VaR and CVaR risk measures. While the structures of optimal reinsurance solutions are the same for both risk measures, we also formally show that there are some significant differences, particularly on the managing tail risk. Because of the integration of the market factor (via the reinsurance pricing) into the optimal reinsurance model, some new insights on the optimal reinsurance design could be gleaned, which would otherwise be impossible for many of the existing models. For example, the market factor has a nontrivial effect on the optimal reinsurance, which is greatly influenced by the changes of the joint distribution of the market factor and the loss. Finally, under an additional assumption that the market factor and the loss have a copula with quadratic sections, we demonstrate that the optimal reinsurance policies admit relatively simple forms to foster the applicability of our theoretical results, and a numerical example is presented to further highlight our results.

Guo, J. , Li, Y. W. , & Zheng, M. Bottom-up Sentiment and Return Predictability of the Market Portfolio. *Finance Research Letters*, **2018, 29: 57 −60.**

This paper provides strong evidence that market sentiment measured bottom-up from individual stock sentiment is negatively related to future long-term market returns and is positively correlated with contemporaneous returns.

He, X. Z. , Li, Y. W. , & Zheng, M. Heterogeneous Agent Models in Financial Markets: A Nonlinear Dynamics Approach. *International Review of Financial Analysis*, **2018, 62: 135 −149.**

Studies on financial markets have accumulated consistent evidences of stylized facts and anomalies, which can be characterized by stochastic switching among different co-existing market states but yet difficult to reconcile with traditionally rational expectation theory. When agents are heterogeneous and boundedly rational, recent developments on the role of the adaptive behavior of interacting heterogeneous agents in financial markets have provided a nonlinear dynamics channel to such co-existence of different market states, shedding light into these stylized facts and anomalies. This survey focuses on the nonlinear dynamics approach to model the feedback of evolutionary dynamics of heterogeneous agents and to characterize the underlying mechanisms of the stylized facts and anomalies in financial markets, of which the authors and several coauthors have contributed in several papers.

二、学院教师优秀中文论文情况

（一）学院教师优秀中文论文汇总

在关注国际最新科研前沿基础上，保险学院教师也关注中国问题，为我国经济、金融、保险、精算、统计等具体实践问题提出了基于国际视角的本土解决方案，推动了我国相关学术领域的进展。如表 4-2 所示。

表 4-2　　　　　　　　　近五年 A 类及以上中文论文成果

论文题目	发表/转载时间	期刊名称	作者
脉冲和正则控制下的最优注资：一种混合策略	2018 年 4 月 25 日	中国科学：数学	李鹏（外）、周明、孟辉
有再保险控制下的非线性脉冲注资问题	2016 年 1 月 29 日	中国科学	孟辉、郭冬梅、周明
最优分红策略：正则与脉冲混合控制问题	2015 年 9 月 1 日	中国科学	周明、孟辉、郭军义（外）
中国特色社会主义经济学的创新发展——全国第十二届马克思主义经济学发展与创新论坛综述	2018 年 12 月 20 日	经济研究	林光彬、何召鹏、尹志锋
中国基本养老保险制度是否会提高参保居民的福利	2016 年 11 月 10 日	世界经济	廖朴
学生评教的行政化与学术化论析	2016 年 8 月 25 日	教育研究	林光彬、洪煜
动态环境税外部性、污染累积路径与长期经济增长——兼论环境税的开征时点选择问题	2016 年 8 月 13 日	经济研究	范庆泉（外）、周县华、刘净然（外）
碳强度减排目标的实现机制与行业减排路径的优化设计	2016 年 7 月 13 日	世界经济	周县华、范庆泉（外）
异质信念、生存条件及市场影响力	2015 年 8 月 1 日	管理科学学报	郑敏
建立中国军人保险精算制度研究	2016 年 6 月 20 日	中国军事科学	郑莉莉、张馨文（外）

续表

论文题目	发表/转载时间	期刊名称	作者
论中国军人保险制度改革	2015 年 8 月 20 日	中国军事科学	郑莉莉、张馨文（外）、陈华
人力资本结构对财险公司经营效率的影响及其结构性变化研究	2018 年 9 月 30 日	管理评论	陈华、丁宇刚（外）
制度环境、审计声誉机制与收费溢价	2017 年 9 月 28 日	审计研究	郑莉莉、郑建明（外）
产险公司资本、偿付能力与风险调整的异质性研究	2017 年 8 月 1 日	管理评论	陈华、王丽珍
基于分保偏好和风险组合冲击的财产保险市场系统性风险传染性研究	2017 年 4 月 1 日	中国软科学	王丽珍、李秀芳（外）、郑苏晋
医疗保险改变了居民的就医行为吗？——来自我国 CHNS 的证据	2017 年 2 月 5 日	财政研究	郑莉莉
新农合对农村老年人劳动供给行为影响的实证研究	2016 年 10 月 25 日	中国软科学	陈华、张哲元（学）、毛磊
监管压力、资本调整与风险承担——基于寿险业联立门限回归模型的研究	2015 年 10 月 15 日	经济管理	王丽珍
保险波动、宏观经济波动与区域差异——基于联立方程模型的研究	2015 年 9 月 20 日	宏观经济研究	王丽珍
中国保险业系统性风险再保险业务传染效应研究	2015 年 9 月 15 日	当代经济科学	王丽珍
基于网络理论的金融传染与投资者行为研究进展	2015 年 5 月 18 日	经济学动态	肖欣荣（外）、刘健
保险相对人安全防范义务研究——以《保险法》第 51 条第 3 款的解释和适用为中心	2014 年 8 月 15 日	法学家	张虹
中国寿险产品退保率的影响因素分析——基于省级面板数据的实证检验	2014 年 7 月 15 日	当代经济科学	陈华、孙越君（学）

续表

论文题目	发表/转载时间	期刊名称	作者
发展住房反向抵押养老保险的宏观策略分析	2014 年 6 月 26 日	城市发展研究	张建伟、韩青（外）
利益导向、最优选择与现阶段农村养老保险的机制设计	2014 年 2 月 1 日	改革	郝佳
城乡居民基本养老保险的精算模型及应用	2019 年 2 月 15 日	中央财经大学学报	杨再贵、许燕（学）、何琴（学）
带有通胀风险的退休后期最优投资管理	2018 年 8 月 1 日	系统工程理论与实践	伍慧玲、董洪斌
基于扩维的卷积网络及脉象识别应用	2018 年 6 月 28 日	计算机科学	张宁
现阶段背景下企业职工基本养老保险最优缴费率与最优记账利率研究	2018 年 1 月 27 日	华中师范大学学报（人文社会科学版）	杨再贵
中国城镇企业职工基本养老保险基金的精算建模	2017 年 9 月 9 日	系统工程理论与实践	郑苏晋、廖朴
机关事业单位统筹账户养老金的财政负担	2017 年 9 月 6 日	武汉大学学报（哲学社会科学版）	杨再贵、许鼎（学）
偿付能力监管制度改革与保险公司成本效率——基于中国财险市场的经验数据	2017 年 4 月 1 日	金融研究	周桦、张娟（外）
重新理解市场与政府在资源配置中的作用——市场与政府到底是什么关系	2017 年 3 月 15 日	教学与研究	林光彬
深度学习改变保险精算定价模式	2017 年 3 月 15 日	计算机科学	张宁
中华文化是中国政治经济学的源头活水	2017 年 1 月 10 日	光明日报（理论版）	林光彬
环境、寿命与经济发展：最优环境税研究——基于中国数据的模拟运算	2016 年 10 月 28 日	管理评论	廖朴、郑苏晋
企业职工个人账户养老金的财政负担与替代率	2016 年 7 月 1 日	财政研究	杨再贵、石晨曦（学）

续表

论文题目	发表/转载时间	期刊名称	作者
中国城镇企业职工统筹账户养老金的财政负担	2016 年 4 月 20 日	经济科学	杨再贵、石晨曦（学）
市场化进程中的税制结构变迁	2016 年 4 月 13 日	数量经济技术经济研究	范庆泉（外）、周县华
带有通胀风险和随机收入的确定缴费养老计划	2016 年 3 月 6 日	系统工程理论与实践	伍慧玲、董洪斌
在 Kalman – Bucy 滤波学习过程下的投资者生存能力分析	2016 年 1 月 28 日	中国管理科学	郑敏、郑苏晋
消费性财政支出效率与最优支出规模：基于经济增长的视角	2015 年 11 月 13 日	统计研究	潘文卿（外）、范庆泉（外）、周县华
主动资本调整还是被动监管约束？——寿险公司实际资本与最低资本影响因素的研究	2015 年 9 月 30 日	管理评论	郑苏晋、王丽珍、林媛真（外）
碳强度的双重红利：环境质量改善与经济持续增长	2015 年 6 月 15 日	中国人口资源与环境	范庆泉（外）、周县华、刘净然（外）
从生产性财政支出效率看规模优化：基于经济增长的视角	2015 年 5 月 13 日	南开经济研究	范庆泉（外）、周县华、潘文卿（外）
新会计准则、会计错配与利润波动——基于寿险公司资产、负债计量方式影响利润波动的分析	2014 年 12 月 1 日	金融研究	周桦、陈旭毅（外）
基于 CRRA 效用准则的资产负债管理	2014 年 10 月 20 日	中国管理科学	曾燕（外）、李仲飞（外）、朱书尚（外）、伍慧玲
考虑时间因素的退保率指标及应用	2014 年 10 月 1 日	数理统计与管理	高洪忠、李坤（学）
不确定终止时间和通货膨胀影响下风险资产的最优投资策略	2014 年 5 月 1 日	系统工程理论与实践	姚海祥（外）、伍慧玲、曾燕（外）

（二）优秀中文论文简介

李鹏，周明，孟辉. 脉冲和正则控制下的最优注资：一种混合策略 [J]. 中国科学：数学，2018，48（04）：565–578.

本文用漂移 Brown 运动表示公司的现金流，研究了公司的最优注资问题。基于实际情况，本文假设市场上有两种注资类型：脉冲注资和正则注资，同时假设这两种注资都需要支付比例成本，且每次脉冲注资还需支付固定成本，公司决策者要确定公司的注资策略，就需要确定正则注资率（有最大值限制）、注资的时间和脉冲注资量。从控制公司成本的角度出发，决策者需在现金流为正的约束下，寻找最小化注资成本的注资策略。因此，决策者面临一个脉冲和正则控制的混合问题，本文得到了该问题的值函数和最优控制策略，发现最优的注资策略是与模型参数相关的混合注资策略，同时也分析了模型参数对值函数和最优注资策略的敏感性。

孟辉，郭冬梅，周明. 有再保险控制下的非线性脉冲注资问题 [J]. 中国科学：数学，2016，46（02）：235–246.

假定有两家再保险公司共同接受原始保险公司的分保，且保险公司及这两家再保险公司均采用方差保费准则收取保费。基于上述跳风险模型，本文采用扩散逼近模型为基本模型来描述保险公司再保后的资产盈余。另外，为避免破产的发生，公司会接受外部资金注入。假定每次注资不低于某个固定常数 $d > 0$，且有固定交易费和比例费用，即为有限制情形下的脉冲注资。本文研究最小期望折现非线性脉冲注资问题，应用 Hamilton – Jacobi – Bellman（HJB）方法，给出值函数和最优策略的明晰解答。最后，对有关参数进行灵敏度分析。

周明，孟辉，郭军义. 最优分红策略：正则与脉冲混合控制问题 [J]. 中国科学：数学，2015，45（10）：1705–1724.

本文对扩散模型下的最优分红问题作了进一步分析。注意到，累积分红量是一个关于时间的右连左极过程，它的路径由连续和跳跃两部分组成。因此，本文在建模中同时加入了连续分红和脉冲分红两种形式，这就构成了一个正则和脉冲分红混合的最优控制问题。假设所有分红量存在一个比例成本，对于每次的脉冲分红量存在一个固定成本。此外，对于连续分红部分，假设存在一个有限的最大分红率，用漂移 Brown 运动描述公司的盈余过程，优化目标设定为最大化公司破产前分红现值的期望值，本文给出了值函数以及最优分红策略的解析表达式。结论表明，最优的分红策略为阈值（threshold）策略和脉冲策略的组合形式。

林光彬，何召鹏，尹志锋. 中国特色社会主义经济学的创新发展——全国第十二届马克思主义经济学发展与创新论坛综述〔J〕. 经济研究，2018，53（12）：193 – 197.

站在"两个一百年"奋斗目标的历史交汇点上，为总结改革开放以来的理论创新，开拓当代中国马克思主义政治经济学新境界，中国社会科学院经济研究所、《经济研究》编辑部与中央财经大学经济学院、中国政治经济学研究中心、马克思主义与当代中国发展道路协同创新中心共同主办的全国第十二届马克思主义经济学发展与创新论坛暨纪念改革开放四十周年研讨会于 2018 年 10 月 19 ~ 20 日在中央财经大学举办，来自国内各高校、研究机构和报刊媒体的近 100 位专家学者参加了本届论坛。与会专家围绕"改革开放、发展新阶段与中国特色社会主义经济学的创新发展"这一主题进行了深入讨论和交流，形成了一系列有价值的观点和认识。

廖朴. 中国基本养老保险制度是否会提高参保居民的福利〔J〕. 世界经济，2016，39（11）：147 – 171.

中国基本养老保险制度的福利效应分析具有重要意义。本文在具有生存不确定性和遗产动机的居民生命周期模型中引入中国基本养老保险制度，求解理性居民的最优生命周期经济行为，以此分析制度对居民福利的影响。根据中国数据的模拟结果表明：第一，中国基本养老保险制度能增进居民福利，但统筹账户和个人账户的福利效应相反，统筹账户提升居民福利，个人账户降低居民福利；第二，个人账户空账运行、基础养老金增长率下降、统筹账户养老金计发减少等将使中国基本养老保险制度的福利效应减弱，但仍可提升居民福利。

林光彬，洪煜. 学生评教的行政化与学术化论析〔J〕. 教育研究，2016，37（08）：40 – 46.

学生评教是改进教学服务与教学质量的重要手段。目前国内学生评教存在诸多问题。学生评教主要由行政主导，教师视角的评价指标难以全面反映教与学的真实信息，形式化评价难以拉开得分差距，师生相互妥协的合谋博弈机制逐年推高评价得分。中外大学在评价的价值取向、评价目标功用、评价方案设计及评价实施方式等方面均存在差异。改进我国学生评教，须实现主导权力学术化、评价方案设计科学化及评价实施专业化，持续建设优良的教学文化氛围。

范庆泉，周县华，张同斌. 动态环境税外部性、污染累积路径与长期经济增长——兼论环境税的开征时点选择问题 [J]. 经济研究，2016，51（08）：116－128.

本文构建了包含动态环境税、污染累积与经济增长的理论模型，采用Shooting 方法计算鞍点路径上各个时期的均衡解，分析了动态环境税的外部效应，主要结论为：渐进递增的动态环境税政策通过对能源过度使用的纠正，不但体现了促进经济增长与降低污染水平的双重红利，而且实现了整条鞍点路径上福利最大化的目标。与之相对，不征收环境税时，能源过度消耗不能得到有效抑制，环境污染产生了较高的生产效率损失与社会福利损失。严格环境税政策对于经济增长依赖能源的行为则存在"矫枉过正"，进而出现消费过度的问题，由于投资不足迅速造成产出增长乏力，并使得鞍点路径上社会福利长期处于较低水平。此外，通过设定政府的优化目标函数对动态环境税最佳开征时点的研究表明，政府应尽早开征环境税，以及时减弱经济增长对能源的过度依赖性，实现经济科学发展与社会福利不断改善。

周县华，范庆泉. 碳强度减排目标的实现机制与行业减排路径的优化设计 [J]. 世界经济，2016，39（07）：168－192.

本文建立了分别包含碳强度目标约束和总量目标约束的多行业一般均衡模型，评估了中国现阶段实施的基于重点行业碳强度减排目标的政策对宏观经济的影响效果，解释了现阶段实施的减排政策产生就业红利，并有利于宏观经济平稳运行的原因。本文结论表明，随着中国碳强度减排任务的不断加重，当前政策的就业红利将不复存在，同时政策机制蕴含的资源错配、各行业边际减排成本不相等的问题则愈加严重，实施碳交易减排政策的时机逐渐成熟，政府应及时推出碳交易政策代替现行的减排政策。

郑敏. 异质信念、生存条件及市场影响力 [J]. 管理科学学报，2015，18（08）：73－82.

通过构建异质信念下的资产定价模型，分析了异质信念对资产价格以及交易量的影响，并且给出了投资者在市场中的生存条件，研究结果表明，投资者对未来资产回报的预期越准确则对资产价格的影响越大，并可能最终占有整个市场而将其他投资者从市场中逐出，但是这个选择过程是漫长的，当考虑短期投资定价问题时，异质信念是影响市场的重要因素，异质信念的存在是市场交易的基础，投资者财富和信念的变化影响着资产价格的变化，而此时如果只考虑预期较准确的投资者的作用，则有可能导致偏颇甚至错误的结论。

郑莉莉，张馨文．建立中国军人保险精算制度研究［J］．中国军事科学，2016（03）：72－80.

本文分别从国家、军队两个层面论述了建立中国军人保险精算制度的必要性，根据先进的精算理念和技术，提出了建立军人保险精算制度的原则，从制度设计、筹资模式、基金筹集、费用支出、结余管理等环节阐述了军人保险精算制度的主要内容以及精算技术应用。开展军人保险精算制度研究，对于推进中国军人保险事业的创新发展具有重要的理论意义和应用价值。

陈华，丁宇刚．人力资本结构对财险公司经营效率的影响及其结构性变化研究［J］．管理评论，2018，30（09）：38－48.

本文采用我国 44 家财产保险公司 2008～2015 年的样本数据，运用数据包络分析方法对财险公司的经营效率进行度量，并运用固定效应面板模型和面板门槛模型研究人力资本结构对财险公司经营效率的影响，同时考察这种影响是否会随财险公司规模变化而发生结构性变化，最后采用样本分组的方式对回归结果进行了稳健性检验。本文得到的主要结论有：人力资本结构对财险公司经营效率有显著影响，且影响效果会随公司规模变化而发生结构性改变。提高员工的受教育水平和技能水平以及员工年龄结构年轻化有利于财险公司经营效率的提升，但对不同规模的财险公司的提升效果不一样。

郑莉莉，郑建明．制度环境、审计声誉机制与收费溢价［J］．审计研究，2017（05）：78－86.

有效的审计声誉机制体现为会计师事务所审计质量、行业专长和声誉受损对审计收费的影响，同时，声誉机制作用的发挥受到制度环境的影响。本文选用 2001～2014 年我国上市公司和会计师事务所的数据，采用两阶段模型和分组检验实证考察制度环境、审计声誉机制和收费溢价的关系。研究结果表明：制度环境影响声誉机制功能的发挥，在较好的制度环境下，会计师事务所声誉机制发挥作用产生的收费溢价为 20.8%，而在较差的制度环境下，会计师事务所的收费溢价仅为 7.8%。对会计师事务所进行分类检验与股份制改革和新会计准则前后模型结构稳定性的检验结果支持了上述结论。该结论对政府监管部门、市场参与者和会计师事务所本身都具有参考意义。

陈华，王丽珍．产险公司资本、偿付能力与风险调整的异质性研究［J］．**管理评论，2017，29（08）：33-42．**

利用 2009~2014 年 45 家财产险公司的面板数据，本文构建了针对我国产险业资本、偿付能力和风险调整的门限回归联立方程，研究了产险公司资本和风险调整的异质性特征。门限效应的检验结果表明，资本调整的行动临界值分别是 167.42% 和 368.51%，承保风险调整的行动临界值分别是 362.94% 和 189.99%。门限回归模型的估计结果表明，虽然在监管高压区监管压力对资本和承保风险调整起到了一定的约束作用，但是整体而言，资本和承保风险、投资风险的良性作用机制尚未形成；监管中压区公司资本和风险调整的作用机制要优于监管高压区和监管低压区，各财产保险公司需要实现资本和风险的合理匹配和良性互动，使自身处于"监管适度"的健康环境中。

王丽珍，李秀芳，郑苏晋．基于分保偏好和风险组合冲击的财产保险市场系统性风险传染性研究［J］．**中国软科学，2017（04）：41-53．**

本文基于分保偏好和风险组合冲击研究了我国保险市场系统性风险的传染性问题。研究发现，从保险业务风险传染的视角，境内外的再保险公司具有系统重要性，分出保费占比较高的小型直接保险公司和部分再保险公司具有系统脆弱性；相对于完全分散市场，偏好市场系统性风险传染性门槛降低、传染性增强；双重冲击所导致的风险传染深度和广度要大于单一冲击，信息不对称条件下的趋同性、恐慌预期和负反馈等因素导致的"退保潮"和"续保难"造成的流动性冲击需要高度重视。

郑莉莉．医疗保险改变了居民的就医行为吗？——来自我国 CHNS 的证据［J］．**财政研究，2017（02）：84-97．**

居民的就医行为关系到不同层次医疗机构资源的利用效率，关系到我国医药卫生体制改革的效果，还关系到我国居民的整体健康水平。本文构建了居民就医的选择理论模型，根据模型提出研究假设，并利用"中国健康与营养调查数据库（CHNS）"1989~2011 年的数据，使用嵌套 Logit 模型评估医疗保险对居民就医行为的影响。研究发现，医疗保险确实对居民患病时选择就诊起到了正向的作用，在居民选择医疗机构时，基本医疗保险引导居民向社区、乡一级医院就医的措施产生了一定的作用。研究还发现，基本医疗保险制度重住院轻门诊的给付结构对就医行为产生了不利的影响。本文的研究为进一步从政策层面优化居民就医行为提供了理论和实证的依据。

陈华，张哲元，毛磊．新农合对农村老年人劳动供给行为影响的实证研究[J]．中国软科学，2016（10）：135－146.

健康保险通过保障效应和健康效应影响劳动供给，而二者对劳动供给的影响恰好相反，因此健康保险对劳动供给的具体影响仍旧是一个值得探讨的问题。本文采用 CHNS 的 2004 年、2006 年、2009 年和 2011 年四期数据研究发现，新农合显著提高农村老年人的非农劳动供给率和农业劳动供给率，表现为健康效应；但减少了非农劳动时间，表现为保障效应。新农合提高了参合老年人的农业劳动供给时间，该结果在全年农业劳动供给时间小于 672 小时的个体中特别显著，在该群体中表现为健康效应。此外研究发现，新农合对男性老年人农业劳动供给率的影响比对女性老年人的影响更加显著。

王丽珍．监管压力、资本调整与风险承担——基于寿险业联立门限回归模型的研究[J]．经济管理，2015，37（10）：106－116.

本文基于单期期权定价理论模型，构建关于资本、承保风险和投资风险调整的联立方程，并利用 2009～2013 年我国寿险公司的面板数据，研究监管门限效应的存在性，以及不同监管压力下资本调整和风险承担行为的异质性特征。本文突破了以往以监管标准值为行动门槛的研究模式，首次将考虑内生性的门限回归模型应用于我国寿险公司的研究中。研究结果表明，寿险公司的投资风险调整行为不存在门限效应，资本和承保风险调整行为存在不同于监管标准值的行动门槛 168.3% 和 534.0%。通过比较各监管压力区间的回归结果发现，监管高压区的公司既没有过度承担风险的行为，又没有及时增加资本或者减少风险的行为；监管中压区的公司能够受到监管压力的良性驱动，公司趋于采用资本维持策略抵御承保风险；监管低压区的公司能够在一定程度上意识到投资风险，它们趋于采用资本维持策略应对投资风险，而采用资本缓冲策略应对承保风险。整体而言，寿险公司的资本调整和风险承担行为尚未形成良性互动机制。

王丽珍．保险波动、宏观经济波动与区域差异——基于联立方程模型的研究[J]．宏观经济研究，2015（09）：50－57＋116.

本文拓展承保周期的研究范式，采纳"保险波动"的研究理念，基于财产险、寿险和健康与意外伤害险以及省际面板数据，构建保费和赔付率的联立方程模型，实证研究我国保险波动、宏观经济波动与区域差异问题。研究结果显示，保费波动顺经济周期、逆利率周期，赔付率波动逆经济周期、顺利率周期，制度因素在保险波动中起到了推动作用，但是不同区域所处的"波动期"和波动程度存在差异，经济增长波动对中西部地区保险业造成的波动更强。

王丽珍．中国保险业系统性风险再保险业务传染效应研究［J］．当代经济科学，2015，37（05）：1－10＋124.

本文基于我国保险数据采用矩阵法研究了不同市场结构下再保险承保业务风险的传染效应，分析了再保险风险传染导致系统性风险的可能性。研究结果表明，我国保险业通过再保险承保业务传染引发系统性风险的概率非常小。通过研究单个保险公司破产和多个保险公司同时破产所产生的传染性特征，包括业务赔付率、破产公司数目和破产轮数等指标发现，我国保险业发生系统性风险的门槛相当高，并且传染性非常弱；境内外的再保险公司，尤其是中国财产再保险股份有限公司和中国人寿再保险股份有限公司是系统性风险的潜在来源，属于系统重要性保险公司；相对于"完全分散型"市场，"相对集中型"市场下系统性风险业务传染的门槛显著提高，同时传染性也显著增强。各保险公司需要权衡应用再保险产生的内部风险分散效应与外部风险传染效应之间的关系，在境内外再保险市场适当、均衡地进行再保险。监管部门则要重视风险诱导因素发生前的预防和风险传染过程的干预，加强对再保险公司的"特殊"监管和与境外监管机构的协调合作。

肖欣荣，刘健．基于网络理论的金融传染与投资者行为研究进展［J］．经济学动态，2015（05）：139－146.

本文对近年来基于网络理论的金融传染和投资者行为的研究进行了综述和评论。在梳理信息、投资者行为与资产价格关系的基础上，概述了信息扩散、社会传染、社会学习与社会互动的最新研究进展和动态，并从不同视角分析了网络的形成机制。通过梳理发现，社交网络正在重塑人类活动方式和信息传播途径。基于网络理论的金融传染与投资者行为的研究，将推进在新的信息社会背景下对投资者认知规律、决策过程和群体行为的研究，深化对资产价格形成的认识，并有助于对投资者、监管者、市场及其相互关系的理解。

张虹．保险相对人安全防范义务研究——以《保险法》第51条第3款的解释和适用为中心［J］．法学家，2014（04）：127－135＋179.

财产保险中，保险标的安全与否，直接关系到保险合同双方的利益。我国《保险法》第51条明确规定：投保人、被保险人维护保险标的安全的义务，以及投保人、被保险人违反这一义务时保险人的救济措施。这一规定对保险人颇为有利，但不足以保障保险相对人的利益。通过对现有条款的限制性解释，引入主观过错和因果关系等要件，规定只有保险相对人因过错违反有关安全防范义务而造成损失时，保险人才可以免除责任。此外还应针对具体情况，完善有关的救济措施，以切实维护保险合同双方利益，实现实质上的公平。

陈华，孙越君. 中国寿险产品退保率的影响因素分析——基于省级面板数据的实证检验[J]. 当代经济科学，2014，36（04）：87-93+100+127.

本文利用 2001~2011 年我国各省区的宏观经济与保险数据，考察了影响寿险产品退保率的多种因素。通过固定效应面板数据模型分析，检验了"资金应急假说""市场利率假说"和"产品替换假说"，为"资金应急假说"和"市场利率假说"提供了新的证据。研究结果表明，长期利率、短期利率和利差显著地影响保单持有人的决策，利率和利差的上升会造成退保率的提高；退保率和失业率、城镇人均住房支出呈正相关关系，和城镇居民收入呈显著负相关关系，结果显示，城乡收入差距拉大对退保行为具有较大影响，阻碍了保险市场的发展；新单保险比例也对退保行为产生较大影响。此外，高龄比和金融增加比例也会影响投保人的退保行为。

张建伟，韩青. 发展住房反向抵押养老保险的宏观策略分析[J]. 城市发展研究，2014，21（06）：73-79.

"住房反向抵押贷款"在发达国家作为一种金融创新产品，已成为多层次养老保障体系的重要组成部分。我国引入"以房养老"的理念已多年，一些市场机构积极尝试开办具体业务，在舆论引导、经验积累方面奠定了一定基础。当前，我国老龄化快速发展，城市家庭住房拥有率较高，针对一些存在现实需求的家庭开展"老年人住房反向抵押养老保险"试点，已经具备基本条件，当然，也面临传统养老观念、产权期限、房价波动和配套机构缺位等障碍因素，我们主张，应由政府主导，创造规范、有序的外部环境，鼓励市场联动，开发契合中国国情的"以房养老"产品，促进老年人生活质量的提升。

郝佳. 利益导向、最优选择与现阶段农村养老保险的机制设计[J]. 改革，2014（02）：67-78.

基于参保人理性选择的视角，对现行新农保制度的利益导向机制进行的研究表明，现行制度下参保人的最优选择是低档次缴费、最低年限缴费（仅15年）和延期参保。尽管新农保的设计初衷是照顾缴费能力弱的低收入群体，但没有保护缴费能力较强群体的合理利益，挫伤了其选择高档次缴费的积极性，导致新农保陷入最低档次参保困境。此外，现行制度也没有鼓励参保人长期缴费的内在激励。对新农保制度的利益导向机制进行再设计的思路是：实行多缴多补的激励机制，鼓励参保人选择高档次缴费；构建长缴多得的待遇计发办法，激励参保人长期缴费；建立个人缴费、政府补贴以及基础养老金的动态调整机制，提高养老金替代率水平；针对延期参保行为建立保费补缴机制，防止不当得利。

杨再贵，许燕，何琴. 城乡居民基本养老保险的精算模型及应用［J］. 中央财经大学学报，2019（02）：31－42.

根据《国务院关于建立统一的城乡居民基本养老保险制度的意见》，政府承担城乡居民基本养老保险的基础养老金、对个人缴费的补贴和超过计发月数的个人账户养老金。笔者分别对这三部分建立符合文件规定的精算模型，测算城居保与新农保合并当年城乡居民基本养老保险的财政负担。敏感性分析发现：财政负担与基础养老金及其增长率、个人缴费、地方政府补贴及其增长率、个人账户记账利率同向变化，与投资收益率和个人账户养老金计发月数反向变化。为提高参保人缴费档次、在财政负担可控的情况下尽量提高养老金待遇，可采取以下措施：提高地方政府对个人缴费补贴及其增长率，提高个人账户记账利率和基金投资收益率，增加个人账户养老金计发月数，调整财政支出结构。

伍慧玲，董洪斌. 带有通胀风险的退休后期最优投资管理［J］. 系统工程理论与实践，2018，38（08）：1930－1945.

考虑通货膨胀的影响，研究了一个确定缴费养老计划退休后期最优投资决策问题。自退休时刻开始，退休者定期从账户里抽取一定的金额维持日常支出，然后将剩余的财富投资于一个无风险资产、一个股票指数和一个通胀指数债券，直到强制购买年金的时刻。为保障退休后的正常生活，退休者在每个时刻设定投资的目标值，采取二次效用函数衡量投资财富水平和目标值的差距，并选择最优的投资策略以最小化平均累计差距。运用动态规划和随机控制方法，得到了没有上方惩罚的目标值、最优投资策略、最优值函数、破产概率以及终端财富与目标值差距的分布函数等指标的显式表达式。运用数学分析和数值分析手段，得到了每个时刻目标值的性质，分析了终端目标值和消费金额对破产概率的影响，研究了物价指数的瞬间变化率和波动率对财富值与目标值的差距、各时刻财富均值以及破产概率的影响。

张宁. 基于扩维的卷积网络及脉象识别应用 [J]. 计算机科学，2018，45（S1）：506 – 507 + 535.

针对时间尺度变化特征差异较大的非图像多元时间序列，提出了一种卷积神经网络的扩维预处理方法。该方法应用样本统计特征和希尔伯特—黄变换来扩展维度，并加快网络的训练。文中将其用于生理数据分析并进行脉象分类。结果表明，进行扩维能够较大幅度地改善随机梯度算法的效率，同时该卷积网络方法能够较好地捕捉生理信号和脉象的特征关系。

杨再贵. 现阶段背景下企业职工基本养老保险最优缴费率与最优记账利率研究 [J]. 华中师范大学学报（人文社会科学版），2018，57（01）：55 – 64.

本文用 OLG 模型分析企业职工基本养老保险。正视记账利率低于市场利率的实际，考察缴费率和记账利率对资本劳动比、人均消费和养老金待遇的影响。通过控制政策变量将资本劳动比调整到修正黄金律水平，求解最优的政策变量组合。考察人口增长率对最优记账利率的影响，估计老年人口抚养比高峰期的最优记账利率和缴费率并寻求其实现途径。提高记账利率和个人缴费率、降低企业缴费率能增加消费、资本积累和养老金待遇。若能实现最优记账利率高于五年期银行存款利率，则不仅能降低最优个人缴费率，而且能显著降低最优企业缴费率。

郑苏晋，廖朴. 中国城镇企业职工基本养老保险基金的精算建模 [J]. 系统工程理论与实践，2017，37（09）：2222 – 2230.

基本养老保险制度是中国养老保险体系最重要的支柱。本文以城镇企业职工基本养老保险制度为例，建立基本养老保险基金收支的精算模型，与已有社会保障基金的测算模型相比，本文模型假设缴费状态和退休时间均为随机变量，根据基本精算原理刻画制度规定的所有现金流，以 2005 ~ 2008 年北京市城镇职工基本养老保险数据为例，测算结果表明，本文模型的预测结果与实际吻合。本文模型全面、客观地刻画了中国基本养老保险制度，可作为基本养老保险基金未来收支测算的规范精算模型。

杨再贵，许鼎. 机关事业单位统筹账户养老金的财政负担 [J]. 武汉大学学报（哲学社会科学版），2017，70（05）：52 – 65.

统筹账户是机关事业单位基本养老保险的主要部分。为养老金合理衔接，《人力资源社会保障部、财政部关于贯彻落实〈国务院关于机关事业单位工作人员养老保险制度改革的决定〉的通知》规定了 10 年过渡期，使这期间退休者的统筹账户养老金的计算相对特殊而复杂。本文根据各年龄参保人群适用的养老金计发办法，分别对财政全额供款单位和差额供款单位参保人建立精算模型。测算 2015 年初机关事业单位基本养老保险统筹账户养老金的财政负担，并对影响因素进行敏感性分析，据此提出完善该养老保险制度、减轻财政负担的政策建议。

周桦，张娟·偿付能力监管制度改革与保险公司成本效率——基于中国财险市场的经验数据〔J〕.金融研究，2017（04）：128 – 142.

中国第二代以风险为导向的偿付能力监管体系从 2015 年一季度起在保险市场试运行。本文比较研究了偿二代实施前后保险行业成本效率的变化。以 2013～2015 年中国财险公司数据为样本，利用带有中间产出的成本函数模型，将金融中介活动和风险管理活动看作财险公司的中间产出，评估了财险公司的成本效率。通过对"偿一代"与"偿二代"下效率分数和影子价格的比较，本文得出三个结论：首先，金融中介活动在偿一代和偿二代下都被过度利用，但是在偿二代下过度程度有所减少；其次，偿二代下财险公司的风险管理活动显著增加，其中小型财险公司增加最多，且其仍有最大的提升空间；最后，偿一代与偿二代下财险公司的整体平均效率改变很小，小型和大型财险公司的效率有所提升，但中型财险公司的效率有所下降。本文的结果说明在偿二代下，财险公司应抑制部分金融中介活动，加强风险管理体系建设，以求经营效率的提升。

林光彬·重新理解市场与政府在资源配置中的作用——市场与政府到底是什么关系〔J〕.教学与研究，2017（03）：12 – 21.

本文认为，市场不会配置资源，市场只是商品交易的平台，是聚集、发布交易信息的平台，并且是事后呈现的结果，即市场平台观；市场上交易或行为的主体是组织和个人，即政府、企业、家庭和个人，是这些主体在配置资源；政府是市场的有机组成部分，是市场和市场经济的最大行为主体，也是市场和市场经济的奠基者、设计者、规划者、建设者和维护者，同时也是设租者，甚至制造不良的制度和政策会加剧市场的波动，这个可以从国内市场和国际市场的演进中清晰地看出来；由于市场中的组织和个人在资源配置中行为的短期化、机会主义和自利行为的全局性后果，政府、企业、家庭、个人这四类市场行为主体都需要国家和社会通过法律等强制力与伦理道德来约束。

张宁．深度学习改变保险精算定价模式［J］．计算机科学，2017，44（03）：1－2＋9．

介绍了一种基于生理年龄的精算定价新方式，该方式基于手背纹理照片，利用深度学习技术获得可靠的生理年龄评价结果，从而将其应用于保险上以获得更能反映投保人风险的定价。该技术和框架是深度学习在保险公司应用上的尝试，变革了数百年来保险公司基于日历年龄定价的传统模式。

林光彬．中华文化是中国政治经济学的源头活水［N］．光明日报，2017－01－10（11）．

政治经济学是一门历史科学。中国传统文化、思想、学术资源尤其是经世济民、经国济世等富民富国思想，是构建中国特色、中国风格、中国气派政治经济学的学术底色；中国政治经济学的古代成就值得深入挖掘。16世纪以前，中国的经济总量名列世界前茅，是名副其实的经济和科技强国。与此对应，中国政治经济学的发展也至少出现了两次高潮，成为引领世界经济学发展的策源地。

廖朴，郑苏晋．环境、寿命与经济发展：最优环境税研究——基于中国数据的模拟运算［J］．管理评论，2016，28（10）：39－49．

中国面临环境保护与经济发展双重压力，兼顾环境保护与经济发展的环境政策研究具有重要意义。通过在内生死亡率交叠世代模型中引入环境与寿命的关系，本文建立了考虑环境与寿命关系的内生经济增长模型，得到了环境税制度下经济动态路径，讨论了最优环境税问题。运用中国数据的数值分析展示了使稳态下社会总产出水平最大的最优环境税。本文的贡献是在环境税的研究中引入了环境与寿命的关系，并得到了使稳态下社会总产出水平最大的最优环境税。

杨再贵，石晨曦．企业职工个人账户养老金的财政负担与替代率［J］．财政研究，2016（07）：80－91．

本文基于养老金测算的平行四边形框架，对我国企业职工基本养老保险不同年龄参保人群用未来法建立个人账户养老金财政负担及替代率的精算模型。通过养老金与缴费工资间的关系、人口的年龄性别分布情况估计工龄工资增长率，依据基准精算假设，测算了2015年初个人账户养老金的财政负担及其占参保人员缴费负担的个人账户养老金的比例。测得个人账户养老金替代率低于目标替代率，且存在性别差异。各因素对个人账户养老金财政负担的影响由强到弱依次为退休年龄、缴费率、计发月数、工资增长率、记账利率；退休年龄性别差异使各因素对个人账户养老金替代率的影响不尽相同。根据上述结果提出有利于减轻财政负担和提高养老金替代率的政策建议。

杨再贵，石晨曦．中国城镇企业职工统筹账户养老金的财政负担［J］．经济科学，2016（02）：42－52.

本文基于养老金测算的平行四边形框架，对我国企业职工基本养老保险不同年龄参保人群用未来法建立统筹账户养老金的精算模型。通过养老金与缴费工资间的关系、人口的年龄性别分布情况估计工龄工资增长率及同年度养老金随年龄增长率，依据基准精算假设，测算2015年初企业职工统筹账户养老金财政负担。敏感性分析显示，各因素对该财政负担的影响由强到弱依次为退休年龄、工资增长率、缴费率、利率等。据此提出减轻财政负担的政策措施。

范庆泉，周县华．市场化进程中的税制结构变迁［J］．数量经济技术经济研究，2016，33（04）：21－39.

本文研究了在市场化进程的不同阶段税制结构与经济增长和福利改善之间的关系。理论研究表明，以商品税为主的税制结构促进了鞍点路径上的经济增长和福利改善，并加速了市场化进程。随着市场化进程的不断推进，当前税制结构对于经济增长和福利改善的正向影响程度逐渐降低，而商品税税率的适度下调可以实现鞍点路径上福利水平最大化。与之相对，商品税占比过高或过低的税制结构，都会出现福利水平的相对损失。实证结果也显示，我国现行税制结构中生产性间接税可以促进经济增长和社会福利的改善，并且市场化程度对这一影响具有显著的调节效应。因此，随着中国经济发展进入"新常态"，政府应进一步简政放权，减少对市场的直接干预，适度调整税制结构，降低间接税比重，实现经济持续增长和福利不断改善。

伍慧玲，董洪斌．带有通胀风险和随机收入的确定缴费养老计划［J］．系统工程理论与实践，2016，36（03）：545－558.

在离散时间框架下研究了一个多期均值—方差确定缴费养老基金管理问题，综合考虑了金融资产价格、通货膨胀和随机收入这三种决策风险，且假设养老计划参与者的随机收入会受到通货膨胀的影响，分析了最优策略的存在性，运用拉格朗日对偶原理和动态规划方法，得到了最优投资策略和有效前沿的显式解，最后运用数值分析方法，分析了通货膨胀和随机收入对投资策略、终端真实财富均值和有效前沿的影响。我们的研究表明，通货膨胀和随机收入会对相关结果产生本质的影响。

郑敏，郑苏晋. 在 Kalman – Bucy 滤波学习过程下的投资者生存能力分析 [J]. 中国管理科学，2016，24（01）：38 – 46.

本文在投资者非完全理性框架下，基于 Kalman – Bucy 滤波学习过程给出了投资者理性和自信程度的定义，并基于此，分析了不同投资者在市场中的生存和影响能力，并为实际市场中多类投资者共存的现象从学习过程的角度给予解释。研究结果表明，投资者在市场中的生存能力受其在学习过程中的理性和自信程度的双重影响。理性和自信程度都较高的投资者对市场把握较好，较容易在市场中生存，并对市场具有较大的影响。如果理性程度较高的投资者不自信，而理性程度不高的投资者自信度较高，那么在这种情况下没有哪类投资者对市场的把握相对准确，也就是说，没有哪类投资者能将其他投资者逐出市场，即多类投资者共存于市场中。

潘文卿，范庆泉，周县华. 消费性财政支出效率与最优支出规模：基于经济增长的视角 [J]. 统计研究，2015，32（11）：18 – 25.

本文构建了一个包含两种政府财政支出类型的内生增长模型，并重点分析了经济增长目标下最优的消费性支出规模。理论研究表明，政府进行适度的消费性财政支出可以发挥公共消费品的外部性功能，优化资源配置，促进经济增长；不足或过度的消费性财政支出都将会阻碍经济增长目标的实现。数值分析表明，消费性财政支出与经济增长之间存在着倒"U"型关系。实证研究显示：2000 ~ 2006 年，中国三大经济地带政府消费性财政支出对于经济增长呈现显著的促进作用；但在 2009 ~ 2012 年，政府消费性财政支出已接近最优支出水平，其对经济增长的促进作用有所减弱，西部地区尤其如此。本文得出如下政策启示：政府消费性财政支出存在着一个最优的支出规模，它与不同时期的经济发展状态密切相关，应依据经济发展状况优化调整消费性财政支出，以尽可能促进经济的最优增长。

郑苏晋，王丽珍，林媛真. 主动资本调整还是被动监管约束？——寿险公司实际资本与最低资本影响因素的研究 [J]. 管理评论，2015，27（09）：59 – 68.

本文采用 2009 ~ 2013 年 46 家寿险公司的年度"公开信息披露"数据对实际资本与最低资本的影响因素及其相互作用机制进行了实证分析。研究结果显示，实际资本能够较好地反映承保风险，但不能反映投资风险；最低资本没有对实际资本产生及时有效的约束，但是 150% 的偿付能力充足率临界值却对实际资本产生了较好的约束。这表明，寿险公司尚不能够"主动"改善资本结构，而是"被动"地维持偿付能力监管标准，保险公司的资本管理能力和风险应对能力均有待提高。就监管而言，针对不同的公司类型设立弹性的偿付能力充足率标准，引导寿险公司以风险为导向进行资本管理，也有待在"偿二代"监管体系中逐渐确立和完善。

范庆泉，周县华，刘净然. 碳强度的双重红利：环境质量改善与经济持续增长［J］. 中国人口·资源与环境，2015，25（06）：62–71.

本文构建了一个由代表性家庭、政府和八个不同行业组成的一般均衡模型，同时在模型中嵌入了碳强度、碳交易两种不同的环境政策工具，并基于2007年我国投入产出表数据进行校准。本文通过数值分析指出我国约束全行业的碳减排政策对福利损失的边际影响最小，约束重点行业的碳减排政策对实际 GDP 的影响存在倒"U"型关系，在碳强度目标约束不高于 17% 时，碳强度政策对社会福利的损失影响要低于碳交易政策；在碳强度目标约束不高于21% 时，约束重点行业的碳减排政策对实际 GDP 的边际损失影响要低于约束全行业的政策。我国的碳减排政策在当前碳强度约束目标下实现了环境质量改善和经济持续增长的双重红利，该结论支持了环境 Porter 假说。双重红利产生的原因是碳减排政策使得资源要素使用成本上升，进而提高了劳动等低碳要素需求，使得行业之间生产要素重新配置，在一定情况下实现了经济增长和环境改善。进一步，本文给出了环境规制政策的设计方案，根据边际减排相等以实现总减排成本最小化的原理，给出了约束全行业减排的环境政策下各行业碳强度的任务分解，通过模拟计算各行业的边际减排成本，可以为政府根据行业维度制定更为科学、合理的减排方案提供理论和实践支持。此外，本文还估计了产业需求变动、行业最终消费结构变动、行业全要素生产率变动、行业需求中间投入品替代弹性技术变动等各种经济发展方式的变化对碳排放量和碳强度的边际影响，深入分析和理解经济发展方式与碳强度变化之间的内在联系，有利于识别经济系统中相互关联的各种因素如何对碳强度的政策目标产生影响。本文的研究指出我国应大力提高各项中间投入品的单位碳排放节能技术水平，这是降低碳排放强度最直接的、最有力的政策措施。政府应进一步加大投入，通过引进、消化和吸收国际先进技术、国际合作开发和自主创新等方式，鼓励企业使用清洁能源，提高工业废气、尾气的处理技术水平，鼓励低碳部门的技术研发，鼓励企业提高资本、劳动的生产技术水平，提高中间投入品的使用效率，这些对于实现我国总体的减排目标具有十分重要的意义。

范庆泉，周县华，潘文卿．从生产性财政支出效率看规模优化：基于经济增长的视角［J］．南开经济研究，2015（05）：24 – 39.

本文构建了一个包含政府财政消费性支出和生产性支出的内生增长模型。为刻画政府提供的公共物品的非完全竞争特征，在效用函数和生产函数中分别加入了消费品拥挤因子和生产品拥挤因子，推导了经济增长目标下最优的财政生产性支出规模，并通过数值分析得出财政的生产性支出与经济增长之间存在倒"U"型关系。此外，分时段的实证研究结果表明：2000 ~ 2006 年，政府财政的生产性支出对于经济增长有促进作用，但是在 2009 ~ 2012 年继续增加政府财政的生产性支出对于经济增长却有抑制作用。尤其在东部地区，政府财政支出对于私人投资的挤出效应更为明显，其抑制了该地区经济增长。本文的结论指出政府财政支出一方面要加快从竞争性领域退出，逐渐加大对非竞争性与非营利性的公共消费性服务品的支出力度，另一方面也要加大对于拥挤程度较低或者具有完全非竞争性领域的财政支出力度，以保持经济的平稳增长。

周桦，陈旭毅．新会计准则、会计错配与利润波动——基于寿险公司资产、负债计量方式影响利润波动的分析［J］．金融研究，2014（12）：178 – 193.

本文在随机利率假设框架下，分析公允价值计量体系的引入对保险公司传统寿险业务利润波动的影响。根据我国保险会计改革的实际情况，本文细分了三种情况进行讨论：资产负债均为历史成本法计量；资产以公允价值方法计量，负债以历史成本法计量；资产负债均为公允价值计量。我们发现：第一种情况下利润释放无波动；第二种情况存在资产负债计量的会计错配，各年会计利润波动最大；最后一种情况的会计利润波动介于前两者之间，且真实反映了寿险公司经营结果。此外，本文还讨论了被保险人参保年龄及缴费期限的选择对利润波动的影响，随着参保年龄与缴费期限的增大，会计利润释放的波动性逐渐减小。

曾燕，李仲飞，朱书尚，伍慧玲．基于 CRRA 效用准则的资产负债管理［J］．中国管理科学，2014，22（10）：1 – 8.

本文在连续时间不完备市场框架下，考虑了投资者终端时刻资产负债比率的期望效用最大化问题。假设金融市场由 1 个无风险资产与多个风险资产构成，其中风险资产的价格过程由几何布朗运动刻画；投资者在整个投资时间水平内面临一个由几何布朗运动刻画的外生负债。利用随机动态规划方法，给出了相应的 HJB 方程与验证定理，并得到了最优投资策略与最优值函数的解析表达式。进一步，通过敏感性分析与数值算例发现：（1）外生负债的预期增长率与当前时刻的资产负债比率对最优投资策略没有影响；（2）在不考虑外生负债时，在最优策略下，投资到风险资产上的资金比例随着风险资产波动率或相对风险厌恶系数的增大而减小，而在考虑外生负债时，并非如此，只有满足一定条件时最优投资策略才是风险资产波动率或相对风险厌恶系数的减函数；（3）不考虑外生负债时，最优值函数是投资时间水平与风险资产预期收益率的增函数，风险资产波动率的减函数，但在考虑外生负债时该结论只在各参数满足一定关系时才成立，否则结论相反。

高洪忠，李坤．考虑时间因素的退保率指标及应用［J］．数理统计与管理，2015，34（01）：142－149．

本文对目前广泛使用的两个退保率指标进行了分析，指出了其计算公式存在的问题，特别是没有考虑时间因素。本文以数理推导为依据，提出了一个考虑时间因素的新退保率——G 退保率，并在合理假设下，给出了年 G 退保率和月 G 退保率的计算公式，并指出了各月份的 G 退保率不具有可比性。最后结合一个示例，就各个退保率与 G 退保率的差异进行了分析，并给出了建议。

姚海祥，伍慧玲，曾燕．不确定终止时间和通货膨胀影响下风险资产的最优投资策略［J］．系统工程理论与实践，2014，34（05）：1089－1099．

本文基于连续时间均值—方差框架，研究了通货膨胀影响下投资终止时间不确定的最优投资组合选择问题，与以往大多数文献不同，本文所考虑的金融市场仅存在风险资产。首先，构建了含通货膨胀及终止时间不确定因素的风险资产均值—方差投资组合选择模型。其次，利用随机动态规划方法和 Lagrange 对偶原理得到了有效投资策略及有效边界的解析表达式，并进一步讨论了本文模型的几种特殊情形。最后，通过数值算例对本文所得结论进行阐述。

第三节　学院近十年国家级课题立项情况

保险学院近年来承担了一批国家级自然科学基金、社会科学基金的研究任务，为我国保险、精算、社会保障的学术发展做出了重要贡献。

一、国家自然科学基金课题

（一）基于随机分析的利率衍生产品定价和对冲技术的研究

课题负责人：韦晓，立项时间：2009 年 1 月

本项研究运用 Wiener 空间和 Levy 空间的 Malliavin 分析，Gisanov 定理等随机分析技术研究几个不同的利率模型：LIBOR 市场模型、带跳扩散的 LIBOR 市场模型，我们将运用市场数据界定这些模型的未知参数，并且分别在这些模型下，研究利率上限、利率掉期期权奇异利率期权等利率衍生产品的定价与对冲问题。同时，我们将借鉴关于 LIBOR 市场模型的定价和对冲决策方法，建立关于我国的 SHIBOR 市场模型，并对相关的衍生产品进行定价和对冲策略的研究。

（二）含随机波动率的保险风险模型研究及其在金融中的应用

课题负责人：池义春，立项时间：2010 年 8 月

保险公司是金融市场的重要参与者，而金融市场投资收益常常呈现尖峰厚尾的特征。因此，研究投资收益波动率的随机性对保险公司经营的影响有重要的理论价值。这个项目主要是从以下两个方面展开研究。

第一，风险理论研究。过去风险理论研究总假设保险公司盈余过程的波动率是一个固定的常数。为了体现保险投资收益的尖峰厚尾和随机波动率的特征，本项目考虑对传统的盈余过程进行修正。一方面，直接用金融研究中的随机波动率建模并借助奇异扰动理论给出 Gerber – Shiu 期望损失函数的显示表达式；另一方面，借助 Kou 模型讨论带双边跳跃的盈余过程的破产问题。借助于 Levy 过程的一些结论，得到期望损失函数的显示表达式。

第二，变额年金的定价和对冲研究。变额年金产品与基金产品非常类似，不同之处在于保险公司给予年金持有人提供不同的保障。如何计算死亡和成本费用以及对这些保障进行风险管理是保险公司非常关注的问题。我们研究波动率变化对变额年金产品的定价有重要的影响。具体来说，我们分析保险公司应收取更高的死亡和成本费用与波动率变化之间的关系。

（三）互异信念和信息下的投资组合与资产定价问题

课题负责人：郑敏，立项时间：2011 年 8 月

投资者作为金融市场的主体，其投资决策受市场价格的影响，但其反过来又影响着市场价格。而投资者由于受信息、能力等限制，不能完全理性地进行投资决策，这使得投资者之间的决策行为具有一定的异质性。本项目在已有的投资者信念异质性的基础上，加入信息异质性。进而对实际市场的运行给予更切合实际的描述，对金融市场中的异常现象给予更全面的解释。

首先，本项目在攀比效应下分析了投资者的不同信念对其最优财富的影响，发现投资者的异质信念和相对风险厌恶系数可以引发市场超额波动甚至股票溢价的发生，进而对金融市场中相应的异常现象给予了一定的解释。其次，本项目研究了投资者的个性特征（包括投资者对未来的个性预期以及所持有的个性信息等）对其自身生存状态和市场的影响，并在 Kalman – Bucy 滤波下考虑投资者利用不同的信息更新自己的信念，分析了市场波动与投资者的平均预期和自信程度之间的关系。最后，本项目还将异质信念和异质信息的思想应用到证券化产品以及房地产价格等领域，收到良好的效果，解释了证券化产品的发行溢价以及房地产市场泡沫等金融市场的典型特征。本项目的研究结果发表在《管理科学学报》《中国管理科学》、*Economic Modelling*、*Discrete Dynamics in Nature and Society* 等学术期刊上。

（四）外资股东主导下的股利分配行为：降低代理成本还是寻找提款机

课题负责人：周县华，立项时间：2011 年 9 月

本课题研究内容在计划书中设定了三个方面。第一，现金股利是否会真的吸引外资股东？第二，外资股东是否促使公司发放了比以前和行业更高的现金股利？第三，在我们证实外资股东真的对现金股利有更高诉求的情况下，那么这种诉求背后的原因是什么？是出于降低代理成本的需要？还是将上市公司当成自己的"提款机"？

外资会如何影响中国的资本市场？中国将建成一个相对保守的资本市场体制，还是一个被各种外资力量嵌入的资本市场？还需我们仔细思考。本课题为我们更加清楚地认识外资提供一些经验证据。一个不可否认的事实是，基于历史和政策背景的改革开放已经将外资视为促进中国经济增长的重要动力。但是

本课题的研究表明，外国投资者是名副其实的现金追逐者。如果我们不能够消除外资的这种"先天的缺陷"，那么如何对其引导和规范将成为一个难题。随着中国经济的高速发展和资本市场的持续扩大，对外资在中国经济转型过程中将如何加以引导并促进其在中国资本市场的和谐发展将成为一个值得深入研究和探讨的课题。

本课题考察了外资股东是出于怎样的动机，要求更高现金股利分配以及这种所导致的后果。考虑到外资持股的自相关性和现金股利影响因素的多样性，本课题采用了动态面板模型、动态 Probit 面板模型。另外，为了解决外资持股和现金股利分配政策之间的内生性问题，以及动态 Probit 面板模型估计中的信息丢失问题，我们还分别使用了 GMM－SYS 估计和 MSL 估计的计量方法。我们发现，外资对现金股利的"追逐"会产生双刃剑的结果。一方面，对于几乎没有成长机会的公司，外资股东要求分配现金股利可能会解决投资过度问题；另一方面，对于那些拥有较好成长机会的公司，外资股东要求多分配现金股利会引起投资不足问题的加剧，从而牺牲了这些公司的发展机会，在客观上对公司其他利益相关者实施了利益侵占。

本课题研究了外资股东对现金利诉求及其动机。实证中我们考虑到变量自调整粘性加入因滞后项作为解释构造态面板模型同时连续支付率估计由于存样截取采用 Heckman 两步法进行结果表明，显著地影响上市公司分配倾向和力度还具有一定替代"搭便车"外资股东超额股利支付行为对公司未来业绩的影响，结果发现，实施超额股利支付的外资股东并没有给公司带来业绩的提升，相反，其高额股利诉求很可能挤占了公司正常投资，进而对公司未来的业绩产生了不利影响。

（五）基于多种保费准则的最优风险控制

课题负责人：孟辉，立项时间：2012 年 8 月

由于期望值保费准则具有数学处理方便的特点，在风险理论中得到人们的广泛采用。但它有一个欠缺，就是没有充分考虑理赔损失的波动性。本项目基于我们在金融保险、随机最优控制理论基础及长期的研究积累，致力于方差保费准则、指数保费准则等多种保费准则下的最优控制问题研究。通过构建合适的数学模型，对相依风险模型、非线性模型、有注资模型、马尔科夫体制转换模型等进行详细刻画；在最大分红、最小破产、最大均值—方差、最小凸风险

测度等不同目标函数下，利用测度变换、动态规划、最大值原理、存储理论、倒向随机微分方程等多种技术手段，分析求解最优策略与值函数的解析表达；进一步，探索了理论结果与保险实务之间的有关联系。

（六）在不确定性、通胀和风险限制下的最优决策

课题负责人：刘敬真，立项时间：2013 年 7 月

本项目从风险监管角度出发，研究了各种风险限制下的最优策略，并且在随机控制方法上做了很多贡献。其中研究内容的主要贡献在于：（1）把通货膨胀因素和不完全信息引入到传统的均值方差理论；（2）引入模型风险（Knightian 不确定性）后考虑了最优再保险—分红策略，包括带交易费用后和不含交易费用（期望方差准则和均值方差准则）三种情况；（3）考虑了动态风险限制对投资和再保险策略的影响；（4）考虑了时间不确定性风险下的最优消费和保险策略。方法和理论上的贡献：（1）用格林函数去研究 QVI 的性质并去构造 QVI 的解；（2）对于带有分红问题产生的 QVI 同时带有博弈时，我们给出了这类方程的验证定理和黏性解理论，丰富了随机微分博弈的内容；（3）从 BSDE 的角度去研究了一类随机微分博弈的极大值原则；（4）通过对随机分析和控制理论的灵活运用找到了一类把随机控制的问题简化为等价的确定性控制问题的方法，使得问题简化，不仅使得已存在的很多工作都可以简化，对于带有策略限制的问题行之有效。

（七）基于体制转移和决策行为因素不确定的金融保险最优决策研究

课题负责人：伍慧玲，立项时间：2014 年 1 月

对于带体制转移的决策模型，过去绝大多数的研究仅限于假设资产收益受到外部市场环境的影响。将市场状态的影响从资产收益拓广到决策行为因素已成为最新的研究趋势。本项目顺应最新的研究潮流，将体制的影响从经典的资产收益拓广到两大决策行为因素：风险厌恶系数和贴现率，并重点研究下面的创新模型：（1）风险厌恶系数动态依赖于体制的单期幂效用投资模型和连续时间资产—债务管理模型，求解它们的全局最优策略；（2）贴现率动态依赖于体制的多期投资—消费模型、连续时间个人投资—消费—保险模型和连续时间保险公司投资—再保险模型，求解它们的纳什均衡策略。本项目利用动态规划、随机控制和数值迭代法，深入研究上述模型，推导最优决策的表达式，通

过理论分析或数值算例，挖掘体制依赖的风险厌恶系数和贴现率对策略和值函数的影响，旨在为其他相关研究提供研究经验，也为个人或公司提供决策参考。

（八）国家自然科学基金课题：最优再保险理论研究及其在金融中的应用

课题负责人：池义春，立项时间：2014年8月

再保险是保险公司进行风险转移的重要方式。研究最优再保险合同设计一直是保险经济学研究的核心问题之一，相关研究一直得到保险学界和业界的广泛关注。本项目在前人研究的基础上，结合当前的保险监管制度，为保险公司设计最佳的再保险方案。重点从以下四个方面开展研究。

第一，再保险实务定价机制下的最优再保险合同选择。再保险实务定价机制与以往理论研究采用保费准则计算再保险保费的方法存在很大区别。例如，再保险合同常设有回溯条款，即要求再保险保费与最终的再保险赔付相关。这一条款使得再保险保费在合同签订时仍是未知的。此外，再保险合同定价往往不仅依赖于承保风险，而且还与再保险公司所面临的市场竞争环境和已承保风险相关。研究这些实务定价方法下的再保险合同选择使得理论研究更加贴近保险实务。

第二，面临多种风险的保险公司的风险转移策略研究。保险公司往往经营多种业务。除了保险风险，它们还面临投资风险、信用风险等多种风险。我们从企业风险管理角度探讨保险公司的风险转移方案，特别关注风险之间的相依性对保险公司的再保险合同选择的影响。

第三，最优再保险合同形式的鲁棒性研究。最优再保险合同常受到保费准则和保险公司偏好等诸多因素的影响，因而再保险合同选择也依赖于这些因素。研究最优再保险合同形式对这些因素的鲁棒性不仅有重要的理论价值，对保险公司开展相关业务也有一定的参考价值。

第四，异质信念下保险公司的超赔合同选择的最优性。根据阿罗定理，只要再保险保费计算采用期望保费准则，那么超赔再保险合同（stop-loss reinsurance）是所有风险厌恶的保险公司的最佳选择。值得注意的是阿罗的研究结果是基于合同双方对损失分布看法一致的基础上。然而，再保险合同的双方由于信息不对称而看法往往存在分歧。因而，研究异质信念下再保险合同选择问题是本项目的重点之一。

（九）保险市场系统性风险识别、度量和评估研究：理论模型与实证检验

课题负责人：王丽珍，立项时间：2014 年 9 月

在后危机时代保险业职能深化、市场化改革和金融市场环境错综复杂的背景下，防范和化解保险市场的系统性风险尤为重要。本项目以风险的传导机制为研究切入点，以传播渠道为逻辑线索，分别从承保业务传播、保险消费者信心传播、跨境传播和跨行业传播四个视角识别、度量和评估系统性风险。主要研究内容包括：构建门限回归模型和联立方程模型，识别微观个体风险调整的影响因素及其与资本调整之间的关系；建立基于承保业务传播的系统性风险理论模型，通过模拟单一公司破产和多个公司同时破产，分析不同风险偏好和风险组合冲击下再保险承保业务风险的传染效应，分析了再保险风险传染导致系统性风险的可能性，得到系统重要性和系统脆弱性保险机构；研究投保人行为与保险公司系统性风险传染之间的关系，并对不同危机下投保人行为导致的风险传染效应进行数值模拟和敏感性分析；借鉴 IAIS 对于全球系统重要性保险机构的评估方法，研究一般市场与极端市场下全球系统重要性保险机构间的系统关联性；构建格兰杰因果关联模型建立保险市场系统性风险跨行业传播实证模型，研究保险机构与其他金融机构的系统关联性，以及在关联度、复杂度和规模指标下的系统重要性；设计系统性风险监管框架，提出系统性风险防范和监管政策建议。本项目累计在《中国软科学》《经济管理》《管理评论》等期刊发表论文十余篇。

（十）保险模型中考虑交易成本及偿付能力限制的最优控制策略研究

课题负责人：周明，立项时间：2015 年 6 月

在以往的研究中，交易成本和偿付能力的约束往往被忽略，但它们是现实中的两个重要因素，其存在也给最优控制问题的求解带来了本质的难度。本项目在模型中引入线性、非线性以及凹函数的交易成本和偿付能力约束条件，在各种风险模型下对投资、分红、注资、再保等控制策略进行研究。（1）在模型上，我们考虑非线性扩散模型、双边跳扩散模型和具有马氏环境的风险模型，研究不同类型交易成本和偿付能力限制对最优策略和价值函数的影响；（2）在理论中，我们用脉冲、最优停止理论和对偶理论处理有交易成本和状态限制的优化问题；（3）在方法上，我们将采用动态规划准则、最大值原理、

凸对偶、黏性解、倒向随机微分方程等技术。该项目将深度挖掘随机控制技术，致力于将交易成本和偿付能力限制的影响转变为与 HJB 方程相关的条件，从而求得最优策略与价值函数。这使得我们的研究工作有很大学术价值，不仅能丰富随机控制的应用成果，还能为行业提供有价值的参考。

（十一）自适应学习与全局博弈下的资产定价——基于异质交易者模型的研究

课题负责人：郑敏，立项时间：2015 年 6 月

近二十年来，异质交易者模型被广泛用于解释金融市场的异象，收到了一定的效果。然而已有研究往往假设交易者精确地知道其预测模型中的参数，并假设这些参数固定不变；另外，这些研究虽然考虑了交易者之间的相互作用，但主要是通过其策略之间的相对绩效来刻画。本项目考虑交易者的学习特征，将自适应学习引入到交易者的预测模型中，使得交易者根据历史信息更新其预测模型中的参数，并且考虑交易者信息的不完备性，将全局博弈引入到交易者之间的互动关系中，进而在异质交易者模型框架下研究它们对资产价格的影响。利用动力系统理论，本项目不但分析系统的均衡状态，而且研究系统到达某一均衡态的动态路径，进而对金融市场的演化过程给予更全面的描述。在此基础上，本项目利用实证数据对金融市场异象进行解释。此方面的研究有助于我们发现新的资产定价规律，完善资产定价理论，使交易者和市场监督者对实际市场的运行有更深刻的认识。本项目的研究结果发表在 *Journal of Economic Dynamics and Control*、*Journal of Empirical Finance*、*International Review of Financial Analysis*、*Economic Modelling*、*Finance Research Letters*、《管理评论》等学术期刊上。

（十二）你担心丢脸吗？一个对社会映像的实验研究

课题负责人：毛磊，立项时间：2016 年 9 月

社会映像（social image）是指其他人如何看待一个人的行为，将社会映像纳入微观经济学模型是最近十年行为经济学的一个新进展。而映像激励发挥作用则依赖于人们的行为与表现以及这种行为和表现是否被其他人所见。本课题研究内容包括以下几个方面：（1）精确测量人们愿意放弃多少经济利益来避免自己的负面映像（丢脸）或者愿意放弃多少经济利益来使自己获得正面映

像；（2）精确测量人们愿意放弃多少经济利益来避免他人的负面映像或者愿意放弃多少经济利益来使他人获得正面映像；（3）与他人关系（社会联系）的紧密程度会否影响人们放弃经济利益以避免负面映像或者获得正向映像的选择。

在本课题的实验中，实验参与者需完成一个真实努力任务并根据他们在这个任务中的相对表现进行排位。根据实验参与者所在实验组的不同，排位最低者有丢脸的危险或者排位最高者有受到公开表扬的可能。诱导机制被引入到实验中以收集实验参与者为避免上述负面映像或者提高正面映像所愿意放弃的经济利益。在一个维度上，通过改变诱导机制的决策方可以收集实验参与者对自己或其他人映像的价值；在另一个维度上，通过引入社会群体认同并改变实验参与者社会群体认同组成的不同可以构建实验参与者间的社会联系，最后本课题通过调查问卷收集实验参与者的个人特征数据。根据上述总体研究框架，本课题的具体研究内容如下所示：（1）对自身映像价值的测量；（2）对他人映像价值的测量；（3）通过引入人工社会群体认同来构建实验参与者间社会联系的远近，以此来分析社会联系紧密程度对映像价值的影响。

（十三）基于行为风险的缴费确定型养老计划投资决策研究

课题负责人：伍慧玲，立项时间：2017 年 1 月

对于缴费确定型养老计划（DC 计划）的投资模型，过去大多数研究都是基于 CARA/CRRA 效用和均值—方差效用下求解最优投资策略。然而，CARA/CRRA 效用被证明很难捕捉投资者的真实行为特征。另外，均值—方差效用下的最优投资策略因不具备时间一致性而缺乏长期执行力度。本项目顺应最新的研究潮流，将损失厌恶效用和均值—方差时间一致均衡决策引入 DC 计划里，根据现有研究的局限，重点研究下面的 DC 计划创新模型：（1）风险厌恶系数依赖于外部金融环境，或分段依赖于财富水平的均值—方差均衡投资决策；（2）带有随机死亡率的均值—方差均衡投资决策；（3）带有通货膨胀和分段幂效用的损失厌恶最优投资决策；（4）带有分段指数效用的损失厌恶最优投资决策。利用动态规划、随机控制、鞅方法和数值分析法，推导相关 DC 养老计划的投资策略表达式。通过理论或数值分析，挖掘风险厌恶系数、死亡率、通胀和损失厌恶指标对所得结果的影响。

（十四）基于 Merton 改进模型以及一类创新非合作博弈下的金融保险决策研究

课题负责人：刘敬真，立项时间：2017 年 7 月

本项目以鞅方法、凸对偶理论、filtering、博弈和随机微分方程理论为工具，去研究金融保险中基于 Merton 模型改进之后的随机微分效用和习惯形成（habit formulation）的决策问题，同时我们提出一类新的以第三方为导向的博弈。该项目研究内容上的创新之处在于：在 regime switching 下去研究随机效用下的奇异控制问题，并应用到分红；我们分马氏链是否可见两种情况去研究 regime switching 下带有 habit formulation 的决策问题；我们首次将随机效用理论和 habit formulation 因素考虑到个人金融决策中；不同于以往金融保险中的博弈问题，我们提出了以第三方为导向下的非合作博弈问题。方法上，第一个内容丰富了随机微分方程理论，第二个内容基于随机流和 Esscher 变换理论用到的鞅方法充实了鞅方法的适用性，第四个内容提出的博弈可以用到更多领域。

（十五）保险模型下随机博弈问题及其相关的最优风险控制问题研究

课题负责人：孟辉，立项时间：2017 年 8 月

在市场经济中，决策者每个策略的制定都不是孤立的，是在与对手不断磨合、平衡而实现的，即经济行为的随机博弈或随机对策。本项目基于我们在随机优化理论的前期研究基础上，着力解决保险模型下随机博弈问题以及与博弈相关的最优风险控制问题研究。研究内容包含：两个具有相依或竞争关系的保险公司之间的随机博弈问题研究；保险人与不确定模型下市场之间的随机博弈问题；有关停时—奇异/脉冲型的随机博弈问题；可转化为随机博弈问题的最优保险控制问题研究；具有非马氏环境下的随机博弈问题。基于不同博弈环境下的保险模型，运用动态规划原理、泛函分析、对偶原理、倒向随机微分方程等方法和技术，探讨保险模型下的博弈问题理论研究，寻求纳什均衡策略和值函数，进一步给出数值分析。

（十六）基于社会网络的投资者行为传染及其对资产价格的影响

课题负责人：刘健，立项时间：2017 年 9 月

"社会网络"研究的独特之处在于它认为任何行动者都参与到由多个行动者构成的社会环境之中，而这对行动者的决策产生影响，其他行动者的态度、

信念、行为等都会影响此行动者的决策，从而个人决策和效用受社会网络中的个体及其所在网络位置的影响。项目借鉴社会网络领域的前沿方法，研究投资者的信息扩散、行为传染及其对资产价格的影响。项目研究具体从以下两个层面展开：（1）基于雪球网、微博个人投资者行为数据，研究社交网络的网络结构和信息扩散过程，并分析网络结构对信息扩散的影响。当信息扩散至整个网络，投资者行为传染而形成一致预期时，研究其对资产价格的解释能力。（2）构建多层网络结构下的机构投资者行为传染模型，并利用教育背景、供职关系数据，实证检验机构投资者的行为传染及对资产价格的影响。项目拟通过对个人、机构投资者的行为互动的研究及其对资产价格影响的检验，推进在新的信息社会背景下对认知规律、决策过程和群体行为的研究，深化对资产价格形成的认识。截至目前，项目已经在基于网络分析的金融风险传染方面取得了一系列研究成果，另外，在注意力影响投资者行为方面也已形成部分成果。

二、国家社会科学基金课题

（一）城乡基本养老保险关系转移接续机理与实现机制研究

课题负责人：褚福灵，立项时间：2010 年 6 月

在城乡劳动力规模化流动的情况下，亟须研究回答城乡基本养老保险关系转移接续的理论难题。本成果梳理了城乡基本养老保险关系转移接续的四种基本类型，提出了"城—乡"之间、"乡—城"之间、"城—城"之间、"乡—乡"之间的基本养老保险关系转移接续基本办法，并通过实例验证，为国家出台相关政策文件提供了理论支撑。

本研究成果从理论范畴、实践探索、分析框架、方案设计等方面，对城乡基本养老保险关系转移接续问题进行全面深入的研究。主要内容包括四大部分：一是城乡基本养老保险关系转移接续机理，主要回答城乡基本养老保险关系转移接续的内涵、意义、类型、原则与路径等基本理论问题；二是城乡基本养老保险关系转移接续实践探索，概述了全国各地"城—乡"之间、"乡—城"之间、"城—城"之间、"乡—乡"之间转接基本养老保险关系的做法；三是城乡基本养老保险关系转移接续的分析框架，提出了"初始参保地、中间流动地、待遇领取地"以及"劳动单元、保险单元、参保单元"的"三地、

三单元"的分析方法与理论框架；四是城乡基本养老保险关系转移接续办法与实现机制，设计了"城—乡"之间、"乡—城"之间、"城—城"之间、"乡—乡"之间基本养老保险关系转移接续的基本办法以及基于"社会保障银联卡"制度的城乡基本养老保险关系转移接续"一卡通"机制。

本成果从劳动者一生的流动地出发，提出了"初始参保地、中间流动地、待遇领取地"的一般分析框架；从不同的劳动类型出发，提出了"劳动单元、保险单元、参保单元"的理论范式；从维护劳动者养老权益出发，提出了"权益转接、标准一致、利益均衡"的转移接续原则等。以上观点，均具有一般理论意义和较高的学术价值。

（二）医保费用的科学分配及有效监控的技术方法研究

课题负责人：褚福灵，立项时间：2014 年 11 月

利用大数据技术科学分配与有效监控医保费用，是增强医保基金分配公平性与提高医保基金使用有效性的重要举措，是建立更加公平可持续医疗保障体系的迫切要求，具有重要的理论意义与实践价值。

在医保资源有限的情况下，如何通过基于大数据技术的科学预算方法使医保费用的补偿额度在定点医疗机构之间得到合理分配（如采用指数排名法），如何通过建立量化的监控标准与规则并借助网络手段监控医保基金的有效使用（如采用时时预警法），如何形成"因病施治、减少浪费"的自我约束机制与内在激励机制（如采用公开评价法），进而全面提高医保基金的使用效率和医疗机构的服务质量，是本项目要研究回答的基本问题。

通过基于"指数法"建立医保费用分配及监控的大数据技术框架，可以根据"数据"分配医保费用的预算与监控医保费用的使用；通过以"数据"说话，以"数据"为标准，可以减少医保费用分配与监控的主观性与盲目性，进而实现医保费用分配与监控的科学性与公平性；可以根据"数据"监测医保基金的异常支出，防止大处方、乱检查、假住院等现象出现，减少医疗资源浪费，进而确保医保事业的持续健康发展。

（三）欧洲私法一体化研究

课题负责人：张虹，立项时间：2014 年 12 月

欧洲私法的统一是一项极富探索性、极富争议性的话题，从一开始就成为

欧洲私法学者争论的焦点。在一个超国家的共同体层面上进行私法法典化的可行性、欧洲私法文化的多样性与统一性的矛盾、英美法系与大陆法系的冲突与融合、制定统一私法的方式选择和调整的范围，等等，对当今法学的一系列重大命题均提出了严峻的挑战，对欧洲各国的立法、司法、法律教育和研究也产生了重大而深远的影响。本项目正是围绕欧洲私法一体化展开研究。首先，概述了欧洲私法一体化的发展背景，随后分析了欧洲私法一体化的路径选择，并细述现已取得的主要成就，特别是对欧洲示范民法典草案进行了评述；其次，从学科竞争、方法论、立法政策等角度展开深入细致的分析；最后，探索欧洲私法一体化能够对我国法学研究与发展的有益经验和启迪。本项目概括总结了欧洲民法法典化过程中的先进立法经验，对于正在从事法制建设尤其是民法典编纂的我国来说，在起草法典文本、法典编纂技术以及培育法律科学方面，具有重要的借鉴和启示意义；通过对欧洲私法一体化进行多角度、多层次的扫描式的研究，特别是对其中的学术方法、学科竞争以及组织结构、学者与官方的互动模式等，这些通常不为国内学者所关注但却是理解欧洲私法一体化的动力和发生机制的关键要素的关注与评述，有助于学界理解区域私法一体化过程中涉及的主要问题点以及可能的应对方法，为我国的民法典体系化的工作提供有建设性的解决办法。

（四）基于 Lee – Carter 模型的企业职工基本养老保险的财政风险预警指标研究

课题负责人：杨再贵，立项时间：2016 年 6 月

企业职工基本养老保险当年收不抵支的省份逐年增多，近年来财政对基本养老保险的补贴越来越大。本课题的研究对象是企业职工基本养老保险的财政风险预警指标。总体框架是用 Lee – Carter 模型预测未来 75 年的人口年龄结构，结合养老保险制度参数、经济发展参数，基于平行四边形框架测算开放人口下的养老保险财政负担比重等预警指标。重点是测算养老保险财政负担。难点是用 Lee – Carter 模型预测未来 75 年的人口年龄结构。主要目标是预测未来75 年的养老保险财政负担比重等财政风险预警指标。

基本思路：测算某年度企业职工基本养老保险的收入和支出；用支出缺口减去已积累的养老保险基金得到该年的养老保险财政负担，进而算出财政负担占财政收入的比重以及年度收入率、支出率、精算平衡等。将分年龄性别人口

数、工资增长率等参数向未来预测一年，算出下一年的养老保险财政负担比重。依此类推，预测未来 75 年的养老保险财政负担比重等指标。创新之处，一是重点用养老保险财政负担比重来直接而清晰地反映人口老龄化给养老保险带来的财政风险；二是除预测未来 75 年的支付缺口外，针对财政补贴逐年增加的中国养老保险测算其财政负担和比重；三是基于平行四边形框架建立精算模型，形象清晰、掌握全面。

研究仍在进行，已在《财政研究》《武汉大学学报（哲学社会科学版）》《华中师范大学学报》《中央财经大学学报》等期刊上发表有关论文，出版了专著《中国社会养老保险精算分析》。

（五）基于劳动者个人选择和养老金激励机制的弹性退休制度研究

课题负责人：郝佳，立项时间：2016 年 6 月

课题的研究对象是弹性退休制度。本课题对弹性退休制度的定义是：劳动者在达到法定最低退休年龄以后，在法定退休年龄区间内可以自由选择停止工作的时间并开始领取养老金的灵活退休制度。弹性退休制度的构成有三个要素，它们是：（1）法定退休年龄，包括标准（或正常）退休年龄、退休年龄区间下限、退休年龄区间上限。（2）提前或延迟退休的资格条件，涉及养老保险缴费年限、劳动者患病或残疾情况、特殊职业等方面。（3）不同退休年龄对应的养老金领取机制，例如，标准退休年龄可以领取全额养老金，提前退休有相应的扣减机制，延迟退休有相应的奖励机制。课题需要探究这三个要素的决定机制以及对劳动者福利、养老保险基金的影响机制。课题的终极目标是构建适合我国国情的弹性退休制度。其中，最低目标是尊重劳动者个人选择意愿、不损害劳动者养老金利益以及养老基金偿付能力；理想目标是既尊重个人选择意愿、增加劳动者福利，又提高了我国的养老金偿付能力。具体分目标如下：（1）确定弹性退休制度下的标准（或正常）退休年龄。（2）界定退休年龄的弹性区间。（3）构建具有内在激励的养老金领取机制。（4）研究弹性退休制度对养老基金的影响机制。

（六）人口老龄化背景下中国基本养老保险制度的财政风险研究

课题负责人：徐景峰，立项时间：2016 年 6 月

由于 20 世纪 80 年代开始施行了严格的"独生子女"计划生育政策，中国

人口老龄化问题将变得尤为严重。根据国务院发展研究中心预测，到 2025 年前后，中国 60 岁以上的老龄化人口占总人口的比重将超过 20%。同时，中国人口的预期寿命也大幅提高。《2014 年度世界卫生统计》显示，中国总体预期寿命在过去 22 年间增加了 6 岁，在 2012 年达到 75 岁。人口老龄化和人口长寿化将使中国老年抚养比激增，对中国养老保险体系形成巨大冲击。

政府主导的基本养老保险制度是中国养老保险体系最重要的支柱，于 1997 年建立并逐渐完善。由于历史原因和制度的特殊性，人口老龄化和人口长寿化背景下，基本养老保险制度的可持续性受到了广泛关注。中国社科院《中国养老金发展报告 2015》显示，如果只考虑征缴收入，也就是扣除财政补贴后，2014 年全国城镇职工养老保险基金严重赤字，结余为 − 1321.09 亿元。国家应为养老保险基金"兜底"，以财政收入补齐养老保险基金收不抵支的资金缺口，已经成为学者的共识（刘翠霄，2003；徐晓华，2012；唐钧，2013）。

人口老龄化和人口长寿化背景下，中国基本养老保险制度的财政风险是一个非常重要的研究问题。本课题以"人口老龄化背景下中国基本养老保险制度的财政风险研究"为题，拟进行三方面研究工作：首先，界定什么是中国养老保险制度的财政风险，明确影响中国养老保险制度财政风险的因素；其次，分别采用绝对指标法、风险测度法（如无条件方差法、条件异方差法）精确度量中国养老保险制度的财政风险；最后，结合风险度量结果，讨论重大影响的风险因素的管理措施，并进行风险管理绩效评估。

（七）环境公共治理多主体协同模式研究

课题负责人：周县华，立项时间：2016 年 9 月

本课题基于协同理论，构建了包含多主体环境治理的一般框架，采用前沿数理方法对实现最优环境治理效果进行研究。主要观点为以下几个方面。

第一，找出环境污染难以治理的关键症结，主要是环境外部性问题没有得到根本性解决。具体包括两方面：一方面，代表公共利益的政府和环境社会组织的职能缺失和错位；另一方面，代表私人利益的公众和企业参与环境治理的相应激励约束机制的不健全。企业是环境污染的源头，由于缺乏环境治理的激励约束机制，其行为的负外部性并没有转变为内生的治理动机。政府管理人员的"经济人"特征，存在寻租和腐败行为。环境社会组织职能的缺失，缺乏对企业和政府的有效监督，造成公众对于环境污染的过度恐慌，甚至带来严重

的公共危机。

第二，提出环境内生化治理的可行性方案，由于各主体加入到环境治理的过程是被动的，监管本身也需要消耗资源，需要建立各主体之间的协同机制，发挥协同效应。具体而言，政府要通过财政手段、税收激励、可预期的动态环境标准等措施激励企业进行内生化环境治理，实施绿色产业战略；环境社会组织要通过监督异质性企业，发挥其职能优势，减少监管资源的使用；公众要通过消费引导企业的绿色生产行为等。

第三，评估环境治理对宏观经济的综合影响，充分认识到环境治理在短期内造成经济下滑的阵痛，理解环境治理的"惠长远"作用；保持环境治理政策的适度性，既不能"矫枉过正"，又不能"隔靴搔痒"，任由环境污染与经济增长之间矛盾的日益激化，避免出现经济停滞不前甚至衰退的情形。构建环境治理各主体之间的协同机制，发挥各主体的主观能动性，实施适度的治理政策，实现经济效益和生态效益的双重红利。

（八）兼顾福利和基金可持续的中国基本养老保险缴费和领取机制优化研究

课题负责人：廖朴，立项时间：2017 年 6 月

经过多次变革，中国建成了以基本养老保险制度为主体的养老保障体系，以保障居民老年生活、提高社会福利。但目前中国基本养老保险制度面临严峻挑战：首先，人口结构变迁。计划生育政策使人口老龄化严重，生活和医疗条件改善使寿命延长，两方面因素使中国老年抚养比激增。其次，中国经济新常态，经济转型，结构调整，增速降低。新常态下，财政对基本养老保险基金的补贴能力受限。最后，制度建设的历史局限性。缴费率、计发办法等制度参数缺乏合理性。这些挑战削弱了制度可持续性，也使其福利性备受质疑。

上述挑战中，前两方面属于社会经济问题，是制度的外部环境；第三方面是制度内部问题，可通过进一步完善制度予以解决，而完善制度的核心是缴费和领取机制的优化。另外，学者认为，完善措施应兼顾制度的福利性和可持续性。

因此，老龄化和经济新常态下，兼顾福利和基金可持续的中国基本养老保险缴费和领取机制优化研究具有重要意义。本课题以效用度量福利、以多个测度度量基金可持续性，对该问题展开研究，包括三方面内容：第一，基于对制度的详尽刻画，以效用度量福利性、以多个测度度量基金可持续性，建立兼顾

福利和基金可持续的中国基本养老保险改革研究框架；第二，讨论按年龄的阶梯费率缴费方案的合理性，在研究框架中予以量化；第三，讨论按年龄的递增领取方案的合理性，在研究框架中予以量化。

（九）中国保险服务价格指数编制方法研究

课题负责人：周桦，立项时间：2018 年 6 月

保险服务价格指数隶属于服务业生产者价格指数（services producer price index，简称 SPPI），是衡量不同时期一定范围内保险服务平均价格变化趋势与程度的经济指标，用以反映保险市场价格的波动及稳定程度。保险服务价格指数的编制对国家宏观政策的制定具有重要参考作用，有助于保险监管机构制定更为合理的监管政策，同时也有助于保险市场的参与主体——保险机构、保险中介、保险消费者——判断保险市场的发展情况。

美国、日本、加拿大、荷兰等国已将保险服务业价格纳入生产者价格指数的编制体系，但我国在这方面的研究相对滞后。

本课题拟就保险服务价格指数的编制方法展开研究，将结合国民经济账户体系（system of national accounts，SNA）发布的相关规范文件、我国的国民经济核算办法及美日荷等发达国家保险服务价格指数的编制实践，研究保险服务价格概念的内涵与外延、不变价格测算对保险服务价格编制的内在要求，进而结合保险行业特点，探讨保险服务价格指标体系建立、保险价格的确定方法、数据收集方式及赋权加总等相关问题。

本课题研究中国保险服务价格指数编制问题。包括以下三个子课题：

子课题一为我国保险服务价格指数体系构建，该子课题研究如何建立保险服务价格指数体系，以及如何设计赋权汇总方法。

子课题二为寿险服务价格指数的编制研究，该子课题研究长期限产品如何计算当期服务及其价格，如何进行寿险产品的风险分类，以及投资类产品如何度量其服务及价格。

子课题三为非寿险服务价格指数编制研究，该子课题研究非寿险赔付波动性如何处理与各非寿险产品风险因子如何设定的相关问题。

对险种风险因子的厘定、价格确定方法的选择、获取相应保险数据并编制指数是本课题研究的难点与重点问题。

第五章
师资队伍

第一节　师资队伍概述

目前，保险学院、中国精算研究院共有教职工 58 人（含校聘行政人员 2 人），专任教师 45 人（教学科研岗教师 33 人、科研岗教师 12 人），其中正高 16 人（教授 11 人、研究员 5 人），副高 23 人（副教授 18 人、副研究员 5 人）；博士生导师 9 人；具有海外博士学位的 5 人，其他具有海外留学、访学经历的 30 余人。行政人员共 13 人（含 2 名校聘人员），其中硕士以上学位 9 人。学院职称和学院结构均衡。学院具有良好的人才梯队，拥有教育部长江学者特聘教授 1 人（陈建成教授）、北京市教学名师 2 人（郝演苏教授、许飞琼教授）、英国精算师协会荣誉精算师 1 人（李晓林教授）、教育部新世纪人才 1 人（杨再贵教授）、北京市高等学校青年英才 4 人（李晨光、方志平、周明、周县华）、中央财经大学青年龙马学者 2 人（孟辉研究员、池义春研究员）。

2018 年引进海外留学人员 1 名，有 2 名教师晋升正高，1 名教师晋升副高。

第二节　人才成果

保险学院近年来大力培养科研教学人才，结出了丰硕成果。

一、李晓林教授

（一）李晓林教授简介

经济学博士，教授，保险学、精算学博士研究生导师，英国精算师协会荣誉精算师，中央财经大学保险学院院长、保险与风险管理国际联合创新实验中心主任，全国保险专业学位研究生教育指导委员会秘书长，中国保险学会副会长，中国互联网金融协会互联网保险专业委员会主任委员，中国保险行业协会车险专家委员会副主任委员，中国精算师协会理事、正会员，多所大学兼职教授，多个教育部人文社会科学重点研究基地学术委员会委员，多个省、市政府社会保障首席专家。

李晓林教授自 1985 年起在中央财经大学（时名中央财政金融学院）从事教学与科学研究工作，并指导了一大批本科、硕士和博士研究生、博士后、访问学者；1997 年起长期担任保险与精算学科的主要领导；2003 年创建中国精算研究院，并于 2004 年获批成为教育部人文社会科学百所重点研究基地之一，兼任第一任院长、第一任基地主任；2017 年联合国际著名保险与精算机构创建保险与风险管理国际联合创新实验中心并兼任主任。

李晓林教授独立完成和合作完成并出版了数十部著作，主持财政部、原保监会、教育部重点基地重大项目等项目十余项，大型保险企业与地方政府委托项目数十项，发表论文数十篇。为本科生开设了保险学、人身保险学、保险精算学、社会保障学、寿险精算原理、风险统计模型、利息理论、精算数学等课程；为研究生开设了风险统计、金融数学、精算数学、寿险精算、生命表技术、风险管理、风险评估与风险控制、人寿与健康保险研究、经济学前沿问题研究、保险学前沿问题研究、保险的价值管理、风险与保险方法导论等课程；曾讲授微积分、线性代数、概率论与数理统计、线性规划、运筹学等基础课。

李晓林教授曾五次获得四年一度的北京市普通高校优秀教学成果一等奖或二等奖；获北京市爱国立功标兵称号和中国保险学会保险理论创新奖等奖项。

（二）李晓林教授重要成果

第一，保险基本理论的研究与传播、精算相关知识的专业梳理与普及。在20 世纪的后 10 年，李晓林教授紧随中央财经大学李继熊教授、陈继儒教授等一批保险学前辈，学习、梳理、探究了保险学与精算学的学科体系，思考了相关关键性制度的建立路径，出版了《精算学原理（四卷）》等十余部著作、教材，在《中国人口科学》《江苏社会科学》《数量经济技术经济研究》《国际经贸消息》等报刊发表了一系列论文和普及性文章，完成了有关研究项目。

上述研究成果，侧重于保险学科体系的完善，国际精算体系的引进，特别是英国精算体系在中国的实践，以及我国精算学科体系的构建。

第二，关于保险职能、社会治理、价值循环、保险与经济增长等保险基本理论的探讨。在保险学的繁荣发展中，李晓林教授也在保险职能、社会治理、价值循环、保险与经济增长等方面，做了积极的探索，在报刊，APEC 保险论坛、中国保险行业峰会的论坛上，提出了一些新的认识和观点，为保险理论的繁荣和保险行业的发展，做出了重要的贡献。

第三，精算学理论研究，人身保险业生命表、农业气象灾害概率图谱等保险业和风险管理的基准性工具的研究，以及养老保险中长期精算分析等重大精算测算项目。

作为较早开始学习精算，并长期从事精算人才培养和科学研究的专业学者，作为英国精算师协会荣誉精算师，李晓林教授历经了整个发展过程，包括技术知识引进与人才培养、编制并不断修订和升级中国人身保险业经验生命表、建立健全保险精算相关制度、编制中国人身保险业重大疾病经验发生率表、建立人身保险内含价值评估标准、保险费率市场化改革等重要发展节点，其间参与了相关工作，通过观察、体会、认识和思考，完成了有关论文、著作和研究项目。其中部分观点和成果如下：

1. 发表和出版了多部关于死亡率、生命表技术方面的论文、著作以及涉及生命表技术的著作，参与了我国生命表编制或审定相关的部分工作，提出了一些解决相关问题的方法、思路和具体观点以及论证过程，包括在第三套生命表项目进行中，针对保障类产品和储蓄类产品死亡率特点不同、差异较大，考虑编制出保障类业务表和储蓄类业务表，李晓林教授对此创新性工作通过论证予以了肯定。

2. 完成《中国农业灾害地图》（与包双宝等），包括《中国农业干旱灾害地图》《中国农业洪涝灾害地图》《中国农业风雹灾害地图》《中国农业低温冻害地图》《中国农业台风灾害地图》等。

3. 受财政部委托，全面分析和测算了我国养老保险的相关变量，完成了"2015~2090 年企业养老金中长期精算报告"和"机关、事业单位养老金中长期精算报告"。

第四，保险市场与保险监管研究。

1. 保险机构偿付能力与保险行业偿付能力研究。

2. 寿险公司内含价值与价值评估研究。李晓林教授带领中央财经大学中国精算研究院的有关专家，就内含价值评价方法、寿险公司内含价值的影响因素分析、数据可靠性对内含价值的影响、寿险公司内含价值提升规划研究、市场一致性内含价值评估研究、精算假设变动对内含价值的影响、欧洲内含价值指引分析等，开展了全面研究，提出在尚无有效业务价值分布评价体系的情况下，内含价值评估的引入有助于从动态的角度评价寿险公司经营的实际状况，有助于反映寿险公司未来的实际偿付能力，可以弥补偿付能力监管的不足；但内含价值的自身局限决定了其不能作为寿险监管的决定性指标。

3. 保单贴现及保险二级市场研究。李晓林教授对保单贴现的若干相关问题做了梳理和分析，与有志于开展保单交易的保险业界同仁进行了多次研讨，并以精算的视角，重点研究了保单贴现对市场各方的价值分析、保单贴现对保险公司利润的影响、保单贴现证券化问题以及一级和二级保险市场间的死亡率风险对冲策略等问题，形成了《寿险保单贴现研究》等部分文章和论著。

4. 保险最优业务结构研究。优化保险业务结构是我国保险业实现由"数量扩张型"向"效益优先型"的转轨的中心问题。李晓林教授试图通过对我国法制环境、经济环境、保险市场、业务结构等方面的分析，分析影响公司内含价值的各种因素，研究公司取得内含价值最大化所受到的约束，根据精算理论和实务数据绘制相关业务曲线，用数学语言刻画各种约束条件和决策目标，发现内在的规律性，建立数学模型。借助计算机得到该数学模型的最优或次优业务结构，并根据公司的实际情况，确定公司按照该方案进行优化应采取的具体实施途径。这是首次将运筹学工具与精算学的传统统计学工具结合起来，是李晓林教授将运筹学和博弈论融进精算学，将其与传统的统计学工具融合起来为精算学发力的关键性步骤。

5. 提出并尝试建立中国保险产品评价体系。进入21世纪初，社会公众认为保险产品不够透明，保险的传播和保险产品的普及仍然存在一定的障碍，在销售环节，部分从业人员误导消费者的情况时有发生。保险产品的透明与标准化，仍然是当时保险发展历史阶段中的主要矛盾。为了推动保险产品标准化的进程，李晓林教授启动了中国保险产品评价体系的研究，于2004年1月出版了《保险公司信用评级与寿险产品评价体系研究》，2005年发表了题为"寿险产品评价体系研究"的论文，2006年6月发布了第一批中国人身保险产品评价指数。上述研究成果，于2006年11月作为"中国保险产品评价体系"的成果获中国保险学会保险理论创新奖。

上述保险产品评价指数是国内最早的保险产品评价指数。考虑到当时的保险公司治理结构尚未完全成熟，为了避免相关保险业务推销中的不正当价格竞争，李晓林教授仅仅针对当时在保险相关柜台上公开销售的寿险产品发布了评价指数。

6. 设计和发布了保险资金运用指数、中国企业年金指数等市场基准性指数。在保险市场发展中，一方面，保险消费者和广大社会对保险业的保险资金运用能力也就是保险投资能力，尚无了解渠道；另一方面，保险行业内的保险资金运用具体主体，对相关业绩也缺少评价基准。鉴于此，李晓林教授与温贤烃博士等专业研究人员，以 2002 年 1 月 1 日为基期，1000 为基值，设计并测算了中国保险资金运用指数。该指数于 21 世纪初发布。

7. 长期跟踪和研究保险中介产业的发展，编制发布了保险中介发展报告。李晓林教授自 20 世纪 90 年代就跟踪和研究保险中介的发展，并配合原中国保监会启动了保险经纪人、保险公估人等中介市场的发展。经过多年的研究，李教授更加明确了自己的观点，并提出，在链接为王的风口，在平台经济的大时代，保险中介对保险市场尤为重要；发展保险中介产业，需要充分认识、妥善处理诸多矛盾的关系，特别是要认清价值创造与价值寄生之间的矛盾；要认清信息沟通与信息垄断之间的矛盾；要认清助推产业升级与阻碍产业升级之间的矛盾。在多主体构成的保险市场，各服务方要充分认识和把握好自身角色的重要性。

李晓林教授在《保险中介发展报告》中就保险中介市场的发展之道、发展方向、竞争内核、动力、效率、模式、生态以及理想与贪婪的分水岭等问题报告了研究成果。

8. 关于保险市场体系建设与相关制度研究。李晓林教授关注、跟踪了保险市场的发展，围绕以下若干问题开展了研究工作：（1）在随机理想与博弈现实的冲突中保险业如何发力并独善其身；（2）建立健全相关保险与精算相关制度；（3）推进政策性保险与强制性保险制度；（4）以发挥保险的资源配置职能为目标建立保险社会；等等。

9. 保险监管研究。李晓林教授有关保险监管的认识和观点，主要集中在内含价值与寿险监管的关系、保险监管体系及精算师在保险监管中的作用、偿付能力监管研究、保险机构偿付能力评价体系、中国保险业偿付能力问题。

第五，信息科技突破带来经济社会高维并行化，以及更高维的风险约束和风险管理机制研究。

李晓林教授长期对信息技术的发展有所跟踪，曾在第九个五年计划末期受人民银行总行的委托，参与研究我国"十五"期间金融信息化发展规划研究，并担任"十五"保险信息化战略发展规划的负责人。进入21世纪后，李教授继续投入精力，研究信息技术的突破对经济社会的影响，以及如何更好地运用信息技术服务保险行业，并发表或出版了保险信息化方面的若干论文、讲话和专著数十篇，提出大数据、物联网、区块链、人工智能、云计算等技术（互联技术）引领的科技产业正以不可逆转的姿态改变甚至颠覆经济社会传统作业方式，风险随之在变异中演进。作为与信息、数据有着天然联系的保险业，随之受到了巨大的影响，其中至关重要的是经济社会的高维并行化与风险变异。

上述研究成果分别于中国财政经济出版社、经济科学出版社、商务出版社等单位出版，或发表于《经济学动态》《数量经济与技术经济研究》《中国人口科学》《保险研究》《金融论坛》等杂志，以及多项教育部人文社会科学重点研究基地重大项目等项目成果。

二、郝演苏教授

郝演苏教授，北京市教学名师，1979年9月，考入当时的辽宁财经学院金融专业。1983年7月，作为本科应届毕业生，被分配到辽宁大学经济学院保险教研室任教。1985年上半年在中国人民银行金融研究所保险师资培训班学习。1993年7月调到当时的中央财政金融学院任教。1994年5月起，任中央财政金融学院保险系副主任、主任。1997年5月~2000年3月，被共青团中央借调到中国香港工作。2000年5月起继续主政中央财经大学保险系、保险学院至2015年11月底。

（一）目前的工作职务及社会兼职

中央财经大学保险学院教授、博士研究生导师，全国保险专业研究生教育指导委员会副主任，中央财经大学学术委员会委员，中央财经大学保险学院学术委员会主任。

兼任：中国金融学会常务理事（2005年至今）；中国保险学会常务理事（2002年至今）；中国人民解放军保险政策顾问（2006年至今）；中国保险监督管理委员会社会监督员（2012年至今）。

（二）主要著作

从教35年，公开发表论文与文章195篇（根据知网2000年以来的记录，已经发表论文与文章176篇。在1999年以前发表的论文与文章共19篇，不含国内外会议论文）。从1984年至今，主编或独立完成的教材、工具书及专著共13部（不含参编的教材、工具书及专著）。35年间，主持了3项纵向课题和29项横向课题。

发表的主要论文包括：

郝演苏. 对我国保险事业发展趋势的探讨［J］. 保险研究，1986（2）.

郝演苏. 中国保险事业的改革与发展［J］. 保险研究，1986（3）.

郝演苏. 保险是劳务型的金融产品［J］. 保险研究，1988（4）.

郝演苏. 略论开放我国保险市场的若干问题［J］. 保险研究，1995（5）.

郝演苏. 发展保险启动消费加速经济发展［J］. 保险研究，2002（5）.

郝演苏. 关于建立我国农业巨灾保险体系的思考［J］. 农村金融研究，2010（6）.

郝演苏. 要关注保险行业的边缘化倾向［J］. 保险研究，2010（11）.

郝演苏. 养老保险基金投资运营的风险预警与防范［J］. 经济学动态，2011.

郝演苏. 影响外资保险公司境外发展的国家主权个性研究［J］. 保险研究，2013（5）.

出版的主持撰写及独立完成的教材、工具书及专著包括：

郝演苏. 保险理论与实务［M］. 沈阳：辽宁大学出版社，1984.

郝演苏. 保险学通论［M］. 沈阳：辽宁人民出版社，1987.

郝演苏. 保险大辞典［M］. 沈阳：辽宁人民出版社，1989.

郝演苏. 保险医学概论［M］. 沈阳：辽宁大学出版社，1991.

郝演苏. 财产保险［M］. 西南财经大学出版社，1994.

郝演苏. 保险学教程［M］. 中国物价出版社，1996.

郝演苏. 财产保险学［M］. 中国财政经济出版社，1998.

郝演苏. 中国保险事业的改革与发展［M］. 中国财政经济出版社，2002.

郝演苏. 人身保险投保方案设计［M］. 中国财政经济出版社，2002.

郝演苏. 保险学教程［M］. 清华大学出版社，2004.

郝演苏 . 健康保险辞典［M］. 中国财政经济出版社，2018.

主持的纵向课题包括：

辽教字 1987 年第 021 号《中国保险事业发展研究》。

教育部专项任务项目《高校学生医疗保险及医疗费用负担研究》2006 年。

教育部重点项目《我国自然灾害保险制度研究》2008 年。

（三）曾兼任的部分社会职务

台湾东吴大学客座教授、中国太平洋保险集团信息技术专家、《中国商业保险》杂志编委会委员、中央人民广播电台经济宣传顾问、中国人民财产保险公司咨询专家、《金融研究》匿名评审专家、中国金融出版社金融教材委员会委员、全国保险专业研究生教育指导委员会秘书长，从 2002 年起，相继担任 9 家保险机构的独立董事。

（四）主要奖项

沈阳市青年先锋十杰（1986）、辽宁大学 1986~1987 年度优秀学术论文一等奖、辽宁省优秀青年学者（1988）、北京市高等学校优秀青年骨干教师（1994）、北京市 1995 年度优秀教师、第三届全国高等学校金融类优秀教材中青年奖（1995）、中央财经大学 1994~1995 年度优秀科研成果论文一等奖、1997 年北京市普通高等学校教学成果二等奖、2001 年北京市教育教学成果（高等教育）二等奖、2005 年中国保险业年度人物、北京高校优秀共产党员（2008）、2009 年北京市优秀教学团队（团队带头人：郝演苏）、2010 年度北京市高等学校精品课程（课程负责人：郝演苏）、第七届北京市高等学校教学名师（2011）、2012 年度国家视频公开课主讲教师、2018 年度北京市高等教育教学成果一等奖。

三、许飞琼教授

（一）许飞琼教授简介

现任中央财经大学保险学院教授，兼中央财经大学教学委员会委员、国家减灾委专家委员会专家委员、中国社会保障学会医疗保障专业委员会副主任委员等。1985年毕业于中南财经政法大学统计学专业，获学士学位；2002年在中国人民大学经济学院进修政治经济学专业硕士研究生课程结业。先后在武汉大学、中国人民大学、中央财经大学从事灾害保险与社会保障教学、研究工作。为本科生开设过保险学、财产保险、责任保险、保险法与案例分析、保险会计与财务管理、保险核保理赔、保险统计、社会保险、统计学等课程；为硕博研究生开设过保险法规研究、保险案例分析、保险理论研究、财产保险研究、保险理论前沿、财产与海上保险研究、保险学前沿问题研究等课程。多年来一直推崇案例教学法，不仅编写保险案例教材及参考书，而且一直开设专门的保险案例课程或将案例教学法贯穿于整个专业课程的教学中，对提升学生的专业素质与动手能力有很大帮助，深受学生欢迎。出版有《灾害统计学》《财产保险》《财产保险理论与实务》《责任保险》《财产保险案例分析》《医疗、照护、工伤保险改革与发展——全球视野下的经验借鉴》等10多种著作与教材，合著有《多难兴邦——新中国60年抗灾史诗》等相关著作与教材10多部；在《政治学研究》《中国软科学》《人民日报》《光明日报》等杂志发表学术文章160多篇，其中有20余篇学术文章被人大报刊复印资料杂志《社会保障制度》《金融与保险》《农业经济导刊》《体制改革》《国民经济管理》《统计学、经济数学方法》等全文转载。主持过国家社科基金项目、教育部人文社科基金项目及其他省部级项目10多项。获过全国统计科技进步二等奖、国家级精品教材奖、北京市高等学校教学名师奖、北京市教育教学成果一等奖、中国图书奖等重要奖项及省部级优秀论文奖、校优秀导师奖、金园丁奖、校特殊贡献奖等其他奖项十多项。

（二）代表性成果

许飞琼. 灾害统计学［M］. 长沙：湖南人民出版社，1997.

许飞琼. 中国新型灾害损失补偿制度的合理取向——从政府包办救灾走向以保险为主体的多维救灾机制［J］. 华中师范大学学报，2011（4）.

许飞琼. 关于提升国家综合防灾减灾能力的建议［J］. 成果要报，2012（6）.

许飞琼. 关于优化我国救灾机制的建议［J］. 成果要报，2012（8）.

许飞琼. 论我国的农业灾害损失与农业政策保险［J］. 中国软科学，2002（9）.

许飞琼．重温马克思的保险思想——兼论我国保险业的发展［J］．马克思主义研究，2012（4）．

许飞琼．环境污染、损失补偿与责任保险［J］东岳论丛，2010（8）．

许飞琼．财产保险案例分析［M］．北京：中国金融出版社，2004．

许飞琼，郑功成．财产保险（第五版）［M］．北京：中国金融出版社，2015．

许飞琼．财产保险理论与实务［M］．北京：国家开放大学出版社，2018．

许飞琼．社会保障指标及其体系研究［J］．经济评论，1996（3）．

许飞琼．商业保险与社会保障关系的演进与重构［J］．中国人民大学学报，2010（2）．

许飞琼．医疗、照护、工伤保险改革与发展——全球视野下的经验借鉴［M］．北京：中国劳动社会保障出版社，2018．

四、杨再贵教授

（一）杨再贵教授简介

中央财经大学保险学院、中国精算研究院，教授，博士生导师，教育部新世纪优秀人才支持计划入选者，日本名古屋大学经济学研究科，经济学博士，中央财经大学国民经济管理专业，经济学硕士。

为本科生、研究生开设课程：社保精算、养老金经济学、寿险精算原理、OLG模型、人身保险、Pension Modeling、社保理论前沿问题研究、养老金精算、Contingencies。

主要研究方向：社保精算；养老金经济学；保险。

（二）论文代表作

杨再贵．中国城镇企业职工统筹账户养老金的财政负担［J］．经济科学，2016（2）．（核心期刊，CSSCI）

杨再贵．企业职工个人账户养老金的财政负担与替代率［J］．财政研究，2016（7）．（核心期刊，CSSCI）

Public Pensions and Public Rental Housing. Emerging Markets Finance &

Trade/March 2014, Vol. 50, No. 2. （SSCI）

Population aging and public pension: the case of Beijing analyzed by an OLG model. Singapore Economic Review, Vol. 61, No. 4, 2016. （SSCI）

杨再贵．机关事业单位统筹账户养老金的财政负担［J］．武汉大学学报（哲学社会科学版），2017（5）．（核心期刊，CSSCI）

杨再贵．现阶段背景下企业职工基本养老保险最优缴费率与最优记账利率研究［J］．华中师范大学学报，2018（1）．（核心期刊，CSSCI）

Altruistic motives, uncertain lifetime and urban public pension replacement rates. Optimization: A Journal of Mathematical Programming and Operations Research, Volume 61, Issue 2, 2012. （SCI）

Partially funded public pension, human capital and endogenous growth. Frontiers of Computer Science in China, Volume 4, Issue 2, June 2010. （SCI）

杨再贵．不定寿命条件下城镇公共养老金最优替代率的理论与实证研究［J］．管理评论，2011（2）．中国人民大学书报资料中心《统计与精算》全文转载，2011年第3期．（核心期刊，CSSCI）

Urban public pension, replacement rates and population growth rate in China. Insurance: Mathematics and Economics, Volume 45, Issue 2, October 2009. （SSCI和SCI）

杨再贵．城镇社会养老保险、人口出生率与内生增长［J］．统计研究，2009（5）．中国人民大学书报资料中心《社会保障制度》全文转载，2009年第9期．（核心期刊，CSSCI）

杨再贵．企业职工基本养老保险、养老金替代率和人口增长率［J］．统计研究，2008（5）．（核心期刊，CSSCI）

专著代表作包括：

杨再贵．中国社会养老保险精算分析［M］．北京：中国财政经济出版社，2018.

Chinese Public Pensions Analyzed by OLG Models. New York: Nova Science Publishers, 2015.

杨再贵．公共养老金的OLG模型分析：原理和应用［M］．北京：光明日报出版社，2010.

（三）主持科研课题

国家社会科学基金项目：基于 Lee – Carter 模型的企业职工基本养老保险的财政风险预警指标研究，批准号 16BJY143。

教育部人文社会科学重点研究基地重大项目：基于大数据的中国社会保险财务预警指标研究，批准号 16JJD630014。

北京市社会科学基金重点项目：北京市机关事业单位养老保险财政负担的精算评估，批准号 15JGA023。

教育部新世纪优秀人才支持计划项目：不定寿命、利他行为与养老保险缴费率，编号 NCET – 11 –0755。

北京市哲学社会科学规划项目：北京市人口老龄化对储蓄、消费和社会保障的影响——基于 OLG 模型的研究，批准号 11JGB089。

教育部人文社会科学重点研究基地重大项目：新型农村社会养老保险对农村经济的影响——基于 OLG 模型的视角，批准号 10JJD790038。

教育部人文社会科学研究规划项目：2005 年养老保险新制度对个人账户和社会统筹资金等的 OLG 模型分析，批准号：06JA630079。

中国保监会委托项目：农村养老保险制度研究。

五、周明研究员

（一）周明研究员简介

周明研究员，博士生导师；中央财经大学保险学院、中国精算研究院副院长；北美准精算师（ASA），中国精算师协会正会员；中国工业与应用数学学会保险精算青年工作委员会副主任。

研究方向：保险风险分析与决策、保险公司资产与负债管理。

主讲课程：应用随机过程，随机分析基础，金融数学，寿险数学，损失模型，风险理论，随机控制，信用风险等精算类本科、硕士、博士研究生课程。

周明研究员主要学术贡献是通过量化的方法对上市公司最优分红策略、金融保险公司最优风险控制策略、保险公司最优再保设计以及相依风险模型的破产等问题进行研究。近 5 年来，共发表学术论文 22 篇，其中 SSCI 检索论文 12

篇，成果多发表在包括 Quantitative Finance，Insurance：Mathematics and Economics、Economic Modelling、Astin Bulletin 和"中国科学"等国内外高质量金融、保险、经济类学术期刊，与中国人民大学魏丽教授在"科学出版社"出版《现代精算风险理论——基于 R》译著 1 部，其中以第一作者和通讯作者发表在 Economic Modelling 上的论文 Zhou and Yuen（2012）单篇他引次数高达 30 多次。研究成果获得"北京市青年英才计划"项目和多项国家及省部级项目资助。目前申请人正在主持教育部人文社科重点研究基地重大项目 1 项，国家自然科学基金面上项目 1 项，北京市人文社科一般项目 1 项。

周明研究员多次赴香港大学、加拿大滑铁卢大学、美国得克萨斯大达拉斯分校等科研机构进行合作研究和报告研究成果，多次受邀在中山大学、南开大学等知名高校进行合作交流。目前，申请人正在与加拿大滑铁卢大学陈建成（Ken Seng Tan）教授、美国的林一佳（Yijia Lin）、冯润桓（Runhuan Feng）教授、比利时鲁汶大学的杨·丹（Jan Dhaene）教授等开展长寿风险、社保精算报告、保险公司资产负债管理相关方面的合作研究工作。

（二）发表论文

Ming Zhou，Jan Dhaene，Jing Yao. An Approximation Method for Additive Risk Factor Models and Capital Allocation Rules. Insurance：Mathematics and Economics，2018，79：92 – 100.（SSCI，SCI）

李鹏，周明，孟辉. Stochastic impulse and regular control for capital injections：A hybrid strategy. 中国科学，2018，48（4）：565 – 578.

Ming Zhou，Kam C. Yuen and Chuancun Yin. Optimal investment and premium control for insurers with a nonlinear diffusion model. Acta Mathematicae Applicatae Sinica（English Series），2017，33（4）：945 – 958.（SSCI，SCI）

陈翠霞（博士生），王绪瑾，周明*. 我国长寿风险的评估模型与管理策略综述. 保险研究，2017，1：46 – 55.

Yichun Chi and Ming Zhou. Optimal reinsurance design：a mean-variance approach. The North American Actuarial Journal，2016：1 – 14.

魏丽，周明. 现代精算风险理论——基于 R. 科学出版社，2016.（译著）

Hui Meng，Ming Zhou and Tak Kuen Siu. Optimal reinsurance policies with two reinsurers in continuous time. Economic Modelling，2016，59：182 – 195.（SSCI）

Hui Meng, Ming Zhou and Tak Kuen Siu. Optimal dividend-reinsurance with two types of premium principles. Probability in the engineering and informational sciences, 2016, 30：224 –243. （SCI）

孟辉，郭冬梅，周明. 有再保险控制下的非线性脉冲注资问题. 中国科学：数学，2016, 46 (2)：235 –246.

周明，孟辉，郭军义. 最优分红策略：正则与脉冲混合控制. 中国科学：数学，2015, 45 (10)：1705 –1724.

Peng Li, Ming Zhou and Chuancun Yin. Optimal reinsurance with both proportional and fixed costs. Statistics and Probability Letters, 2015, 106：134 – 141. （SCI）.

K. C. Yuen, Zhibin Liang and Ming Zhou. Optimal proportional reinsurance with common shock dependence. Insurance：Mathematics and Economics, 2015, 64：1 – 13. （SSCI, SCI）

孙雨薇，王晓慧，周明. CPPI 策略风险乘数优化及实证——基于长期投资增长率与幂效用函数，统计与决策，2015, 11：156 –159.

Ming Zhou and Kam C. Yuen. Portfolio selection by minimizing the present value of capital injection costs. Astin Bulletin, 2015, 45 (1)：207 –238. （SSCI）

Peng Li, Chuancun Yin and Ming Zhou. Dividend Payments with a Hybrid Strategy in the Compound Poisson Risk Model. Applied Mathematics, 2014, 5：1933 –1949.

Peng Li, Chuancun Yin and Ming Zhou. The Compound Poisson Risk Model Perturbed by Diffusion with a Hybrid Dividend Strategy. Journal of Management Science and Practice, 2014, 2 (2)：8 –20.

Ming Zhou and Jun Cai. Optimal dynamic risk control for insurers with state-dependent income. Journal of Applied Probability, 2014, 51 (2)：417 – 435. （SCI）

Ming Zhou and K F C Yiu. Optimal dividend strategy with transaction costs for an upward jump model. Quantitative Finance, 2014, 14 (6)：1097 –1106. （SSCI）

Peng Li, Chuancun Yin and Ming Zhou. The exit time and the dividend value function for one-dimensional diffusion processes. Abstract and Applied Analysis, 2013, 9. http：//dx. doi. org/10. 1155/2013/675202. （SCI）

Lihua Bai，Jun Cai and Ming Zhou. Optimal reinsurance policies for an insurer with a bivariate reserve risk process in a dynamic setting. Insurance：Mathematics and Economics，2013，53：664 – 670.（SSCI，SCI）（精算四大国际期刊之一）

周明，寇炜，李宏军. 基于夏普比例的最优再保险策略. 数理统计与管理，2013，32（5）：910 – 922.

Jingfeng Xu and Ming Zhou. Optimal risk control and dividend distribution policies for a diffusion model with terminal value. Mathematical and Computer Modelling，2012，56：180 – 190.（SCI）

Ming Zhou and Kam C Yuen. Optimal reinsurance and dividend for a diffusion model with capital injection：variance premium principle. Economic Modelling，2012，29（2）：198 – 207.（SSCI）

Ming Zhou，Hongbin Dong and Jingfeng Xu. Optimal combinational of quota-share and stop-loss reinsurance contracts under VaR and CTE with a constrained reinsurance premium. Journal of Systems Science and Complexity，2011，24（1）：156 – 166.（SCI）

周明，陈建成，董洪斌. 风险调整资本收益率下的最优再保险策略. 系统工程理论与实践，2010，30（11）：1931 – 1937.（EI）

Ming Zhou and Jun Cai. A perturbed risk model with dependence between premium rates and claim sizes. Insurance：Mathematics and Economics，2009，45（3）：382 – 392.（SSCI，SCI）

Kam C. Yuen，Ming Zhou and Junyi Guo. On a risk model with debit interest and dividend payments. Statistics & Probability Letters，2008，78：2426 – 2432.（SCI）

Ming Zhou and Junyi Guo. Classical risk model with threshold dividend strategy. Acta Mathematica Scientia（Series B，English Edition），2008，28：355 – 362.（SCI）

Xin Zhang，Ming Zhou and Junyi Guo. Optimal combinational quota-share and excess-of-loss reinsurance policies in a dynamic setting. Applied Stochastic Models in Business and Industry，2007，23：63 – 71.（SCI）

Junyi Guo，Kam C. Yuen and Ming Zhou. Ruin probabilities in Cox risk models with two dependent classes of business. Acta Mathematica Sinica（English Series），

2007，23：1281 – 1288. （SCI）

Ming Zhou，Li Wei and Junyi，Guo. Some results behind dividend problems. Acta Mathematicae Applicatae Sinica （English Series），2006，22：681 – 686. （SCI）

Huayue Zhang，Ming Zhou and Junyi Guo. The Gerber – Shiu discounted penalty function for classical risk model with a two-step premium rate. Statistics & Probability Letters，2006，76：1211 – 1218. （SCI）

周明，张春生．古典风险模型下的绝对破产．应用数学学报，2005，28：695 – 703.

（三）主持课题

2016 年 1 月 ~2018 年 12 月，偿二代下保险公司资产负债管理量化研究（No. 15JJD790036）——教育部人文社科重点研究基地重大项目，主持人，20 万。

2016 年 1 月 ~2019 年 12 月，保险模型中考虑交易成本及偿付能力限制的最优控制策略研究（No. 11571388）——国家自然科学基金面上项目，主持人，59 万。

2012 年 1 月 ~ 2014 年 12 月，保险公司最优风险控制策略研究（No. 12YJC790290）——教育部人文社科青年项目，主持人，5 万。

2008 年 1 月 ~2010 年 12 月，不同风险测度下的最优投资与再保险策略（No. 10701082）——国家自然科学基金青年项目，主持人，16 万。

六、孟辉研究员

（一）孟辉研究员简介

中央财经大学保险学院、中国精算研究院研究员，博士生导师，博士后合作导师。

毕业于南开大学，2002 年、2008 年分别获得硕士、博士学位。

开设课程：数学分析、精算模型、随机优化、精算学前沿问题研究等。

研究方向：保险精算、随机优化、金融风险分析与决策等。

（二）发表学术论文

Xin Zhang, Hui Meng, Jie Xiong, Yang Shen. Risk Minimization Investment – Reinsurance Problem：An HJBI Equation Approach. Mathematical Control and Related Fields，2018.

Peng Li, Ming Zhou, Hui Meng. Stochastic impulse and regular control for capital injections：a hybrid strategy（in Chinese）. Sci Sin Math，2018，48（4）：565 – 578.

Hui Meng, Tak Kuen Siu, Hailiang Yang. A note on optimal insurance risk control with multiple reinsurers. Journal of Computational and Applied Mathematics，2017，319：38 – 42.

Hui Meng, Ming Zhou, Tak Kuen Siu. Optimal reinsurance policies with two reinsurers in continuous time. Economic Modelling，2016，59：182 – 195.

Hui Meng, Dongmei Guo, Ming Zhou. Nonlinear impulse capital injections problem with reinsurance control（in Chinese）. Sci Sin Math，2016，46：235 – 246.

Xin Zhang, Hui Meng, Yan Zeng. Optimal investment and reinsurance strategies for insurers with generalize mean-variance premium principle and no-short selling. Insurance：Mathematics and Economics，2016，67：125 – 132.

Hui Meng, Ming Zhou, Tak Kuen Siu. Optimal dividend-reinsurance with two types of premium principles. Probability in the Engineering and Informational Sciences，2016，30：224 – 243.

Hui Meng, Tak Kuen Siu, Hailiang Yang. Optimal insurance risk control with multiple reinsurers. Journal of Computational and Applied Mathematics，2016，306：40 – 52.

Hui Meng, Shuanming Li, Zhuo Jin. A reinsurance game between two insurance companies with nonlinear risk processes. Insurance：Mathematics and Economics，2015，62：91 – 97.

Ming Zhou, Hui Meng, Junyi Guo. Optimal dividend policy：A regular-impulse stochastic control problem（in Chinese）. Sci Sin Math，2015，45：1705 – 1724.

Hui Meng, Tak Kuen Siu. Risk-based asset allocation under Markov -modulated pure jump processes. Stochastic Analysis and Applications，2014，32：191 – 206.

Yichun Chi, Hui Meng. Optimal reinsurance arrangements in the presence of two reinsurers. Scandinavian Actuarial Journal, 2014, 5: 424 –438.

Hui Meng. Optimal impulse control with variance premium principle (in Chinese). Sci Sin Math, 2013, 43: 925 –939.

Hui Meng, Tak Kuen Siu, Hailiang Yang. Optimal dividends with debts and nonlinear insurance risk processes. Insurance: Mathematics and Economics, 2013, 53: 110 –121.

Hui Meng, Fei Lung Yuen, Tak Kuen Siu and Hailiang Yang. Optimal portfolio in a continuous-time self-exciting threshold model. Journal of Industrial and Management Optimization, 2013, 9 (2): 487 –504.

Hui Meng, Guojing Wang. On the expected discounted penalty function in a delayed-claim risk model. Acta Mathematicae Applicatate Sinica (English Series), 2012, 28 (2): 215 –224.

Hui Meng, Tak Kuen Siu. Optimal mixed impulse-equity insurance control problem with reinsurance. SIAM Journal on Control Optimization, 2011, 49 (1): 254 –279.

Hui Meng, Tak Kuen Siu. On optimal reinsurance, dividend and reinvestment strategies. Economic Modelling, 2011, 28: 1 –2, 211 –218.

Hui Meng, Tak Kuen Siu. Impulse Control of Proportional Reinsurance with constraints. International Journal of Stochastic Analysis, 2011, 13.

Hui Meng, Xin Zhang. Optimal risk control for the excess of loss reinsurance polices. Astin Bulletin, 2010, 40 (1): 179 –197.

Hui Meng. Maximization of T – A objective function for the risk model with constant interest force. Acta Mathematica Sinica (Chinese Series), 2010, 53 (4): 795 –804.

Hui Meng, Chunsheng Zhang and Rong Wu. The expection of aggregate discounted dividends for a Sparre Anderson risk process perturbed by diffusion. Applied Stochastic Models in Business and Industry, 2007, 23 (4): 273 –291.

Hui Meng, Chunsheng Zhang, Rong Wu. On a joint distribution of the classical risk process with a stochastic return on investments. Stochastic Models, 2007, 23 (3): 513 –522.

（三）主持科研课题

2018 年 1 月 ~ 2021 年 12 月，国家自然基金面上项目：保险模型下随机博弈问题及其相关的最优风险控制问题研究。

2013 年 1 月 ~ 2016 年 12 月，国家自然基金面上项目：基于多种保费准则的最优风险控制。

2017 年 4 月 ~ 2020 年 4 月，中央财经大学青年科研创新团队支持计划项目：保险市场下博弈均衡策略问题研究。

七、池义春研究员

（一）池义春研究员简介

2004 年毕业于中国人民大学，获学士学位，2009 年毕业于北京大学获博士学位。

2009 年至今，在中央财经大学保险学院、中国精算研究院工作，历任助理研究员、副研究员、研究员。

开设课程：随机过程、金融数学、精算模型研究、风险管理理论前沿问题研究、风险量化与决策、再保险研究。

研究方向：精算学、风险管理、保险经济学。

（二）发表论文及主持课题

Y. Chi. On the optimality of a straight deductible under belief heterogeneity. ASTIN Bulletin, in press, 2018.

Y. Chi, W. Wei. Optimum insurance contracts with background risk and higher-order risk attitudes. ASTIN Bulletin, 2018, 48（3）：1025 – 1047.

Y. Chi. Insurance choice under third degree stochastic dominance. Insurance：Mathematics and Economics, 2018, 83：198 – 205.

Y. Chi, F. D. Liu. Optimal insurance design in the presence of exclusion clauses. Insurance：Mathematics and Economics, 2017, 76：185 – 195.

Y. Chi, X. S. Lin, K. S. Tan. Optimal reinsurance under the risk-adjusted value of an insurer's liability and an economic reinsurance premium principle. North American Actuarial Journal, 2017, 21 (3): 417 – 432.

Y. Chi, M. Zhou. Optimal reinsurance design: A mean-variance approach. North American Actuarial Journal, 2017, 21 (1): 1 – 14.

X. Chen, Y. Chi, K. S. Tan. The design of an optimal retrospective rating plan. ASTIN Bulletin, 2016, 46 (1): 141 – 163.

A. V. Asimit, Y. Chi, J. Hu. Optimal non-life reinsurance under Solvency II Regime. Insurance: Mathematics and Economics, 2015, 65: 227 – 237.

Y. Zhu, Y. Chi, C. Weng. Multivariate reinsurance designs for minimizing an insurer's capital requirement. Insurance: Mathematics and Economics, 2014, 59: 144 – 155.

Y. Chi, H. Meng. Optimal reinsurance arrangements in the presence of two reinsurers. Scandinavian Actuarial Journal, 2014, 5: 424 – 438.

Y. Chi, X. S. Lin. Optimal reinsurance with limited ceded risk: A stochastic dominance approach. ASTIN Bulletin, 2014, 44 (1): 103 – 126.

Y. Chi, C. Weng. Optimal reinsurance subject to Vajda condition. Insurance: Mathematics and Economics, 2013, 53 (1): 179 – 189.

Y. Chi, K. S. Tan. Optimal reinsurance with general premium principles. Insurance: Mathematics and Economics, 2013, 52 (2): 180 – 189.

Y. Chi. Reinsurance arrangements minimizing the risk-adjusted value of an insurer's liability. ASTIN Bulletin, 2012b, 42 (2): 529 – 557.

Y. Chi, X. S. Lin. Are flexible premium variable annuities underpriced? ASTIN Bulletin, 2012, 42 (2): 559 – 574.

Y. Chi. Optimal reinsurance under variance related premium principles. Insurance: Mathematics and Economics, 2012a, 51 (2): 310 – 321.

Y. Chi, K. S. Tan. Optimal reinsurance under VaR and CVaR risk measures: A simplified approach. ASTIN Bulletin, 2011, 41 (2): 487 – 509.

Y. Chi, X. S. Lin. On the threshold dividend strategy for a generalized jump-diffusion risk model. Insurance: Mathematics and Economics, 2011, 48 (3): 326 – 337.

Y. Chi. Analysis of expected discounted penalty function for a general jump diffusion risk model and applications in finance. Insurance: Mathematics and Economics,

2010, 46 (2): 385 – 396.

Y. Chi, S. Jaimungal, X. S. Lin. An insurance risk model with stochastic volatility. Insurance: Mathematics and Economics, 2010, 46 (1): 52 – 66.

Y. Chi, J. Yang, Y. Qi. Decomposition of a Schur-constant model and its applications. Insurance: Mathematics and Economics, 2009, 44 (3): 398 – 408.

主持完成一项国家自然科学基金青年项目，正主持一项国家自然科学基金面上项目和一项教育部人文社科重点研究基地重大项目。

第六章
两大研究基地

第一节　中国精算研究院

一、研究院历史沿革

中央财经大学中国精算研究院的前身是 1993 年成立的保险精算研究所，这是国内高校中最早从事精算学研究的专业机构。2003 年，在庆祝中央财经大学精算教育十周年以及保险精算研究所成立十周年之际，中央财经大学整合了全校科研资源，在国家级重点学科金融学（含保险学）、北京市重点学科国民经济学和校级重点学科统计学等学科的基础上，对原保险精算研究所、中国保险与风险管理研究中心等研究机构进行了优化重组，成立了中国精算研究院。

2004 年底，在学校领导的高度重视和直接领导下，在校内诸多部门的大力支持和帮助下，中国精算研究院成功入选教育部百所人文社会科学重点研究基地之一。

从入选基地至今，中国精算研究院经过了两次基地评估。在学校领导的大力支持和相关部门的协助下，全院教职员工同心协力，顺利通过了两次基地评估。

2010 年 3 月，中央财经大学调整校内机构设置，中国精算研究院和保险学院合署运行。4 月，中国精算研究院党总支与保险学院党总支合并为保险学院党总支。

二、研究院下设中心及师资队伍

根据精算学科的发展现状与趋势，中国精算研究院于 2013 年对内部结构进行了重组，成立了 6 个研究中心，包括农业风险与保险研究中心（与中国农业科学院合作）、保险文献数据中心、风险量化与决策研究中心、社保精算研究中心、风险管理研究中心、量化投资研究中心。2017 年，增设了大数据/金融科技中心。

截至目前，中国精算研究院拥有全职教学科研人员 19 人，行政人员 3 人（含校聘人员 2 人）。专任教师队伍中，博士生导师 7 人，硕士生导师 18 人；教授、研究员 10 人，副教授、副研究员 6 人；拥有博士学位的教师 20 人。其中教育部长江学者讲座教授 1 人，教育部新世纪优秀人才 1 人，北京市青年英才 2 人。研究院非常注重教师的培养与成长，目前 1 名教授获得中央财经大学"教学名师"称号，2 名年轻教师获得中央财经大学"龙马青年学者"称号，1 名年轻教师获得中央财经大学"优秀教师"称号。

三、研究院学科建设与发展

（一）"111"计划

2016 年底，中国精算研究院成功获批中央财经大学第一个（截至 2019 年 7 月，也是中央财经大学唯一一个）"111"计划：保险风险分析与决策学科创新引智基地。在学校的大力支持和协助下，研究院积极协调组织斯坦福大学、康奈尔大学等 9 所国际顶尖高校的专家组建海外团队，结合以中国精算研究院师资为主体的国内团队，顺利获得了国家外专局立项批准的 111 创新引智基地——立项号为（B17050）。这是中央财经大学国际化建设的一个重要成果，同时也为精算保险学科的发展提供了重要的智力支持和高水平学术交流平台。

（二）开发农业数据库

2017 年，借鉴美国康奈尔大学 Ag－Analytic 数据库的思路和方法，中国精算研究院组织开发了农业数据库。可以说这是国内农业保险学界第一个将学术研究工作和模型转化为实际应用的数据库。目前，数据库主题框架已经基本建成，已有相应的学术研究团队使用该数据库进行学术研究。

（三）CAE认证

2018年，中国精算研究院成功获得北美精算师协会的CAE（优秀精算中心）国际认证。中央财经大学成为大陆高校中第一所也是目前唯一一所获得CAE殊荣的高校。该认证的获得，标志着中央财经大学精算项目和师资团队已经达到了国际先进水平，得到了国际精算领域的高度认可。

四、研究院的国际化建设

（一）联合办学国际化

2013年，中国精算研究院成功促成中央财经大学与加拿大滑铁卢大学3+1+1合作办学的签约，涉及精算学、统计学等多个学科，使得中央财经大学在人才培养上更好地与国际对接，教育模式国际化进一步加强。

（二）科研团队国际化

"111"计划是中国精算研究院科研团队建设国际化的一项重要工作。2018年，以"111"计划引智学术大师——美国康奈尔大学Cal Turvey教授牵头，由中央财经大学、浙江大学、山东财经大学等专家组建科研团队进行了"基于田野实验方法的农业保险研究"的项目，取得了很多重要的阶段性研究成果，目前项目仍在继续进行。根据计划安排，研究院将联合国际农业风险学术期刊，项目最终成果将以特刊的形式整刊发表，这将是农业风险与保险领域的一项标志性成果。

（三）学术交流国际化

中国精算研究院成功主办了在国际上颇具影响力的第九届长寿风险与资本市场国际研讨会，以及连续五届的农业风险、农村金融及农业保险国际研讨会。中国精算研究院成功获批了"海外名师"项目，国家外专局高端项目，中财首席教授项目等。结合基地平台建设，截至目前，中国精算研究院成功举办精算论坛共 156 期，邀请海内外高端人才进行讲学并开展科研合作交流。

五、中国精算研究院在科研成果方面取得的成就

2010 年至今，研究院共发表学术论文 354 篇，其中 AAA 类论文 7 篇，AA 类 47 篇，A 类论文 48 篇，SSCI 论文 57 篇，SCI 类论文 58 篇，CSSCI 类论文 44 篇。出版各类著作 48 部，其中学术专著 38 部，编著 5 部，译著 2 部，普通教材、工具书或辅导书 3 部。

从 2010 年至今，作为教育部人文社会科学重点研究基地，研究院共获批 17 项基地重大项目；获批纵向课题 49 项，其中国家级课题 17 项，省部级课题 32 项；获批横向课题 78 项。所获科研项目立项资金共计 2185.30 万元。具体研究成果如表 6-1、表 6-2、表 6-3 所示。

表 6-1　　　　　　　　　　中国精算研究院基地重大课题

项目名称	负责人	单位	立项时间
基于多源数据融合的农业生产风险评估研究	张峭	中国精算研究院	2017 年 11 月 20 日
大数据背景下的风险量化与保险业发展指数体系研究	陈建成	中国精算研究院	2016 年 11 月 3 日
大数据背景下我国保险需求影响因素研究	池义春	中国精算研究院	2016 年 11 月 3 日
基于大数据的中国社会保险财务预警指标研究	杨再贵	中国精算研究院	2016 年 11 月 3 日
数据时代商业保险服务健康保障体系的机制与智能路径研究	李晓林	中国精算研究院	2016 年 11 月 3 日
偿二代体系下我国保险公司资产负债管理量化研究	周明	中国精算研究院	2015 年 12 月 9 日
人口老龄化问题的动态研究：模型与对策	齐玲	中国精算研究院	2015 年 12 月 9 日
基于大数据的车辆风险分析与定价模型研究	王天梅	中国精算研究院	2014 年 7 月 16 日
变额年金的定价与风险管理	徐景峰	中国精算研究院	2014 年 7 月 16 日
基于时空分布的农业生产风险评估	张峭	中国农业科学院	2013 年 6 月 19 日
中国保险业第二代偿付能力资本量化研究	李俊生	中央财经大学财政学院	2013 年 6 月 1 日
寿险公司内含价值研究	李冰清	南开大学	2012 年 2 月 29 日
我国城乡养老保障评估指标体系构建及其实证应用研究	褚福灵	中央财经大学保险学院	2012 年 2 月 29 日

续表

项目名称	负责人	单位	立项时间
保险精算中极端事件模型的研究	张奕	浙江大学	2011 年 9 月 6 日
数量风险管理在长寿风险、最优再保险和计算金融中的应用	陈建成	中国精算研究院	2011 年 9 月 2 日
新型农村社会养老保险对农村经济的影响——基于 OLG 模型的视角	杨再贵	中国精算研究院	2010 年 12 月 17 日
农业风险分布及其防控机制研究	李晓林	中国精算研究院	2010 年 11 月 30 日
内生出生率的无限期间动态模型在保险上的应用	齐玲	中国精算研究院	2009 年 12 月 18 日
综合经营环境下保险监管模式选择与监管效率评价	陶存文	中央财经大学保险学院	2009 年 12 月 18 日
精算学的量化方法及原理在信用风险管理中的应用	杨静平	北京大学	2008 年 12 月 18 日
我国自然灾害保险制度研究	郝演苏	中央财经大学保险学院	2008 年 12 月 18 日
中国健康保险精算体系研究	何惠珍	浙江金融职业学院保险系	2007 年 11 月 19 日
农业保险的风险区划和费率精算研究	丁少群	西南财经大学	2007 年 11 月 19 日
保险公司价值评估问题研究	李秀芳	南开大学	2006 年 12 月 20 日
农村居民收入与农村保险需求的对应分析与应用研究	刘扬	中央财经大学统计学院	2006 年 12 月 20 日
现代保险业务结构优化的精算研究	陈建成	中国精算研究院	2005 年 12 月 20 日
中国保险业偿付能力问题研究	李晓林	中国精算研究院	2004 年 12 月 20 日
中国社会保险制度统计、精算与监控系统研究	王晓军	中国人民大学	2004 年 12 月 20 日

表 6 - 2 　　　　　　　　　　中国精算研究院基地标志性成果

成果名称	成果类别	作者/负责人	成果时间
航空旅客意外伤害险持续性发展研究	期刊论文	高洪忠	2006 年 3 月 1 日
寿险产品评价体系研究	期刊论文	李晓林	2005 年 7 月 1 日
Optimal Reinsurance under VaR and CVaR Risk Measures：A Simplified Approach	期刊论文	池义春	2011 年 12 月 1 日
中国保险公司竞争力评价研究报告（2011、2012、2013、2014、2015）	研究报告	寇业富	2014 年 10 月 16 日

表 6 - 3   中国精算研究院基地代表性成果

成果名称	作者/负责人	成果类别	成果时间
精算分布理论研究	高洪忠	学术著作	2008 年 6 月 1 日
Optimal investment with noise trading risk	陈建成 (TANKENSENG)	期刊论文	2008 年 11 月 1 日
Multiperiod Optimal Investment – Consumption strategies with mortality risk and environment uncertainty	陈建成 (TANKENSENG)	期刊论文	2008 年 1 月 1 日
Sufficierncy of the lens condition for factor price equalization	齐玲	期刊论文	2007 年 5 月 1 日
Classical risk model with threshold dividend strategy	周明	期刊论文	2008 年 4 月 20 日
政府购买公共服务的理论回顾与现实发展		期刊论文	2008 年 6 月 1 日
仿射括号代数理论与算法及其在几何定理机器证明中的应用	张宁	期刊论文	2007 年 5 月 1 日
Multi-level Prediction System based on Short Data Set	张宁	期刊论文	2008 年 6 月 1 日
内含价值与寿险监管的关系研究	李晓林	期刊论文	2007 年 12 月 1 日
Simulation of Nonlinear Portfolio Value-at – Risk by Monte Carlo and Quasi – Monte Carlo Methods	陈建成 (TANKENSENG)	期刊论文	2006 年 10 月 9 日
Optimal Constant-rebalanced Portfolio Investment Strategies for Dynamic Portfolio Selection	陈建成 (TANKENSENG)	期刊论文	2006 年 6 月 1 日
Pricing Options using Lattice Rules	陈建成 (TANKENSENG)	期刊论文	2005 年 7 月 1 日
Optimal Retention for a Stop-loss Reinsurance under the VaR and CTE Risk Measures	陈建成 (TANKENSENG)	期刊论文	2007 年 5 月 25 日
Decomposing Risk and Allocating Economic Capital for a Credit Portfolio	陈建成 (TANKENSENG)	期刊论文	2008 年 4 月 25 日
Computation of Optimal Portfolios Using Simulation-based Dimension Reduction	陈建成 (TANKENSENG)	期刊论文	2008 年 11 月 25 日
Weighted Intermediate Rank Lattice Rules with Applications in Finance	陈建成 (TANKENSENG)	期刊论文	2007 年 11 月 25 日
A General Dimension Reduction Technique for Derivative Pricing	陈建成 (TANKENSENG)	期刊论文	2007 年 11 月 25 日
Optimal reinsurance under VaR and CTE rik measures		期刊论文	2008 年 11 月 12 日
保险市场逆向选择问题研究新进展	秦奕菲	期刊论文	2008 年 3 月 1 日
我国保险投资组合的模拟和金融风险测量研究	陈辉	期刊论文	2008 年 11 月 1 日

续表

成果名称	作者/负责人	成果类别	成果时间
保险公司次级债风险及监管研究	高洪忠	期刊论文	2011 年 1 月 1 日
我国现行企业年金管理模式存在的问题及对策研究	徐景峰	期刊论文	2011 年 2 月 15 日
农业保险、巨灾准备金与税前扣除	周县华	期刊论文	2011 年 6 月 6 日
市场经济与软约束——对市场经济微观基础的反思	林光彬	期刊论文	2011 年 7 月 9 日
Multi-period mean-variance portfolio selection with regime switching and a stochastic cash flow	伍慧玲	期刊论文	2012 年 2 月 6 日
Are Flexible Premium Variable Annuities Under – Priced?	池义春	期刊论文	2012 年 11 月 1 日
optimal risk control for excess of loss reinsurance policies	孟辉	期刊论文	2010 年 5 月 1 日
on optimal reinsurance, dividend and reinvestment strategies	孟辉	期刊论文	2011 年 2 月 8 日
Crop Insurance, Premium Subsidy and Agricultural Output	徐景峰	期刊论文	2014 年 11 月 1 日
Why the Lens Condition Cannot Imply Factor Price Equalization	齐玲	期刊论文	2010 年 9 月 1 日
股票连接保险产品的定价、准备金评估和风险对冲研究	陈辉	学术著作	2011 年 7 月 1 日
The concavity of the value function of the extended Barro – Becker model	齐玲	期刊论文	2010 年 3 月 1 日
A perturbed risk model with dependence between premium rates and claim sizes	周明	期刊论文	2009 年 12 月 1 日
Optimal reinsurance and dividend for a diffusion model with capital injection：Variance premium principle	周明	期刊论文	2012 年 2 月 1 日
Reinsurance Arrangements Minimizing the Risk – Adjusted Value of an Insurer's Liability	池义春	期刊论文	2012 年 11 月 1 日
Nash equilibrium strategies for a defined contribution pension management	伍慧玲	期刊论文	2015 年 4 月 20 日
考虑时间因素的退保率指标及应用	高洪忠	期刊论文	2014 年 10 月 1 日
Chinese Public Pensions Analyzed by OLG Models	杨再贵	学术著作	2015 年 2 月 26 日
Optimal Dividend Strategy with Transaction Costs for a Upward Jump Model	周明	期刊论文	2014 年 7 月 5 日
异质信念、生存条件及市场影响力	郑敏	期刊论文	2015 年 8 月 1 日

六、中国精算研究院在社会服务方面的贡献

（一）中国保险公司竞争力评价研究与保险蓝皮书

中国精算研究院课题组已经连续出版了《2011～2018 中国保险公司竞争力评价研究报告》（以下简称《研究报告》）8 部，编著出版《保险蓝皮书——中国保险市场发展分析》3 部。《研究报告》和《保险蓝皮书》的连续出版，得到了业界、学界和政府有关部门的高度关注和评价。

（二）为财政部测算企业职工基本养老保险支付缺口

在人口老龄化背景下，养老保险基金收支平衡一直是学界和政府关注的热点问题。2018 年，中国精算研究院组织成立课题研究小组，承接了财政部综合司的委托课题《人口老龄化对我国企业职工养老保险基金收支平衡影响及对策建议》，为财政部测算企业职工基本养老保险支付缺口。研究报告得到了项目评审专家和财政部综合司领导的高度认可，报告内容还得到了相关国家领导人的批示。

中国精算研究院以我国金融保险行业为依托，坚持国际化标准，坚持创新性研究，打造保险精算与风险管理领域国际化创新科学研究中心，创新人才培养中心和国际交流中心。研究院的发展，将进一步推进中央财经大学"双一流"建设与发展，推进我国保险与风险管理高端智库的建设。

第二节 "111"学科创新引智基地

一、基地简介

"保险风险分析与决策学科创新引智基地"是中央财经大学首个国家创新引智基地，该基地主要以保险学院和中国精算研究院为依托平台。近几年，保险学院和中国精算研究院就一直以开放的姿态与国际先进学术水平接轨，坚持学术智力领域的"引进来"和"走出去"。目前，已经与美国斯坦福大学、康

奈尔大学、加拿大滑铁卢大学、比利时鲁汶大学等6个国家、12家海外单位的保险精算学术大师建立了学术上的合作与交流。引智基地的建立将汇聚保险精算领域的学术大师和国内外优秀学术科研骨干，加快中央财经大学"世界一流学科"建设，打造国家保险行业的高端智库。

引智基地计划围绕——"农业风险与保险""长寿风险与社会保障""巨灾风险管理""保险公司资产负债管理"等国家亟待解决的重大问题展开广泛而深入的合作研究，力争用5年时间取得具有国际领先水平的突破性成果，推动中央财经大学保险精算学科进入世界一流学科行列，从而成为保险风险分析与决策国际一流的教育和研究基地与国家保险业的高端智库。

二、基地科研成果

截至2019年3月，基地获得项目资助在国内外期刊共发表论文16篇；专著3本；邀请海外专家来院讲授短期课程5次；邀请海外专家23人次做了24场专题讲座；召开6次国际会议。"保险风险分析与决策学科创新引智基地"主要成果如表6-4、表6-5、表6-6、表6-7所示。

表6-4　　　　　　　　　"111基地"论文、专著成果列表

序号	作者	成果名称	发表期刊
1	周明	Optimal investment and premium control for insurers with a nonlinear diffusion model	Acta Mathematicae Applicatae Sinica (2017/33/4/945-958)
2	廖朴	我国生猪价格指数保险中的逆选择分析	保险研究（2017）
3	池义春、刘芳达	Optimal insurance design in the present of exclusion clauses	Insurance：Mathematics and Economics，Forthcoming（76/185-195）（2017-09-06）
4	池义春	Insurance Choice under Third Degree Stochastic Dominance	Insurance：Mathematics and Economics（2018年83/198-205）
5	刘敬真	Ergodic control for a mean reverting inventory model	Journal of Industrial and Management Optimization（2018年7月1日）
6	刘芳达	Analysis of a dynamic premium strategy：from theoretical and marketing perspectives	Journal of Industrial and Management Optimization（October 2018，14（4）：1545-1564）

序号	作者	成果名称	发表期刊
7	韦晓	Fast computation of risk measures for variable annuities with additional earnings by conditional moment matching	ASTIN Bulletin（1/26）2017
8	周明、孟辉	脉冲和正则控制下的最优注资：一种混合策略	中国科学：数学（2018/48/4）
9	Zhang Xin，Meng Hui，Xiong Jie，Shen Yang	Robust optimal investment and reinsurance of an insurer under jump-diffusion models. Mathematical Control & Related Fields	2018 to appear
10	杨再贵	机关事业单位统筹账户养老金的财政负担	武汉大学学报（2017年5期52-65）
11	杨再贵	论我国养老保险基金巨额贬值观	创新（2017年5期5-14+2）
12	杨再贵	机关事业单位养老保险统筹账户过渡期各年的财政负担	北大赛瑟论坛2018
13	伍慧玲	Equilibrium consumption and portfolio decisions with stochastic discount rate and time-varying utility functions	OR Spectrum（40/2/541-582）2018
14	伍慧玲	带有通胀风险的退休后期最优投资管理	系统工程理论与实践（2018/38/8/1930-1945）
15	伍慧玲	Multiperiod Telser's safety-first portfolio selection with regime switching	Discrete Dynamics in Nature and Society（2018：1-18）
16	伍慧玲	MULTI-PERIOD PORTFOLIO OPTIMIZATION IN A DEFINED CONTRIBUTION PENSION PLAN DURING THE DECUMULATION PHASE	JOURNAL OF INDUSTRIAL AND doi：10.3934/jimo.2018059 MANAGEMENT OPTIMIZATION Volume 15，Number 1，January 2019
17	周县华	Is the "One Province One Rate" premium policy reasonable for Chinese crop insurance? The case in Jilin Province	Journal of Integrative Agriculture（2018，17（8）：1900-1911）
18	张宁	基于扩维的卷积网络及脉象识别应用	计算机科学（2018第45卷，6A，506-507，635）
19	张宁	融合精算定价的互助保险区块链实现	保险职业学院学报（双月刊）（2018-03）

序号	作者	成果名称	发表期刊
20	张宁	专著：《金融保险：深度学习》	经济科学出版社（2018－11－01）
21	陈辉	专著：《相互保险：开启保险新方式》	中国经济出版社（2017－05－18）
22	陈辉	专著：《相互保险：定义保险新方式》	中国经济出版社（2018－09－01）
23	陈辉	专著：《金融科技：框架与实践》	中国经济出版社（2018－05－01）
24	陈辉	专著：《相互保险：创新保险新方式》	中国经济出版社（2019－01－01）
25	杨再贵	专著：《中国社会养老保险精算分析》	中国财经出版传媒集团（2018－06－01）

表 6－5　　　　　　　　　"111 基地"短期课程列表

序号	授课教师姓名	职称	单位	课程时间	授课课程名称及内容介绍
1	Calum G. Turvey	教授	康奈尔大学	2017 年 3 月 31 日～4 月 1 日	蒙特卡罗方法初步，包括随机游动，几何布朗运动，无数据模拟，分布拟合，相关结构
2	Antonino Zanette	教授	意大利乌迪内大学	2017 年 5 月 4 日～5 月 11 日	Hybrid TREE methods in Finance and Insurance 的主要内容为金融衍生品定价中的树方法（Tree Method）、蒙特卡洛模拟方法（Monte Carlo Method0）以及一些混合树方法
3	Shripad Tuljapurkar	教授	斯坦福大学	2017 年 9 月 27 日～9 月 29 日	Forecasting mortality, Stochastic methods 的主要内容为死亡率预测及统计方法
4	冯润桓	教授	伊利诺伊大学香槟分校	2018 年 5 月 28 日～5 月 30 日	An Introduction to Computational Risk Management of Equity－Linked Insurance 主要介绍了什么是年金，变额年金的种类和区别等一些关于变额年金的基本知识，重点讲解了权益连结保险的建模问题
5	周晓文	教授	康考迪亚大学数学与统计系	2018 年 6 月 19 日～6 月 20 日	Gerber－Shiu Risk Theory 的主要内容为 Levy 过程有关的 Levy－Khintchine 公式，Wiener－Hopf 分解，尺度函数的应用和谱负 Levy 过程的 draw-down 首达时的求解等

表 6 - 6　　　　　　　　"111 基地" 讲座报告列表

序号	讲座教师姓名	职称	单位	讲座时间	讲座名称及内容介绍
1	Turvey	教授	康奈尔大学	2017 年 3 月 31 日	Low Level Equilibrium and Agricultural Productivity Traps under China's Dynastic Rule 的主要内容为指数增长模型和长期弹性模型对变量之间的影响
2	Ludovic	教授	法国国家科学研究院数学研究所	2017 年 4 月 18 日	Numerical Methods of Partial Differential Equations and its application in insurance 的主要内容为金融数学领域中十分常用的数值法
3	Antonino Zanette	教授	意大利乌迪内大学	2017 年 5 月 10 日	Pricing and Hedging GLWB in the Heston and in the Black – Scholes with Stochastic interest rate models 的主要内容为金融衍生品和保险产品定价的两种混合树方法
4	林一佳	教授	美国内布拉斯加林肯大学	2017 年 5 月 19 日	Pension Risk Management with Funding and Buyout Options 的主要内容为美国企业利用 buy-outs 年金产品进行养老金去风险化管理策略
5	李效虎	教授	美国史蒂文斯理工学院	2017 年 6 月 9 日	Stochastic permutation monotonicity with applications in reliability and risk management 的主要内容为借助随机置换单调性技术讨论 k-out-of-n 系统的寿命、最优投资组合、资本分配以及保险免赔额和上限的安排等问题
6	李涵	研究员	新南威尔士大学	2017 年 11 月 24 日	Studying Actuarial Sciences in Australia 的主要内容为澳洲课程在英国精算师科目上的一些抵免政策，并对在座的同学们提出了精算师考试的合理规划
7	Ning Cai	副教授	香港科技大学	2017 年 12 月 1 日	Valuationof Asset Loans with Regime Switching：A Unified Analytical Approach 的主要内容为估值，一般结构转换指数 Levy 模型下，通过研究相关的最优停止问题
8	庄声和	副教授	台湾东吴大学	2017 年 12 月 22 日	《由重大疾病保障谈癌症地区差异及癌症医疗行为》的主要内容为从性别、年龄、地区等多个角度详细介绍了台湾地区六种重大疾病（癌症、心肌梗塞、脑中风后遗症、重大器官移植、冠状动脉搭桥术和终末期肾病）发病率的统计特征

续表

序号	讲座教师姓名	职称	单位	讲座时间	讲座名称及内容介绍
9	乔治华	教授	台湾东吴大学	2017 年 12 月 22 日	Hedging period effect for cancer incidence rate 的主要内容为长寿风险有关的理论运用到癌症发病率的相关问题
10	Carole Bernard	教授	法国格伦诺贝尔管理学院	2018 年 1 月 4 日	Cost efficient strategies under model ambiguity 的主要内容为在 cost efficient 模型中解决概率测度的不确定性问题
11	UdiE. Makov	教授	以色列海法大学（University of Haifa）精算研究中心	2018 年 2 月 26 日	Actuarial applications of non-informative prior distributions and intrinsic discrepancy loss functions 的主要内容为关于精算在无信息先验分布和固有差异损失函数中应用的研究
12	Runhuan Feng	副教授	美国伊利诺伊大学	2018 年 2 月 27 日	Risk Engineering：from Mathematical Fun to Practical Research 的主要内容为展示风险管理问题带来的数学问题，并展示了这些领域所带来的技术发展和挑战
13	Vali Asimit	教授	伦敦城市大学卡斯商学院	2018 年 3 月 21 日	An efficient approach to quantile capital allocation and sensitivity analysis 的主要内容为基于在险价值 VaR 的资本分配方案
14	Tai – Ho Wang	教授	纽约城市大学巴鲁克学院	2018 年 4 月 11 日	Probability density and derivative pricing in fractional SABR model 的主要内容为 SABR 模型，用于利率衍生品的定价
15	Anastasios Panagiotelis	副教授	莫纳什大学计量经济和商业统计系	2018 年 4 月 26 日	Forecast Reconciliation for Large Collections of Time Series 的主要内容为介绍了累积时间序列集合预测的方法
16	Han Li	助理教授	澳大利亚麦考瑞大学	2018 年 4 月 26 日	Techniques to Analyze and Forecast Mortality 的主要内容对长寿风险和老年资金问题进行了分析，认为这两个方面需要精确的死亡率模型和准确的死亡率预测
17	赖永增	教授	加拿大劳瑞尔大学	2018 年 5 月 15 日	Applications of Malliavin Calculus in Finance 的主要内容为 Malliavin 积分的应用领域以及研究的必要性

续表

序号	讲座教师姓名	职称	单位	讲座时间	讲座名称及内容介绍
18	冯润桓	教授	美国伊利诺伊大学香槟分校	2018 年 5 月 30 日	《关于条件亚式期权与常规亚式期权对比计算价格和增量的分析方法》与关于高效嵌套模拟的新技术——样本回收法，主要内容分别为对条件亚式期权做了详细的介绍；在随机模拟技术方面做了进一步的讲解，详细讲解了高效嵌套模拟的新技术——样本回收法的基本原理和优势
19	蔡军	教授	加拿大滑铁卢大学	2018 年 6 月 13 日	Risk measures with applications in optimal investment portfolio selections for safety-first investors 的主要内容为根据金融行业中的具体现象构造出了一个新的满足 Coherent 的风险测度
20	杨羿	助理研究员	加拿大麦吉尔大学数学与统计学系	2018 年 7 月 2 日	New Techniques for Modeling Non-life Insurance Claims 的主要内容为传统保险定价方法在损失拟合上的不足问题
21	Tim Boonen	教授	阿姆斯特丹大学	2018 年 7 月 10 日	Equilibrium recoveries in insurance markets with limited liability 的主要内容为在保险公司受有限责任保护的情况下，部分均衡中的最优保险，并且研究表明多元保险风险是可交换的
22	Yuan Tian	教授	日本龙谷大学	2018 年 9 月 13 日	Option games with time-inconsistent preferences 的主要内容为深入分析了投资时机的选择在不同投资者之间的相互作用
23	Yuan Tian	教授	日本龙谷大学	2018 年 9 月 14 日	Dynamic investment，financing and liquidity management under risk and ambiguity 的主要内容为风险和不确定性对动态投资决策的影响

表 6 - 7 　　　　　　　　　　"111 基地"举办国际会议列表

序号	会议名称	举办地点	会议时间	会议内容
1	首届农业风险、农村金融及农业保险国际会议	中央财经大学学术会堂	2012 年 6 月 20 日 ~ 6 月 21 日	"农业风险、农村金融及农业保险国际研讨会（IARFIC）"由保险学院于 2012 年 6 月 20 ~ 21 日发起，并成功举办了首届。随后于 2013 年 6 月 16 ~ 18 日、2014 年 6 月 22 ~ 24 日、2015 年 6 月 7 ~ 9 日，在加拿大温哥华、瑞士苏黎世以及美国华盛顿成功举办了第二届、第三届、第四届。现已成为农业金融领域最有影响力的国际研讨会之一。该会议的目的在于将全世界农业金融、保险和风险管理领域的学界、业界以及政府部门的专家们聚集到一起，共同探讨该领域具有时效性和前沿性的重要问题
2	第二届农业风险、农村金融及农业保险国际会议	加拿大温哥华四季酒店	2013 年 6 月 16 日 ~ 6 月 18 日	2013 年 6 月 16 ~ 18 日，第二届"农业风险、农村金融及农业保险国际会议"在加拿大不列颠哥伦比亚省温哥华四季酒店隆重举行。此次会议由中央财经大学中国精算研究院、加拿大滑铁卢大学保险、证券及数量金融研究院和加拿大曼尼托巴大学 Asper 商学院 Warren 精算研究院联合主办。作为专门研讨"农业风险、农村金融和农业保险"问题的国际性论坛，该会议是由中央财经大学中国精算研究院发起的，2012 年 6 月在中央财经大学学院南路校区成功举办了第一届论坛，引起了国内外学术界和业界的高度关注和广泛好评。此次第二届会议更是汇集了来自世界各地 13 个不同国家和地区的众多专家学者、政界要员和业界精英，与会代表达一百二十余人
3	第三届"农业风险、农村金融及农业保险国际会议"	瑞士苏黎世	2014 年 6 月 22 日 ~ 6 月 24 日	2014 年 6 月 22 ~ 24 日，第三届"农业风险、农村金融及农业保险国际会议"在瑞士苏黎世隆重举行。此次会议由中央财经大学中国精算研究院、加拿大滑铁卢大学保险、证券及数量金融研究院和加拿大曼尼托巴大学联合主办。该会议由中央财经大学中国精算研究院发起，并于 2012 年、2013 年分别在中央财经大学及加拿大温哥华成功举办了第一届、第二届。本届会议汇集了来自 22 个国家和地区的专家学者、业界精英和政界要员共 130 余人，引起了国内外学界、业界及政府有关部门的高度关注，并将获得广泛好评

序号	会议名称	举办地点	会议时间	会议内容
4	第四届农业风险、农村金融及农业保险国际研讨会	美国华盛顿	2015年6月7日~6月9日	由保险学院发起并主办的"农业风险、农村金融及农业保险国际会议（IARFIC）"于2015年6月7~9日在美国华盛顿特区召开。该会议的目的在于将全世界农业金融、保险和风险管理领域的学界、业界以及政府部门的专家们聚集到一起，共同探讨该领域具有时效性和前沿性的重要问题。IARFIC已连续成功举办了四届，已经成为该领域最为重要国际学术交流平台。来自中国、美国、加拿大、英国、德国、瑞士、芬兰、意大利、突尼斯、百慕大、菲律宾、澳大利亚等20个国家地区的专家学者和业界精英共120余名代表参加了会议。李俊生副校长率领我院代表团一行7人出席了会议。加拿大滑铁卢大学、曼尼托巴大学与保险学院一道联合主办了此次会议
5	第五届"农业风险、农村金融及农业保险"国际研讨会	法国巴黎	2017年6月7日~6月9日	2017年6月7~9日，第五届"农业风险、农村金融及农业保险国际研讨会"（International Agricultural Risk, Finance, and Insurance Conference, IARFIC）在法国再保险（SCOR）总部举行，大会的主题是农业技术。 本次会议由中央财经大学中国精算研究院、加拿大滑铁卢大学、加拿大曼尼托巴大学联合主办。该会议由中央财经大学中国精算研究院发起，并于2012年、2013年、2014年、2015年分别在中国北京、加拿大温哥华、瑞士苏黎世和美国华盛顿成功举办了四届，会议的宗旨是将全世界农业、金融、保险和风险管理领域的学界、业界、政府的专家们聚集到一起，共同探讨该领域具有时效性和前沿性的重要问题，为维持农业部门的稳健和提升全球食品安全做出努力
6	最优保险和再保险国际研讨会	中央财经大学学术会堂	2018年7月13日~7月14日	为推动国际国内最优保险和再保险研究的进一步发展，促进该领域的国际学术交流与合作，中央财经大学中国精算研究院在2018年7月13~14日在校内举办了"最优保险和再保险国际研讨会"（Workshop on Optimal（Re）insurance）。

续表

序号	会议名称	举办地点	会议时间	会议内容
6	最优保险和再保险国际研讨会	中央财经大学学术会堂	2018 年 7 月 13 日 ~ 7 月 14 日	会议主要针对国内外保险和再保险行业面临的挑战与机遇，如何通过合同的设计有效满足客户风险转移的需要，从而提高保险公司的竞争优势等方面的问题进行讨论。会议议题为：国内外保险行业面临的机遇与挑战；合同的最优设计；保险公司的风险管理

第七章
教授谈治学

第一节　风险管理与保险系

一、郝演苏教授

让保险学科更上一层楼

采访人：邓修英

郝演苏，中央财经大学保险学院教授、博士研究生导师，于1993年7月进入中央财政金融学院（现中央财经大学）任教并长期主政保险系及保险学院。现任全国保险专业学位研究生教育指导委员会副主任委员，曾先后获得北京市青年骨干教师（1994）、北京市优秀教师（1995）、北京市高校优秀共产党员（2008）、北京市教学名师（2010）的荣誉称号。他还曾率领保险学院团队获得北京市人民政府颁发的高等院校教学成果一等奖，两次获得北京市人民政府颁发的高等院校教学成果二等奖。

（一）筚路蓝缕，保险教育发展的先行者

郝老师经历过上山下乡，也赶上了改革开放恢复高考的时机，并于1983年本科毕业后任教于辽宁大学金融系。在当时的中国，保险是个很边缘化的学科，甚至连一本专业的教材都没有。在没有任何保险基础的情况下，郝老师接受学校安排开启了保险教育的征程，成为国内保险业复业以来最早从事保险教育的学者之一。凭着一股不服输的韧劲，26岁的他苦读专业知识，经常去保险公司交流取经，撰写并发表多篇论文；1986年，编写了保险教材《保险理论与实践》，供学生们传阅；1988年，面对国内保险专业书籍匮乏的现状，年仅30岁的郝老师主持编撰了中国第一部保险大百科全书《保险大辞典》，在

当时产生了巨大影响力，极大地丰富了保险作为一门金融学学科的知识宝库。时至今日，这部30多年前出版的保险工具书仍无人超越。

（二）苦心孤诣，保险学院发展的推动者

郝老师曾说"财政、金融和会计三个专业奠定了如今中央财经大学的基础，保险专业只能是追随者，而且保险专业在国内经济学科领域也是相对落后的。但是，中央财经大学的保险专业一定要成为全国高校保险专业响当当的品牌"。郝老师在主政保险系和保险学院期间，为了学院发展呕心沥血，实现了保险学科的跨越式发展。郝老师抓住中国保险市场国际化的机遇，将国际教育资源引入中央财经大学。1995年，他引入英国保险学会（CII）资格认证，1996年引入澳大利亚与新西兰保险学会（ANZIIF）资格认证。这是中央财经大学乃至全国开设保险专业的院校最早引进的国际职业认证资格，为保险专业的国际化奠定了基础。另外，郝老师带领保险学院团队筚路蓝缕，将保险学院做大做强，取得了可喜可贺的成绩。在此期间，保险学院获得了如国家级特色专业建设点、北京市教学成果奖、北京市优秀教学团队、北京市精品课程、国家级规划教材、北京市优秀教学实践基地、北京市特色专业建设点等成绩。正是由于郝老师主政保险学院期间的努力，中央财经大学保险学科发展迅速，连续多年位列保险学科排行榜首位。2011年，保险学院成为全国保险专业学位研究生教育指导委员会秘书处所在地，郝老师也成为第一任秘书长。

郝老师在中财保险学院已经从教26年，做了很多事情，积累了很多东西，很难用文字、言语逐一表达。但有一件事，却不得不提。从2005～2015年，保险学院每年出版一部由本院师生公开发表有影响力的学术论文集结而成的论文集《中国保险市场论丛》，并连续出版了十年。郝老师说："我希望做些事，希望有些历史的积累。"《中国保险市场论丛》是十年间师生们的成果，也许这就是郝老师珍藏的"宝贝"，是保险学院珍贵的"财富"，就像郝老师口中的"历史的记载"。看到郝老师书橱里整齐摆放的这十本书，拿在手里沉甸甸的重量，感受到了郝老师所说的"一个单位的积累"的意义。震惊于郝老师如何想到要做出这一令人敬佩的行为，郝老师说："尽管有些文章写得不是很到位，但它是一段历史，历史的积累能反映出一个学科、专业的发展脉络。"这样有远见卓识的院长、如此用心认真的教授，对我而言，郝老师是我见到的第一位。

（三）关注现实，保险市场发展的谏言者

郝老师虽然在学校，但对市场观察很准。从事保险教育 36 年间，郝老师曾几度推动保险领域的重大改革，监管部门曾因其学术观点召开新闻发布会。他在 1988 年撰文提出保险的性质是商品，明确了保险的商品属性；2002 年，因揭露航空意外保险存在的假保单现象，推动了航空意外保险电子保单的进程；2003 年在"非典"期间，受邀担任中国人寿"爱心天使"，鼓励保险业务员为国家排忧解难；2004 年，根据保险业务收入统计口径存在的问题，提出了"保险泡沫论"，促使了保险业统计指标体系重大调整，统计数据反映保险保障功能；在 2017 年原中国保监会提出"保险姓保"之前，早就提出"保险的本质是回归保障"。郝老师在变革保险营销制度、推动保险合同标准化和规范保险市场秩序等多个领域也做出了重要贡献，曾多次获得"中国保险业年度人物""中国金融专家远见奖"等荣誉，并被保险界称之为"中国保险专业的领先者""中国著名保险学者"等。

（四）传道授业，保险学子成长的引路人

听过郝老师上课的学生都有这样一种感受——"郝老师真正带我们走进了保险。不只是真正了解保险知识、理论、政策，更是真实地感受、贴近了保险行业、保险市场。"同学们总结说，每一堂课，针对郝老师提出的观点的思考，都能写几篇学术文章。总结 36 年来教书育人的体会，郝老师说："教书就是教学相长的过程，把一些真实的理论、学术观点传递给学生，从指导学生的过程中收获一些新思维和方法。"

任教以来，郝老师更让人尊敬的是他与同学们的情感交流，向同学们传递的人文情怀。在郝老师讲课当天，若有学生过生日，郝老师一定会向同学们送上生日祝福；郝老师也会记下所带的每一位学生的生日并及时送上祝福。郝老师认为：每一堂课，不仅要讲课，还要传递一种人文的关怀。为了给学生们送上这份关怀，郝老师每个学期都专门去问教务老师要一份带有同学们生日的点名册，教务老师也都知晓郝老师有一个需要带有同学们生日的"特殊点名册"的习惯。郝老师是事务繁忙的教授和德高望重的保险界泰斗，但他却始终坚持给自己授课的学生送上生日的祝福，这份情怀，我觉得很难再找到第二个人了。

　　郝老师还注重培养学生严谨的科研态度。他说："有些市场问题看起来司空见惯，但背后可能有很大的隐患。针对现实问题，我们要科学分析，深入研究。科研如果没有跟现实相结合，那么它就是失败的，因为保险是一个应用型学科，大部分同学将来是要从事具体的实践工作的。"郝老师一直引导学生，研究观点不能脱离实际，必须用货真价实的数据研究市场中的现实问题；未来做事更要关注市场，发现问题，最好也要提出有效的解决方法……这些建议给每个在保险行业从业的学生都产生了积极影响。郝老师常说："研究现实问题、能够解决现实问题才是一个真正的学者必须具备的基本素质。"他希望大家多关注现实问题，而不是简单地做学术，如果学术脱离了实践，就毫无意义。郝老师还指出，今后保险教育的发展要防止过于强调学术，脱离实践，否则整个教育将是失败的；做研究要对社会、对国家有真实价值，不能飘在空中，如果在学术上很高大上，但实践上不可行或者没有意义，做的东西对市场、对行业没有任何推动力，这是可悲的。

　　郝老师一直鼓励学生积极思考，撰写论文并参加国内外各类学术会议，让学生更多地了解国内外保险学科的建设与发展，开阔视野。目前，保险学院已经有数百位历届学生参加了国内外学术会议并发表演讲。此外，在郝老师的鼓励和支持下，在中国平安保险集团从 2003 年起面向全国开设经济、金融、保险专业的院校举办的"励志计划"学术论文奖励活动中，保险学院学生的获奖论文总数始终包揽保险组 30 个获奖名额的 1/3 以上。

（五）殷殷期许，保险未来发展的守望者

　　对中财、对保险学院，郝老师怀有一颗感恩的心。郝老师说："在中财从事教育工作 26 年，对中财、对保险学院，我的感情是相当深厚的，也感谢学校一直以来对我的尊重和支持。"郝老师还讲到，学院以及学校的发展应该是兼容并蓄、百花齐放、百家争鸣的。在校庆七十周年之际，郝老师真诚地祝愿中财以及保险学院，承载新的希望，踏上新的征程，创造新的成就，不忘初心、砥砺前行！

　　最后，郝老师说："做人，有一种对事业、对国家的感情，就够了。"而这份感情，我们的郝老师已经坚守了 36 年，从未改变。

二、郭丽军教授

坚守本心，孜孜求索

采访人：严宇辰

郭丽军，中央财经大学经济学博士，中央财经大学保险学院教授。1994年，郭丽军获得中央财经大学（当时的中央财政金融学院）货币银行学专业保险方向硕士学位，并留校任教。研究生阶段师从陈继儒教授以及毕业后跟随李继熊教授学习海上保险的经历，对其毕业后的选择产生了深远的影响。从很多德才兼备的师长身上，郭丽军不仅领悟到教师这一职业的重要性与神圣性，更切身学到了如何"为人师表"。自任教以来，郭丽军教授主讲过的课程涵盖面向本科生的保险学概论、海上保险学、财产保险学以及面向研究生的保险学前沿问题研究、财产与海上保险研究等。

自1994年初执教以来，郭丽军教授的教龄已逾25年。每每看着一批批的学生满怀希冀走进中财校园，四年之后胸怀抱负步入社会，她的心中有欣慰，有感动，有祝福，更深感肩上的责任沉重。郭丽军教授一直坚信，教学并不是简单的"教"与"学"环节的拼凑，更需要教师与学生间双向的互动与反馈，而这之中教师的角色极为重要。为师者必须保有对教师职业的热忱、淡泊名利的心态以及扎实的知识积淀，方能做好"传道、授业、解惑"。

郭丽军教授的研究主要集中于海上保险、财产保险领域，发表了多篇此领域的论文，出版了多部著作。她认为：首先，科研是为实践服务的，尤其是应用学科的研究，是否具有研究价值、是否具有实践意义是根本要义，"为论文而论文"并不可取；其次，科研需要聚焦，只有持续跟踪一个方向的问题才能厘清其背后的机理、逻辑，而不能简单地拼凑内容；最后，不能"画地为牢"，不能"就保险而论保险"，需要将保险问题置于社会、经济、文化中加以考量。

1991年，郭丽军教授考取中财研究生，当时保险方向仅招收四人，全校研究生还不到四十人，保险系教师也只有十几个人。学校和学院发展到如今的规模和地位，郭丽军教授特别自豪，因为自己既是这伟大进步的亲历者，也是贡献者。郭丽军教授发自内心地认为，中财、保险学院的兴盛不是一个人两个人的功劳，而是这些年来所有老师、同学共同造就了这一切，正是因为所有老师、同学都深深热爱着中财，以自己的行动回报着中财，才成就了中财。中财的每一位老师、同学，都值得被致以深切的感谢！

恰逢中财七十周年校庆，母校继往开来之际，郭丽军教授也为中财和中财的莘莘学子送上了期许与祝福。郭丽军教授相信，每一个进入中财的学生都是优秀的，希望大家沉静下来，倾听本心，坚守本心的追求，学会合作，学会担当，学会隐忍，在大学学习生活中寻得自己的精彩。也愿中财百尺竿头，更进一步，再创辉煌！

三、陶存文教授

文以化人，润物无声

采访人：唐高洋

陶存文教授任教时间久，经历丰富。陶存文教授 1983 年在中学任教，1991 年于中央财经大学攻读硕士学位，硕士毕业后先后到中国金融学院、对外经济贸易大学任教，均从事保险专业教学。2007 年在硕士毕业 12 年后陶教授回到中央财经大学保险学院任教，继续从事保险专业的教学工作，主要方向是人身保险学、保险会计学和保险学概论等。

在保险学院任教的 12 年间，陶存文教授对教学工作有三点体会：一是做教学工作必须要有责任心，要踏实，要面对学生，有传授知识的耐心；二是保险学院的学子刻苦好学，非常优秀，不仅有良好的基础，而且兴趣广泛全面发展；三是保险学院教学团队非常优秀，非常团结，教授讲师间经常相互交流，彼此分享教学体会。

陶存文教授不仅在教学方面深有体会，对保险研究也有很多心得。他认为，做研究首先要扎实，不能带有某种短期的功利目的；其次，保险学科是一个实践性比较强的学科，因此做保险领域的研究一定离不开和实践的结合。就他本人来说，平时较多参与保险实践、保险监管和保险理论等几个领域的交流实践，通过实践发现问题，进而有选题的灵感。他在保险研究方面取得了相当多的成果，先后在《保险研究》等刊物上发表学术论文 40 余篇；出版专著 2 部；编著、主编、副主编或参编各类教材 20 余部；主持或参与省部级科研课题 20 多项。

陶存文教授强调他从 1991 年和中财结缘，迄今为止已经接近 30 年，对中财和保险学院都有非常深厚的感情。从一开始进入中财保险专业学习，到现在来中财工作 10 多年，这些宝贵的经历让他非常热爱中财和保险学院，培养出他对中财和保险学院难舍难分的感情。他认为，保险学院虽然成立的历史不算长，但在国内属于顶级学院，他作为保险学院的一员希望未来保险学院能够发展得更加全面，追赶国际一流的保险教育机构，争取在保险专业建设、师资力量、保险科研等方面有进一步提高。陶教授还非常喜爱保险学院的学子，他说保险学院的学子向来比较优秀，已经毕业的学生在保险和金融等领域都非常出色，希望现在在保险学院学习的学子和未来进入保险学院学习的学子能够在学校打好基础、全面发展，秉承保险学院的精神，向师兄师姐看齐，努力成为未来帮助国家保险行业发展的人才。

四、许飞琼教授

学高为师，身正为范

采访人：孙陆进

许飞琼，现任中央财经大学保险学院教授，兼中央财经大学教学委员会委员、国家减灾委专家委员会专家委员、中国社会保障学会医疗保障专业委员会副主任委员等。许教授自 1985 年从中南财经政法大学统计学专业毕业后就从事高校教研工作，先后在武汉大学、中国人民大学、中央财经大学从事商业保险与社会保障教学、研究工作。在 2012 年 1 月，许教授从中国人民大学财金学院保险系调入中央财经大学保险学院，从事灾害保险和社会保障领域的科研与教育工作。如今，许教授已经在保险学院度过了七个春秋，俨然已经成为保险学院的一面旗帜。

谈到在保险学院任教的七年，许教授在教学工作上有着很深的体会。她总结有三个方面：一是深刻体会到了做老师的艰辛和快乐。教师职业是一个充满奉献精神、充满挑战的职业。感谢这个职业，让她能生活的豁达、工作的轻松而不懈怠。许教授动情道："我热爱这个职业，在我给予学生知识的同时，他们给予了我快乐的人生。"二是教师的职责是神圣的，必须坚守。"学高为师，身正为范"，要履行教师的神圣职责，必须修身立德，为人师表；坚守初心，追求真理，崇尚科学；敬业爱生，教书育人；淡泊名利，严谨治学。谈到第三点，许教授则真诚道："我们每个人所取得的成绩离不开学校、学院及同事们的大力支持。"我相信这也是我们所有人成长道路上的一笔巨大财富。

　　谈及许教授在科研工作上的体会时，许教授再次简洁地总结了三点：一是教师参与科研工作，可以提高自身的研究能力和教学业务水平；二是从事科研必须具备坚实的理论基础及独立思考的能力；三是做科研是为了更好地教书育人，而不是为了名利。

　　三句话简短朴实却深入人心，许教授自从事教师职业以来，先后出版有《灾害统计学》《财产保险》《责任保险》《财产保险案例分析》《保险学概论》《医疗、照护、工伤保险改革与发展——全球视野下的经验借鉴》等 10 多部著作与教材，合著有《多难兴邦——新中国 60 年抗灾史诗》等相关著作与教材 10 多部；在《政治学研究》《中国软科学》等报刊发表学术文章 170 多篇。主持过国家社科基金项目、教育部人文社科基金项目及其他省部级项目 10 多项。获过全国统计科技进步二等奖、国家级精品教材奖、北京市高等学校教学名师奖、北京市教育教学成果一等奖等。我们有理由相信许教授能够获得如今的成就，与她恪守其科研治学的准则是密不可分的。而面对这样一位淡泊名利、坚守初心的教授，我们坚信她能够成为所有学生的风向标，为我们指明今后人生的方向。

　　说回到校庆，许教授对中央财经大学尤其是保险学院，无疑有着深厚的感情。"一滴水溶入大海它将变成永恒，一个人钟情于自己的工作岗位，就是对工作单位的最深感情。我工作，我快乐；我耕耘，我收获；我为中财骄傲，我为学院自豪。"许教授嘴角带着笑意，"这就是我对学校与学院感情的最好诠释。"许教授已经带给我们太多的惊喜与感动，却并不要求什么，她只希望大家能够坚守初心，做到学生志向远大、教师恪尽职守，学校日益强大。我想这不仅是许教授的期望，也是保院全体师生员工共同的希冀。

　　最后，许教授送上一句话与大家共勉："先人后己、勇于担当，时不我待、勤必有为！"

第二节　精算科学系与精算研究院

一、李晓林教授

温润如玉，训导春风化雨；虚怀若谷，桃李满园芬芳

采访人：李天宇

李晓林，保险学院、中国精算研究院教授，在保险学和精算学两个专业任教。于 1985 年开始在当时的中央财政金融学院数学教研室任教 8 年，讲授高等数学、线性代数、概率论与数理统计、线性规划、运筹学等课程，曾担任数学教研室副主任 5 年，其间为全校的绝大多数专业的同学讲授过数学课，也包括国际保险专业的多个年级。1993 年开始在保险系任教，讲授保险学、精算学原理、人身保险学、风险评估与风险控制、寿险精算、风险统计模型、人寿与健康保险研究、精算数学、保险的价值管理、经济学前沿问题研究、保险学前沿问题研究、保险学方法研究、保险的价值管理等课程。1997 年主持保险系工作，2000 年任保险系书记。2003 年创办中国精算研究院并担任首任院长。2004 年获批教育部人文社会科学重点研究基地。2010 年后，分别担任保险学院书记、院长兼书记、院长。2004 年起，指导保险学和精算学的博士研究生。

（一）数往知来，保院社保历史沿革

出于对学院历史的好奇，我向李老师询问起保险学院历史、社保专业历史沿革，李老师耐心为我讲解，让我收获颇丰。

得知中央财经大学的保险教育始于 1952 年，1958 年国内保险业务下马的时候，出于国际工作业务的需要，我们的保险教育仍继续开展。后来因为文革的原因，相关教育工作停止。

1980 年 9 月，中央财政金融学院（现中央财经大学）恢复保险本科教育。1986 年开始招收保险学硕士研究生，1993 年开始招收精算学硕士研究生，2003 年开始招收精算学本科生，2004 年开始招收保险学和精算学专业／方向的博士研究生，2013 年开始招收社会保障学博士研究生。

20 世纪 90 年代末，在全国本科专业合并潮中，全国的保险专业普遍将并入金融专业。考虑到保险的特殊职能和保险学的专业特点，李老师在保监会和中共中央党校联合几所院校开展保险中介产业发展重大课题研究的过程中，组织联合了国内的几所开展保险专业教育的传统院校，向教育部提出了保留保险专业的申请，并与中央财经大学的保险教育著名学者在教育部讨论相关专业合并设置的会议上，向有关专家全面陈述了保险专业应独立保留的论证意见，并多次口头和书面回答教育部有关同志提出的质疑，最终得到了相关专家和领导的理解，特批中央财经大学、北京大学、武汉大学、南开大学和西南财经大

学，在国家本科招生专业目录外保留保险专业。隔年后，又特批了中国人民大学和上海财经大学，在专业目录外保留保险专业。之后较长时期，仅上述七所大学可招保险专业，其他学校只能在金融学专业下招收保险方向本科生。

在上述工作过程中，中央财经大学同时整合了已有的办学力量，建立了办学团队，并组织撰写、提交了中央财经大学开办劳动与社会保障专业的申请报告，之后得到批准，并于2000年开始招生。

李老师在业界多年，为我讲解这些的时候，眼中仍闪烁着光芒，能看出李老师对这段历史的感怀和对成果的满足。

（二）任教多年，有感而发桃李满天下

语气中夹杂着身为院长对保险学院深沉的爱和责任感，李老师笑着说："我觉得保险学院的学生是最优秀的学生。这不仅仅是因为我们的保险与精算等专业学生获得了国际上最严格最优秀的专业资质免试资格，诸多指标已达到世界最高水平；也不是仅仅因为已毕业的同学以其优异的专业能力在相关行业中承担着重要的工作；更多的是因为在经济社会的风险管理与保险相关工作中，他们是最可靠的一群人。也许正是因为保险与风险管理相关工作和知识的严肃性，作为专业工作者，我们是经济社会风险防范的最重要的防线，保险学院的学生对自己的要求相对严格，无论是专业学习还是做人做事都比较认真，责任心较强，做人非常可靠；数十年中保险学院的毕业生广受保险行业和其他相关行业的欢迎。我很为保险学院的毕业生骄傲。"

李老师真诚的话语让我有些哽咽，其中夹杂着的不仅是对自己未来的信心，更多的是对李老师发自内心的敬佩。

李老师补充道："保险专业是财经管理类中专业化知识相对更强调逻辑性的专业，无论是保险知识、精算知识、法律知识还是风险防控知识，等等，相对偏于技术。近年来学院在人才培养中，坚持专业性、原则性基础上，又加强了综合能力培养体系，包括综合类课程以及导师制、联合实验室、专业实践基地建设，等等，注意加强同学们的全面学习，注重综合能力的提高，取得了很大成效。希望广大同学能再接再厉，继续不断提高自身能力，为社会做出更大的贡献。"

李老师仍心系着教学一线，对我们提出了要求，也对我们寄予了厚望。

（三）科教兴国，披荆斩棘荣光加冕

李老师是一个非常谦虚的人，拥有数不清荣誉的他，在这时也不愿意堆砌辞藻歌颂自己，反倒是不断地说着院内学者们的成就和感触。

李老师强调保险学院、中国精算研究院有着最优秀的学者，学校也创造了很好的科研工作条件，老中青几代学者为保险理论、精算理论、社会保障理论的不断突破，为世界保险、保障理论贡献中国方案，而前赴后继地努力着。无论是撰写并在国内外刊物上发表高水平文章，还是在经济社会的具体发展实践中贡献高水平的咨询报告、重大研究项目成果，都不断展示着卓越的才华。李老师最后说道："我为保险学院和中国精算研究院的学者而自豪。"

（四）上善若水，七十校庆家国情怀

2019 年是中央财经大学建校的七十周年，在这欢庆的日子，我向李老师询问起老师对学校的感情。

李老师面露慈祥地向我说着他的过去，他希望的未来："1985 年，伴随着中国的第 1 个教师节，我来到当时的中央财政金融学院工作。34 年来，我和我的同事们把青春和汗水都留在这里，大家的学生在这里入学和毕业离校，大家的子女在这里出生和成长，大家的长辈、同事和战友，在这里奋力工作之后辞世并留下诸多的希望，我们只能努力试做最优秀的老师，在不断的人才培养中延续着这里的事业。我们热爱教育事业，热爱中财，热爱保险学院、中国精算研究院！"

（五）目光如炬，保院未来托付学子

李老师是一个细腻而又刚强的人，当提到对我们的期望和对保险学院的期望时，李老师从社会和个人多方面分析。

由于社会处于由脱贫迈向全面小康的发展阶段，在未来一个相当长的时期，风险管理与保险保障助推社会跨越风险陷阱，将成为经济社会发展中的重中之重。李老师希望保险学院和中国精算研究院能够创造更好的条件和机制，成为广大师生越来越好的成长和发展平台，为经济社会发展做出越来越大的贡献；李老师也祝愿广大的师生，学习、工作和生活的条件得到更好的改善，各自的家庭有更美满幸福的生活！

二、陈建成教授

"你已经走过的道路，就是你最好的选择"

采访人：赵雨欣

2019 年是中央财经大学建校七十周年，也是我的导师陈建成（Ken Seng Tan）教授担任中央财经大学中国精算研究院院长的第十个年头。近十年来，陈教授与其他院领导们风雨兼程，不断将中国精算研究院发展壮大，为中国以及世界保险业输送了一批又一批杰出的精算人才。恰逢保险学院推出"教授谈治学"系列活动，我有幸对陈教授进行了采访，收获颇多，以下的文字是关于一位成功学者对人生的真实想法以及他对后辈学子的良言教诲。

陈建成教授出生于马来西亚，长江学者，现任中央财经大学中国精算研究院院长，加拿大滑铁卢大学统计与精算系教授。1998 年获滑铁卢大学统计学博士学位之后，陈教授的学术生涯就此开始，一路走来，硕果累累，若要将他的成就一一罗列在此，恐怕要占据相当长的篇幅。例如，他曾获得包括 1996~1997 年度的 Redington Prize、2001 年和 2003 年北美精算杂志年度奖等在内的多项大奖，在国际一流期刊发表论文高达四十余篇；又如他在拟蒙特卡洛（Quasi-Monte Carlo）方法上的首创工作被北美精算师学会（SOA）投资部誉为过去五十年里投资研究领域最重要的七大贡献之一；再如他是 SOA 风险管理部门的创始成员、加拿大精算师协会（CIA）投资部门的委员会成员、加拿大风险管理定量分析首席教授……

陈教授毫无疑问是精算学科的杰出带头人之一，从勤恳求学到严谨教学，一直将做好研究、教好学生视作自己的责任和义务，从不懈怠。他见证了中国精算体系的日趋完善，同时又为在世界范围内构建完整健康的精算生态体系而不懈努力。特别是在 2017 年被聘为国际精算学的 Sun Life 研究员以来，他积极推动印度尼西亚精算科学的发展，引领创建了 READI 项目，使滑铁卢大学向印度尼西亚定向输送保险和养老金领域的精算从业人员，促进了印度尼西亚金融业的稳定和繁荣。

谈及这些可以称之为"傲人"的成就时，陈教授既无得意也无谦让，"我只是在做我喜欢的事情，恰巧我也能做得好"，他这样说道。陈教授可以称得上学术界的劳模，作为他的学生，我对这一点深有体会。由于他常年在滑铁卢大学任教，我们在交流上隔着将近十二小时的时差，第一次见面时，我曾就时差问题表现出担忧，他戏谑道，"没关系，你会发现你基本感受不到时差"。事实确实如此，工作到凌晨两三点是他的习惯，经过短暂的几个小时的睡眠，新一天的工作就又开始了，如此往复。而谈起学术，他总是神采奕奕、充满活力，你会惊讶他是如何做到用如此少量的休息保持了如此充盈的精神状态，我想，也许是我们小瞧了"热爱"的力量。

"不理解精算就难以真正理解保险。"陈教授特地向我强调。他勉励我们要认真深入钻研、理解本质，不要满足现状、浮在表面。理解每一笔现金流的内涵实质，思考每一个经济现象背后的原因，去探索、去研究，无论是继续做研究还是出去工作，都要秉持钻研思考的精神，不断提高自己的专业素养和解决实际问题的能力。学术界从不缺少认真的人，而认真到极致、钻研到极致的人却没有几个，陈教授希望我们都能成为这样的人。

由于竞争激烈、高成就期望等原因，"选择"成了低付出高回报的代名词，这就导致现在的大学生较以前有更加强烈的焦虑以及迷茫情绪，"有明确的目标与规划当然更好，但如果基于各种各样的原因，目前还没有明确的方向，那也没关系，先把当下需要做的事情认真做到最好，时间会带你向前走，你已经走过的道路，就是你最好的选择"。诚然，并非所有人都足够幸运地有能力将热爱的事情做好，甚至有些人终其一生都找不到所热爱的事情，如果你有了热爱的事业，请极致钻研；如果暂时还没找到，就把当下能够把握的做到最好。

在此中财大建校七十周年之际，庆贺之余，陈教授着重感谢了中国精算研究院里同他一路不懈付出的专家、学者与老师们，感谢他们对他开展工作的大力支持与配合，感谢保险学院院长李晓林教授、副院长周明教授对他的信任与认可，也号召莘莘学子力争上游，苦学真本领，将中国精算研究院发展壮大，为世界保险业添砖加瓦！

三、周明研究员

笃行致远，砥砺前行

采访人：邱天琪

周明，博士、研究员。中央财经大学保险学院、中国精算研究院教师，滑铁卢大学博士后，现任中央财经大学保险学院、中国精算研究院副院长。同时为北美准精算师（ASA），中国精算师正会员，现任中国工业与应用数学学会保险精算青年工作委员会副主任。

周老师2006年7月毕业于南开大学后，加入中央财经大学保险学院、中国精算研究院工作。2007年5月~2008年5月，申请获得滑铁卢大学资助的博士后，在滑铁卢大学统计与精算系进行博士后工作1年。2013年11月~2014年11月，在得克萨斯大学达拉斯分校管理学院决策与风险分析国际研究中心访学1年。此外，曾先后多次利用暑假时间，受邀到香港大学、香港理工大学进行1~2个月的短期合作研究。

在博士毕业后的13年中，周老师一直从事保险精算领域的教学和科研工作，主要研究方向为保险风险分析与决策、保险公司资产负债管理与风险控制，在国际前沿领域取得了一定的研究成果，在国际上先后与鲁汶大学、滑铁卢大学、香港大学等国际知名学者进行过合作研究。到目前为止，已在 *Quantitative Finance*，*Insurance：Mathematics and Economics*，*Astin Bulletin*，*Economic Modelling*，*North American Actuarial Journal*，《中国科学》等国内外重要学术期刊发表学术论文30多篇，主持、完成国家自然科学基金2项，教育部、北京市等省部级课题6项，担任国家自科基金、社科基金、教育部人文社科基金通讯评审专家成员，中国博士后基金通讯评审专家成员。

在过去几年中，周老师先后获得了中国精算师协会正会员（FCAA）、北美准精算师（ASA）资格。他特别注重保险精算理论与实务的结合，注重对行业的关注，是国内高校中少有获得该资格水平认证的学者之一。

周老师爱岗敬业，具有学者风范。尽管作为全职科研岗，本身可以不用承担教学工作，但是周老师仍然创造机会给学生们讲课，珍惜与学生们交流的机会，同时每周五设立讨论班和学院的多位老师以及博士生研究生进行文献研读与学术探讨。周老师认为，教学与科研是相辅相成的，科研的阅历能让课堂讲授更深入而富有灵魂。反之，很多科研上面的想法都是从教学当中获得的，可能来自学生所提出的问题以及与学生的交流，思想的火花需要碰撞才能产生。

周老师来到中财，在保险学院、中国精算研究院工作十三载，对于学院有很深的感情，也有很强的归属感和责任感。周老师说：中央财经大学的保险、精算有很辉煌的历史、很厚的积淀，我们都以此为荣，这是我们的骄傲。当前，是中国保险业发展的黄金时期，同时更是保险精算学科发展的重要时期，机会多但来自兄弟院校的竞争和挑战更多。我们应不念过往、不等时光。未来已来，将至已至。希望保险学院能上下同心、求真务实、团结奋进，每个人都能在自己的岗位上发光发热，为建设世界一流保险精算学科而努力奋斗。我们相信，保险学院的未来一定会更美好。

周老师认为中财保险学子聪明勤奋、朝气蓬勃，综合素质高，在全国都是佼佼者。只是繁华喧嚣的都市让大家变得有些浮躁，有些过于超前，有些过于功利。周老师希望学生们在校园中能够静下心来，把格局放大、把目光放远，想想清楚未来十年甚至二十年自身发展的核心竞争力究竟靠什么，自然就清楚了当前应该做什么。

最后，衷心祝愿我们的明天更加美好！

四、徐景峰教授

春风化雨，润物无声

采访人：杨元祺

徐景峰老师于1999年来到中财保险系，后来到保险学院和中国精算研究院。徐老师所教课程较多，在最初几年既教过保险学原理，社会保障、数学分析等基础课程，也教过精算相关的一些较为高级的课程，最后固定在金融、经济学、资产负债管理等课程。

在教学中，徐老师一直侧重于对于基本概念和基本思想的理解，强调学生要关注一些细节，通过细致的讲解来为同学们的学习理清思路。徐老师认为，基本思想的掌握远比做题要重要，比如，今天在金融保险领域各种金融衍生品，保险产品层出不穷，而这里面都是由一些最基本的思想构建框架，然后由定价、风险管理等技术深入到内部中去。在教学中，徐老师也是一直秉承这样的理念，既提高了同学学习的兴趣，也让同学们对于知识有了较为深刻的理解。

在本次采访中，徐老师也是强调了这样的观点。徐老师认为，学生在学习中应该多思考，多关注，在金融保险的学习中要去把握其中的原理，只要把原理掌握了，万变不离其宗，对于新的现象理解起来也就得心应手了。包括其他课程，如在微积分当中如果能够熟练掌握极限、导数、定积分、不定积分等基本概念，对于一些较为复杂的概念和定理就能有较为透彻的掌握。多年来徐老师向学生们传递的思想也如春风化雨般潜移默化地影响了同学们的认知，让同学们在后续的学习中有了深入探索的基础和动力。

同时徐老师也指出了一个问题：现在同学的学习中，存在本末倒置的嫌疑，同学们更注重分数并且喜欢刷题，反而忽略了最为重要的一些基本概念，而这是不可取的。比如，很多学生考试能够考出非常高的分数，但是却不能说出基本概念，这就限制了他进一步的发展。徐老师也呼吁学生们去关注思想而不是题目，这样才能够更为深刻地理解一门学科。

五、郑苏晋教授

教学相长，研学不辍

采访人：熊可嘉

适逢中财七十周年校庆，保险学院组织学生对教授进行有关治学的采访。而我有幸成为郑苏晋教授的采访者。

采访中，我了解到郑教授在中财工作已二十载了。郑教授于 1999 年进入中财保险系进行多个方向的教学研究工作，随后于 2004 年主要进行精算方向的教学研究工作。

郑教授初至中财时，现在的保险学院还是当初的保险系，郑教授在那时同时教授多达六门课程，压力不可谓不大，但在这个艰难过程中也取得了个人能力的提升。随着教学研究时间的增长，郑教授发现对知识的了解越多，对研究的帮助越大，并且为了更好地进行教学研究工作，郑教授在 2004 年赴南开大学攻读博士。郑教授还提到了在读博期间因高强度的工作与学习，没有太多时间陪伴家人，这是一点遗憾，但她依然认为读博是正确的选择，因为这对她日后的工作帮助非常大。

有关教学工作的体会，郑教授提出的一个思想让我感触颇深：教学相长。她说，优秀的学生也成就了优秀的老师，在教学工作中与优秀学子交流对她也有很多启发。身为人师，能达到教学相长的境界实为一桩幸事。

从事保险相关教学研究工作二十年，郑教授在科研方面同样取得了不可小觑的成就，也有很多自己的心得体会。郑教授在采访中提到，自己科研生涯中不可缺少的三点，其一是保持旺盛的好奇心，有广泛的兴趣；其二是心静；其三是在问题提出后要立即落实及坚持研究，不能提出问题后便不了了之。在不懈的努力下，郑教授的科研成果斐然。例如，郑教授及同事于 2004 年在《管理评论》上发表的关于风险边际评估计算的论文取得了保险学会论文一等奖的成就。

时至中财七十周年，回首风雨二十载，郑教授感慨良多。郑教授见证了保险学院的诞生与壮大，并积极投身于保院建设工作，一路风雨兼程。从 1999 年加入保险系，到 2004 年保院成立，再到 2018 年正式成立精算专业，她从未缺席。对郑教授来说，保院是家一样的地方，她也希望继续为保院发光发热，贡献自己的一份力量。

谈及对保院期望，郑教授谈到保险学院正处在最好的发展时期，同时也有有力的竞争者鞭策我们前进。中财机遇好，具有天时地利人和。希望学校与师生共同努力，一起做大保院，做大精算。

郑教授还希望保险学子可以抓紧在校时间，学好专业课，利用好图书馆资源开拓视野，保持旺盛的好奇心，有广泛的兴趣爱好。

最后郑教授表示，相信在师生的共同努力下，保院会越来越好！

六、杨再贵教授

桃李不言　下自成蹊

采访人：王东升

杨老师自 1986 年起便在高校任教，最初教的是物理。于 1996 年到保险学院工作，改教精算和保险，后又改教社保精算。现在保险学院精算系和中国精算研究院从事教学和科研工作。杨老师为人谦逊和蔼，在我向他提出采访的请求后，杨老师随即欣然接受。

采访伊始，在谈及教学体会时，杨老师说："不坐班给人轻松的假象，实际上教师没有上下班之分，节假日备课也是常事。课多的学期，备课上课连轴转，应接不暇。虽然教学工作很辛苦，但看到同学们学到知识技能、成长成才，为他们感到高兴，感到欣慰。"可见作为一个优秀的老师，不仅仅是传道授业解惑，更是会时刻心系着学生的发展。

杨老师在保险学院任教期间，除了做好教学工作以外，在科研上也取得了卓越的成就。他在 *Insurance Mathematics and Economics*、《经济科学》《统计研究》《财政研究》等期刊出版物上发表论文 100 余篇。其中，某些论文被 SSCI

和 SCI 收录，有些被人民大学书报资料全文转载。出版《中国社会养老保险精算分析》、*Chinese Public Pensions Analyzed by OLG Models* 等专著和教材 6 部。主持国家社科基金项目、北京市社科基金重点项目、教育部人文社科重点研究基地重大项目等省部级课题 8 项。在问到杨老师有关科研体会时，杨老师笑了笑说："做科研工作压力很大，但有压力才有进步，要将压力转化为动力。"

在谈到对中央财经大学与保险学院的感情时，杨老师忆起在保险学院任教以来，学校与学院为自己提供了学习的平台、锻炼的平台、成长的平台、工作的平台、生活的平台。自己则在这里教书育人，在这里从事科研，在这里服务社会，在这里参加文体活动，等等，由衷表达了对中央财经大学和保险学院的培养和锻炼的感谢。

从对话中可以感觉到，杨老师在保险学院留下的足迹，付出的辛劳，洒下的汗水，积淀出了他对学校与学院深厚的感情。

杨老师对学校与学院的情感也清晰地映射在了他对保险学院的期望中，杨老师在谈及自己对学院的期望时如是说道："对学校的期望也是对学院的期望。都说依法治国、依法治校，人治与法治如何区分？以小学评三好生为例。方法一，让学生推荐、投票，得票多的入选。小学生也会拉关系。方法二，先制定德育标准、功课成绩标准、体育标准，达标以上者入选。两相比较，人治与法治就清楚了。依法治校应落实到具体措施上，先要建立健全各种规章、制度、标准等。各种考核、评优、晋升宜尽量采用量化打分的办法。根据教学、科研、社会服务等方面设指标和权重，在实践中不断完善，越完善越好。量化表就如同标尺，客观、公正、透明。既能体现法治精神，又能消除人为因素（如隶属关系、个人好恶、人际关系，等等）、促成风清气正的同事关系，也能使每位教职工看清自己的不足和努力的方向。"

"习近平总书记指出：'解放和发展社会生产力，增强社会主义国家的综合国力，是社会主义的本质要求和根本任务。'对高校而言，生产力主要反映在科研成果和人才培养等方面。科研成果是大学排行、品牌声誉、生源质量、学生出路（就业或升学）等方面的重要依据。同校师生实际是命运共同体。高质量成果越多的大学，排行越靠前、声誉越好、生源质量越高、学生出路越好，获得科研项目、社会赞助等社会资源就越多。进而又促进产出更多高质量成果，排行、声誉、生源、学生出路等就更好，形成良性循环。反之，则形成恶性循环。正反两种情况都有例证。"

"明智的高校早已主动出击：对内，资源向高质量成果创造者倾斜；对外，猎取高质量成果多的人才。示范作用引导更多的教师把更多的精力和时间投入科研，产出更多高质量成果，赢得更多的社会资源。起到了四两拨千斤的作用，以较小的投入获得了大量的资源，把'蛋糕'做得越来越大，给全校师生共享。"

采访最后，杨老师对保险学子也给出了贴心的寄语："希望同学们都爱国敬业，掌握真才实学，做到脚踏实地、求真务实、独立思考、真抓实干、开拓创新。这样的毕业生才是用人单位所需要的，并能为母校增加好口碑、提升母校品牌价值和无形资产。"

七、孟辉研究员

教学相长　启迪思想

采访人：史紫月

孟辉，中央财经大学保险学院研究员，1999 年毕业于曲阜师范大学数学学院，获得学士学位；1999 ~ 2002 年在曲阜师范大学附属中学工作；2002 ~ 2008 年在南开大学数学学院读研究生，并获博士学位。2008 年进入中央财经大学保险学院/中国精算研究院工作，2016 年获得研究员正高职称。

"道在日新，艺亦须日新；新者生机也，不新则死。"徐悲鸿这句名言点明创新对于事物发展的重要性，不创新，就死亡。对于科研工作者而言，在脚踏实地做好本职工作的基础上，不断创新尤为重要。

在保险学院/中国精算研究院工作十余年间，孟辉研究员在国际著名控制论期刊 *SIAM Journal on Control Optimization* 以及经济精算期刊 *Economic Modelling*、*Insurance：Mathematics and Economics*、*Astin Bulletin*、*Scandinavian Actuarial Journal* 等上发表了二十余篇专业学术论文，先后承担两个国家自然科学基金面上项目以及学校的青年创新团队项目，并获得了中央财经大学首批"龙马学者"。在他看来，不论是做课题还是做项目，从查阅资料做起，大量阅读经典文献和前沿论文，一步一步脚踏实地至关重要，厚积才能薄发；科研是一件急不得的事情，必须坐得住冷板凳，勤思考，多动手，刻苦钻研，绝不能好高骛远；要多和专家、学者沟通交流，碰出思想火花。

在过去十一年间，孟辉研究员给学院本科生、硕士生和博士生开设了数学分析、随机过程、随机控制、精算理论前沿、风险量化与决策等课程。

授人以鱼不如授人以渔，传授给学生知识不如培养学生自我学习与探究的能力。他认真备好每一节课程，在传播理论知识的同时联系实际，激发学生兴趣；在准备核心课程知识之外，研读相关经典著作和前沿文献，引导学生了解最新科研成果，拓展同学们的知识面；课上互动与课下交流相结合，及时处理学生在学习过程中遇到的困惑，启发学生探究意识，培养学生处理问题的方法和手段。教学的成果是双向的，通过教学，他加深了自身对问题的理解，这又有利于更好地投入到科研和教学中，不断提高和丰富自己。

从2008年进入中央财经大学保险学院/中国精算研究院以来已过了十一个春秋。十多年来，他努力做好自己的科研和教学，职业发展顺利，感恩学校和学院的大力支持和鼓励。

中财在国内外有非常高的知名度，有高水平的科研、学习平台。每年有大量的专家、学者来这里讲学、工作，中财有学识丰富的同仁，有热情好学的中财学子，在中财工作非常愉快。带着这份感恩，这份浓浓的感情，他将以更加积极奋进的姿态投入到科研及教学中。

中财保险学子在各类保险大赛上获得非常多的奖项，表现出了良好的学识风范和研究能力。保险学子在保险、财经等各个行业贡献着自己的力量，有非常好的口碑。学生每一次进步，他由衷地感到高兴。祝愿保险学子有更扎实的学识和业务能力，为学校争光，为社会做出自己更大的贡献。适逢中财七十周年校庆，作为保险学院的一员，衷心祝愿学校、学院在人才引进、学科发展方面更上一层楼，学院越办越好，成为国内屈指可数的保险研究、保险教育的平台。

八、池义春研究员

聆听保险大师的心声

采访人：何伟钰

池老师于1982年6月出生在福建省福安市，现为中央财经大学保险学院、中国精算研究院研究员，中央财经大学龙马青年学者。池老师本科就读于中国人民大学信息学院，后被保送到北京大学数学科学学院金融数学系直接攻读博士学位。在博士第四年，他争取到我国留学基金委员会的赞助，到加拿大多伦多大学统计科学系进行为期 16 个月的联合培养。回国后不久，他就取得北京大学理学博士学位，并于 2009 年 7 月进入中国精算研究院工作。从担任助理研究员开始，他两年后升为副研究员，然后凭着四年间卓越的科研成就破格晋升为研究员。

在保险学院、中国精算研究院工作期间，由于从事研究岗工作，他的教学任务比较少，很少给本科生上课，但有给硕士研究生们讲授过随机过程和金融数学这两门课程，并给博士研究生们上精算模型研究等课程，在给学生们讲解理论知识的基础上还传授了学习科研的方法，获得学生们的喜爱与尊敬。经过这么多年的观察，池老师发现我们的学生都很聪明，但是大家都有些浮躁，有点急功近利。相对于课程学习，同学们更喜欢去实习、考证等。虽然实习和考证能在短期带来好处，但是忽略基本功的重要性，长期会带来比较负面的影响。精算是一门交叉性学科，不仅要求扎实的数学和经济学知识，对计算机特别是编程能力也有很高的要求，而我们培养出的学生数学基础不够扎实，计算机编程能力也不够强，这将会影响他们未来进一步的发展。虽然我们本科生很受国外精算硕士项目欢迎，但是很少听说他们有继续攻读博士并在学术圈发展很好。因此，池老师希望我们的同学在实习考证同时，能抽出更多时间提升一下自己的数学理论知识和计算机编程能力。池老师的字里行间都流露出对学生们的关爱，期待着学生们能够成人成才。

关于科研工作，池老师认为科研是个摸索的过程，只有静心思考才能略有发现。要做好科研工作，除了个人自身素质之外，选择合适的科研方向也非常重要。池老师认为他在最初选择的科研方向上是比较幸运的，他刚毕业选择的最优再保险研究方向正好用上他在博士阶段的一些积累，很快与陈建成教授合作完成了一篇论文，这篇文章还获得 CAS 的一个重要的学术奖项。有了这个比较成功的开始，池老师一直坚持在这个方面深入探索研究，到目前为止，在国际著名的精算学杂志上发表了十多篇文章，相关工作被很多国际同行引用。池老师严格要求自己，秉着严谨的科研态度和一丝不苟的工作态度，尽量做到每一篇文章都有所突破。

一转眼已经来中央财经大学工作 10 年了，池老师对这里有着自己独特的一份感情。这是他毕业以后的第一份工作，故倍感珍惜。池老师坚持自己的职业操守，努力把工作做得比较完美，不辜负学校和学生们的期待。同时，池老师也表达了对中国精算研究院很高的期待。她是世界上精算专职教师最多的机构，应该成为国内第一，世界知名。

最后，池老师希望学院能在体制和机制上做进一步改革，激励老师们更好地做好教学科研工作，使同学们静心学习，打下更加扎实的基础。不可否认，我们学院当前的研究生教育与国内一流学院和国际先进水平相比还存在较大的差距。池老师希望学院将来能一方面加强课程建设，另一方面做好招生宣传，为保险学院招来更多优秀的学生。在大家的共同努力下，我们的研究生教育水平将会有显著的提高，培养出更多优秀的硕士生和博士生。他们能够在业界和学界大放异彩，成为我国保险业的中流砥柱。对于保险学子们，池老师认为大学时光是人生非常重要的一个阶段，希望每个学生不要荒废了大学的美好时光；希望同学们在大学阶段学会怎么学习，学会思考，不是记一大堆知识，而是要有个人的理解和感悟。除了保险专业知识以外，池老师还希望同学们能扩大自己的视野和扩充知识面，多接触人文社科和计算机方面的课程，这对个人未来的发展和生活有很大益处。

九、伍慧玲研究员

愿中财更创辉煌

采访人：王静

伍慧玲老师于 2008 年进入中山大学攻读博士学位，方向是优化与控制在金融保险问题中的应用。2011 年进入中央财经大学保险学院、中国精算研究院工作，2018 年获得正高职称。在过去八年里，为保险学和精算学专业的硕士生和博士生授课，教授了随机分析基础、金融数学、精算理论前沿、风险量化与决策等课程。

在保险学院任教期间，伍老师对教学工作深有体会。首先，理论和实际应用要紧密结合，才能帮助学生深入了解基础知识的重要性，提高学习兴趣。伍老师曾担任《随机分析基础》和《风险量化与决策》的主讲教师，在讲授过程中，伍老师把伊藤引理在投资决策、再保险决策、确定缴费养老计划优化管理等实际问题中的应用讲解透彻；在随机微分方程求解方法的讲授过程中，伍老师把数值求解理论应用于实际，利用计算机模拟，编程求解理论解，让学生了解理论知识对解决问题的作用。

其次，教学和科研密不可分，教学和科研可以互相促进，应该鼓励科研能力好的老师投入到教学中。伍老师提到只有站在科研的最前线，深入了解所研究领域的热点话题、研究进展和研究空白，才可以将前沿的东西讲授清楚，引导学生对热点的问题进行深入研究。另外，科研岗的老师在教学过程中也获益不少。教学是对所学知识再深入学习的过程，对开展科学研究有百益而无一害，和学生讨论问题也可以激发灵感，对老师的学术论文写作也有促进作用。

最后，要热爱教学工作，肯付出时间和精力，抱着对学生和自己负责的态度，才可以把教学工作做好。为了展示微分方程数值求解过程，伍老师用大量在讲台下的编程工作，将完美的结果呈现在学生面前，或许只有二十分钟，但背后估计要付出两三个小时。为了加深学生对知识的掌握，伍老师也会精选一些课后练习，力求每一个同学的作业都亲自批改，总结学习的薄弱环节，对每一个学生负责。

在采访的过程中，我了解到伍老师不但在教学方面十分突出，科研方面也取得了很多成就。在保险学院工作期间，伍老师发表了二十多篇学术论文，均为 A 级以上论文，先后立项两个国家级科研项目和一个教育部项目，参与了多项国家级、省部级和校级项目。要取得科研方面的成绩，伍老师提到以下几点：（1）刻苦为先，天赋为后；（2）要能沉得住气，要有完美主义精神；（3）要积极和行内人士进行交流，掌握本领域最新研究潮流。刻苦是科研出品的基本条件，任何一篇论文和项目的立项都离不开努力。具有完美精神才可以出品录用率高、录用时间短的论文。另外，闭门造车是很难出好成果的，要走出去多和大伽们交流。

适逢中财七十周年校庆，从伍老师的话语中，我也感受到伍老师对母校和学院深刻的感情。伍老师提道："我感恩学校和学院当初能给我一个工作的机会，让我能有实现职业追求的平台；感恩学校和学院在我的职业发展过程中给予充足的支持，让我在发展的路上走得相对顺利；感恩学校和学院开放包容的精神，让我可以自由选择自己的研究方向，按照自己的兴趣规划自己的职业生涯。"伍老师对中财和保险学院有荣辱与共的感情。在其困难阶段，愿意承担责任，共渡难关；在其蒸蒸日上之时，愿意为其迈向新台阶奉献出自己的微薄之力。

伍慧玲老师在最后也对保险学院和学子们提出了自己的期望："作为保险学院的一分子，我期待学院能抓住营造'双一流大学'的契机，充分利用学校和教育部给予的资源；在人才引进方面，能吸引到海内外一流的人才，让学院的科研实力和教学水平更上一层楼；在教师培养方面，能利用学院资源，在课题申请、经费使用、教师进修等方面给予一定的支持和帮助，对在学生培养和科研工作中有突出表现的老师，给予一定的奖励，提高其工作积极性；在学生培养方面，要严进严出，鼓励老师在开题、预答辩和学年评估过程中严格把控，保证学生的论文质量。对保险学子，我希望他们能充分利用中财和保险学院给予的雄厚的师资力量，良好的科研条件和海内外交流平台，以及众多的实习机会。好好学习，天天向上，回报母校，造福社会。"

十、寇业富教授

一分耕耘　一分收获

采访人：霍晓萍

寇业富教授，经济学（精算学方向）博士，中国精算师协会正会员。1995 年 7 月～2006 年 2 月在中央财经大学应用数学学院（现统数学院）工作；2006 年 3 月至今在中央财经大学中国精算研究院/保险学院工作。研究方向为健康保险精算、风险管理、保险实务等。

2019 年适逢中央财经大学七十周年校庆，保险学院推出"教授谈治学"系列活动，记录保险大师们的声音和历史。我于 2019 年 4 月 2 日对寇业富教授进行了访谈，聆听了寇教授的治学之道。

（一）一分耕耘

寇业富教授常用"耕耘"一词形容自己的工作经历。"桃李不言、下自成蹊"，他总是在默默耕耘，为了学校和中国精算研究院/保险学院的发展，默默工作，不计个人得失。寇业富教授于 2005 年获得教育部颁发的国家级教学优秀奖："第五届全国多媒体课件大赛"高教组优秀奖。为了更快地提高自己的保险精算等方面的专业知识水平、充分发挥自己在应用数学与统计学方面多年的教学科研经验，2005 年 3 月，他继续深造，选择成为中财保险学院精算专业的一名博士研究生。同时，为了更好地满足国家对保险精算人才的需求，并与自己的专业兴趣方向一致，践行自己"教学、科研两相匹配"的理念，寇教授向学校申请调入中国精算研究院/保险学院，并于 2006 年 3 月正式调入中国精算研究院/保险学院，成为中国精算研究院/保险学院的一名教师，将全身心都投入到了保险学与精算学的教学、科研工作中。在中财应用数学学院（现统数学院）工作十余年后，他开始在新的土地上辛勤的耕耘与劳作。

调入中国精算研究院/保险学院任教后，寇教授先后担任了本科生、研究生《保险精算原理》《社会保障精算》《非寿险精算》等近 10 门课程的教学任务。他对于教学工作十分重视，在备课、教案、课堂教学等各方面要求均比较严格，既注重对学生专业基础知识的培养，又注重其对保险业务实践的了解。同学们在课堂上与寇老师积极互动，不断汲取着保险学、精算学专业知识的养分，逐渐成为更加优秀的中财学子、保险学子。寇教授转入科研岗之后，本无须承担教学工作，但他仍选择教授《意外险与健康险精算学》课程，将与学生交流当成不可缺少的事情，稳稳地站在教书育人的第一线。

（二）一分收获

在中央财经大学工作的 23 年中，寇业富教授兢兢业业、勤勤恳恳地工作，一路耕耘，也一路收获。他不仅受到了广大学子们的敬重与爱戴，在科研上也取得了一些成果。他在健康保险研究、风险管理等方面发表了几十篇论文。这些论文对健康保险、风险管理的理论和实证研究有一定的借鉴意义和价值。

在实务研究方面，自 2011 年开始，寇教授主编了中国精算研究院/保险学院的标志性成果——年度系列作品《中国保险公司竞争力评价研究报告》，在业界、学界产生了积极影响。在中国精算研究院/保险学院的大力支持下，经过课题组包括陈辉、张宁、刘达、郑苏晋、周县华、周明、周桦等老师和多名研究生的努力，该项工作得以高质量完成，并在 2015 年教育部对中国精算研究院的基地评估中得到了很高的评价，为基地评估做出了突出的贡献。同时，寇教授自 2016 年开始主编的"保险蓝皮书"，在业界、学界和政府等相关部门也产生了一定的影响力，为提高中央财经大学保险学院在业界、学界的影响和服务等发挥了一定的作用。

（三）回首过往，寄语未来

寇教授回望在中央财经大学工作的 23 年岁月，在感到一丝欣慰的同时，也对自己提出了"继续耕耘，永不止步"的要求。在中财七十周年校庆之际，他对中央财经大学、中国精算研究院/保险学院提供的好的发展平台和机遇表示深深的感谢与祝福。同时他也为保险学院与广大保险学子送上了祝福：希望保险学院继续健康快速的发展，在国际经济形势复杂多变、中国经济金融快速发展的"窗口期"，为业界、学界和政府部门贡献更多的智慧和人才；希望广大的保险学子珍惜美好时光，谨记"幸福生活都是奋斗得来的"，努力学习、奋斗，为国家、中央财经大学、中国精算研究院/保险学院的健康快速发展发挥自己的聪明才智。

十一、周县华教授

龙马奋进　师生共进

采访人：贺如意

周县华老师在 2007 年开始任教，并且主要从事精算方面的科研。他以会计学学士、会计学硕士、管理学（财务管理）博士的学位从吉林大学毕业。周县华老师的主要研究方向为资本市场微观结构、农业保险、保险公司偿付能力等，主讲课程为非寿险精算实务、保险财务分析等，著有《民以食为天：农业保险理论与实务》等，并且主持国家自然科学基金青年项目。周县华老师的主要学术兼职有：中国精算师，中国精算师协会理事，中国保险学会理事，中国会计学会会员，全国金融标准化技术委员会保险分技术委员会委员，中国保险保障基金有限责任公司保险行业风险评估专家委员会委员。

此次，我通过线上的方式对周县华老师进行了采访。周县华老师对精算的教学及研究工作有着忠厚的感情，在采访中，他这样评价自己的教学工作："在任教的十多年中，我通过自己的亲身体会，认识到精算学是一个科学性很强的专业，因为从某种程度上来说，它对金融问题处理得更加专业。"2019 年是建校七十周年，在这几十年的风风雨雨中，无论是整个中财还是保险学院或是精算学专业，都经历了无数的变革与进步，当谈及对保险学院的感情时，他十分激动地说："在这些年里我教了很多出色的学生，这些学生现在有的在监管部门，有的在保险公司、金融机构，以及其他机构，等等，但是无论在哪个领域，他们都表现得很出色，这在一定程度上代表了中财的水平，也代表了保险学院的实力，作为保院的老师，我感到无比欣慰与自豪。"听到这些话时，我的内心很受触动，我听到了一名老师对教学工作的热情，对研究工作的热衷以及对学生的自豪与自信，这也充分阐释了"龙马师生情"的内在释义。最后，他希望保院能越来越好，能始终保持自己的特色，并且殷切地期望保险学院的学子能找到好的工作，将来在自己的工作岗位上能更加出色，更加优秀！

在此次访谈活动中，我感触颇深，无论是这种师生情还是这种对教学工作和研究工作的热衷，都让我对保险学院充满了无比的自豪与自信！

第三节　劳动与社会保障系

一、褚福灵教授

不断探索，再创辉煌

采访人：梁宇

褚福灵教授于 1998 年任教，从事社会保障专业教学，2006 年到保险学院劳动与社会保障系工作。在中财保险学院任教的 13 年中，他对教学有深入且独到的领悟，主要从教学内容和教学方法角度谈起：在教学内容上，应将书本知识与当代实践结合，将能力培养与立德树人结合，将理论基础与前沿问题结合，培养德智体美劳全面发展的高层次人才。在教学方法上，应因材施教，注重运用参与式、任务式、案例式等教学方法，全面提高学生理解与运用知识的能力。

褚教授不仅是教师队伍的领头人，也是社会保障领域研究之路上的一员，他对于科研深有体会。他认为，在科研方面，应注重基础性研究和国家重大应用研究，出产原创性、标志性科研成果，支持国家决策，服务社会需求，提高学校及学院学术影响力。科研之路上，他不乏成就。自 2010 年以来，陆续发布《中国社会保障发展指数报告》，召开社会保障发展指数发布会。主持国家社会科学基金重点项目与一般项目，主持教育部人文社科基地重点项目，主持教育部人文社会科学一般项目，主持教育部人文社会科学专项项目，主持人力资源和社会保障部项目等。出版《城乡养老保障评估研究》《中国社会保障发展指数报告 2013～2015》《城乡基本养老保险关系转移接续研究》等著作多部。发表《构建基于自我负担系数的退休年龄决定机制》等论文多篇。

中财保险学院为他提供了一片发挥的田地，而褚福灵教授也在中财和保险学院培育出累累硕果。对于中财七十周年校庆，他奉上了衷心祝愿：中财建校七十年，春风化雨，桃李满天下，愿中财在建设国际化、研究型大学与争创

"双一流"大学的征程中再创辉煌，愿保险学院进一步发挥学科优势再创佳绩。

二、刘钧教授

春风化雨，桃李天下

采访人：田世博

刘钧教授成长在中国经济转型时期内蒙古一个遥远的边境城市。刘钧教授经历过中国计划经济带来的短缺时代，也经历过市场经济带来的过剩时代。在这一经济转型时期，刘钧教授考上了大学，并且攻读了研究生、博士。1999年，刘钧教授考上中央财经大学研究生的时候，正逢中央财经大学建校六十周年校庆，回忆起当时的情景，刘钧教授表示，能够成为学校的一员十分高兴，也愿意为博士学位努力学习，当好导师的助手。

博士毕业后，刘钧教授留在了保险学院，开始了人生中的教师生涯。转眼间，在学校的教学科研岗位上已经工作了 17 个年头。刘钧教授从不熟悉课程——比较稚嫩，到现在成为一位老教师，其中也有过困惑、不甘心的时候，但是，无论怎样，刘钧教授都踏实坚定地走过来了。

随着岁月的流逝，年龄的增长，刘钧教授越来越喜欢当初选择的大学老师这一职业。对于刘钧教授而言，教师不仅是一个职业，而且更是一个技术，这种技术是长期积累、磨炼的技术，是一门无比光荣的技术。在保险学院的这段时间里，刘钧教授发表学术论文近百篇、主编或参编教材十几部、主持并参与课题研究数十篇。

谈到教学经历，刘钧教授显得格外更加自豪："我喜欢在课堂上滔滔不绝地讲课，喜欢学生回应我的眼神，珍惜学生对我的评价。我喜欢搞科研工作，经常有感而发地写一些文章，并发表。经过长期的积累，我也积累了一些研究成果，这些研究成果是我坚持、努力的结果。"2019 年正逢学校建校七十周年之际，聊到对学校及学院的期望时，刘老师说的既真诚又朴实：希望我们的学校越办越好，希望我们的学校培养越来越多的高质量的人才。

"学生的荣耀就是老师的荣耀，学生的荣耀就是学校的荣耀。"采访的最后，刘钧老师以这样一句话激励着全体中财人。

三、王玉玫教授

龙马师生情

采访人：王晓佳

王玉玫老师是保险学院社保专业的创始人，现任学校图书馆副馆长、研究员，教学关系在保险学院。值中财七十周年生日之际，保院开设教授谈治学活动，有幸邀请到王老师接受了采访。

（一）相逢时已是久远

1985 年 7 月，一个刚刚大学毕业的青涩女孩乘火车来到北京，走上了一个陌生的站台，她在寻找一个地方——中央财政金融学院。她第一次来到这里，那时还不能多渠道查找信息，她选择拨通了"114"。掏出笔和纸，记下乘坐哪路公交，如何换乘，哪个地方左转，几百米又该直行，在马路上寻寻觅觅，终于走到了中财。那时的中财还与北京卷烟厂共用校园，而当日的女孩，也就是如今桃李满天下的王玉玫教授。王老师初至中财，在经济管理系任教，保险系当时还未成立，保险专业是金融系的重要组成部分。1986 年 1 月，保险系成立，最初的保险系（今保险学院）教师少，任课的老师不到 10 人，1993 年 9 月，王老师受到系主任李继熊教授邀请，了解到保险系需要支持，毅然决定到保险系任教，直至今天。

（二）三十四年、二十六载

1998 年，我国本科专业调整时，保险专业属于特招。劳动与社会保障是新设专业，在学校、教务处等部门的支持下，保险系经历两年的运筹、申报、审批，劳动与社会保障专业第一批本科生于 2000 年走进校门，成为保险系的一员。2002 年申报硕士，2004 年招收第一批硕士生。王老师承担了全校第一门《社会保障学》课程，担任了第一届社会保障硕士生导师，可以说社保专业的成立凝聚了全校的力量。中财的社保专业与别的大学相比独具特色，我们学校的社保专业课程体系设置比较偏向于风险保障的研究，利用了许多保险学院的资源，开设了人身保险学、精算学等课程。

2003 年，王玉玫老师担任了分管教学、科研和研究生工作的保险系副主任，2006 年又担任了保险学院的副院长。2008 年，学校经过了第一次本科评估，保险学院受到好评。王老师这些年在教学管理工作方面做出了很多贡献，一路陪伴保院的成长。"保院的发展一直突出自己的特色，在课程设置和学生培养方面注重培养学生实践能力，我们提出了很多设想，在全校最先实施了本科生导师制，这对学生的专业发展起到了有益的作用。我印象比较深的是，有一年，在学校本科生科研十杰评选中有四五个都是我们保险的。在全国性大学生学术竞赛和社会实践中，保险系本科生成绩突出，独具特色。这与保院一直强调理论与实际联系相关。"王老师这样说道。

教师听课，同行评教或教学观摩也是保院第一个提出来的，加强教师之间相互了解和交流教学内容，促进青年教师了解老教师的授课方式，获取教学经验。王老师强调给青年教师安排课，一学期以一门主干课为主，逐渐改变了原来教师人少，有的老师不断开新课，使得课程很难深入下去的现象，后来新老师来了之后，"我们通过了解他们擅长什么之后再按照这个方法排课下去"。同时，也加强社会实践基地建设，王老师很早就意识到"接触实际对未来的发展是有益的，虽然保院的专业面比较窄，但重实践是保院的特色"。

（三）任教保院

当年李教授邀请王老师来保险系，为本科生开的第一门课是《保险企业经营管理》，后续又开了《保险学》《社会保障学》《保险市场学》，为研究生开了《保险理论研究》《保险管理与运行》《社会保障理论研究》，还意外地给研究生上了两年《保险法研究》，从教学上看，来到保院以后，算下来王老师给本科生上过 4 门课，研究生上过 4 门课。"可能门数上多一些，但是一直以来也是出于需要，我想的是既然应邀来到了保院，那么学院发展需要的，能做的我就尽量做好。"王老师如是说。

（四）科研工作

王老师在科研方面成果丰硕。她的研究领域相对来说比较宽，包括保险和社会保障等。"我前一段也在总结，算下来从我到咱们学校从 1985 年 7 月到 2019 年 7 月份就是 34 年，2019 年是我校七十周年校庆，我差不多工作了一半。"这些年结合着工作，王老师做的科研项目有 90 多项，发表的论文有 50 多篇，主编、参编专著 4 部，主编、参编教材、辞书等 18 部，主持、参与各类课题 20 多项。"为了工作不断学习，科研、教学这样走下来，感觉收获挺大的。"

（五）龙马拳拳师生情

王老师在中财任教 34 年，保险学院任教将近 26 年，一步一步看着保险学院的发展，有着越来越强的影响力，也看着保险学子日益优秀，心中十分欣慰。"保险学院师生这个群体让人觉得确实很难得，从老师的角度来看，我们就是合作，把事情做下去。"

（六）美好寄语

"我们要继续保持中财的特色，在自身发展中能更好的担当，为保险事业发展，尽可能多地做些贡献，教学继续保持与实践的联系，希望在未来的日子保险学院能更加发展壮大！"

四、周渭兵教授

因材施教　不断发展

采访人：苏雅

周渭兵教授原任职于江西财经大学财政金融学院，曾任副院长、金融风险研究所所长、院党总支书记。2008 年调至中央财经大学保险学院任职，负责精算专业的教学。后来学院为了提高各专业的综合实力，将周教授调至社会保障系。2016～2018 年，周教授被派到兰州财经大学挂职副校长。

谈起在保险学院任职期间的教学工作，周教授表示要想讲好课，最重要的就是勤奋和创新。勤奋是指教师自身即使对于专业十分熟悉也要认真备课，并且备课的过程要从学生的角度出发，想象自己对这部分知识是完全陌生的，这样才能设计出最高效的传授方法。创新是指"因材施教"和"因兴趣施教"。所谓"因材施教"就是要考虑到学生现有的知识储备，既不能传授过于简单或已经掌握的内容，也不能过于拔高。"因兴趣施教"简单来说就是在课程讲授的过程中，观察学生们的课堂表现，对于学生感兴趣的内容可以深入讲述，还要加强师生课下的交流，将学生们需要的、想学的知识增加在后面的教学计划中。周教授还表示为了提高教学质量，自己一直在努力创造轻松愉快的学习氛围，让同学们快乐地学习。

　　周教授在科研方面也取得了很大成就。目前已在《统计研究》《数理经济技术经济研究》《财政研究》《财贸经济》《经济数学》《中国人口科学》等国内权威刊物及核心刊物累计发表 30 余篇文章。出版著作 3 部。承担省部级课题 2 项，亚洲开发银行课题 1 项，人保部合作课题 1 项。获得省部级奖项 1 个。关于教学和科研的关系，周教授认为教学是基础，科研能促进教学的进步。当今时代发展很快，只有发挥科研的带动作用，教学才能跟上时代的步伐，学生的眼界才能得以开拓。周教授对于挂职期间暂停科研工作表示很惋惜，未来的日子里要继续把科研工作抓起来。

　　周教授在中财工作了十年，他认为中财作为一个诞生比较晚的学校，近几十年来的发展非常快，离不开全校师生的共同努力。特别的，中财的保险专业在全国也是名列前茅的。希望未来中财的师生可以继续保持奋进的精神，求真务实、脚踏实地，共同建设"双一流"大学，迎接中财更美好的明天！

第八章
保险前辈访谈录

第一节　李继熊教授：开保险之
先河　续保险之华章

采访人：黄可轶、杨熠飞

李继熊教授，男，江苏省苏州市人，1931 年 11 月生，1956 年毕业于中央财政干部学校保险专修班，先后在中央财政干部学校、中央财政金融干部学校和中央财政金融学院从事教学、科研和管理工作，有着丰富的教学经验和诸多科研成果。

初见李教授，一种和蔼可亲的感觉油然而生。虽然已近耄耋之年，老教授仍精神矍铄，眼中透着睿智的光芒，柔和而不耀眼，流露出岁月打磨后的从容与淡然。

寒暄过后，我们开始采访，听教授把曾经岁月的光辉与不易慢慢道来。

"师者，所以传道受业解惑也。"李教授从事保险教育教学工作将近 35 年，经历了许许多多的辛酸与坎坷。19 世纪 50 年代初，国内保险人才极其匮乏，保险事业处于初步发展阶段，且保险专业人才地区分布极不均衡。作为从事保险行业的精英人物，李教授有着全面铺开、发展保险业的强烈使命感。那时，他白天做业务，晚上在保险学习班授课。1955 年，李教授进入中央财政干部学校（中央财经大学前身）学习深造。期间，他作为农业保险师资班中的一分子，前往广东进行农业调研，回京后参与编制相关教材，以期达到把农业保险推广到全国的目标。由于他的能力突出，学校方面视其为可塑之才并在任务结束后极力挽留，李教授留校作为一名老师正式任教。

"中国保险业的起步与发展阶段是十分艰辛的。"李教授说。由于一段时间保险业停办，李教授面临无课可教的局面。而李教授认真踏实、一丝不苟的精神，使得学校方面对其十分器重——"就算没有了保险，我们也需要你留下！"于是，教授暂时脱离保险，开始了近十年的图书管理工作和教务行政工作。

十一届三中全会迎来了保险业的曙光。在保险前辈们的呼吁下，为了更好地落实改革开放政策，中央决定恢复国际保险。接着，在 1980 年，又恢复国内保险的招生。李教授再次成为学校保险系的一把手，可谓一人担任，任重道远。终于，保险业停停办办的局面结束，进入了"横向拓宽，纵向深入"的新阶段。1986 年，中央财政金融学院（中央财经大学前身）正式成立保险系，并任命李继熊教授为系主任，此时的李教授，已经年过半百。

保险系的正式成立，意味着更大、更艰巨的挑战。完善保险学科设置，配备更加庞大的师资力量，都成了迫在眉睫的问题。"我在 1987 年到美国去交流学习，发现他们有一个叫作'风险管理'的学科。我一想，国内不能没有啊！然后我就把风险管理带了回来。"李教授自豪地说，脸上洋溢着"丰收般"的喜悦。随后，李教授又在前往英国学习的过程中，引进了"精算"这一学科，可谓"开保险之先河，续保险之华章"！李教授把他的教学生涯全部奉献给了保险，奉献给了保险的人才培养。1996 年，到了本该退休的年纪，李教授仍身体力行，做着研究生导师。"作为一位教师，我想尽量多地把我所了解的内容传授给学生。"这样一句简单的话语，饱含着的是他身为人师的高尚品德！一直到 2008 年，由于身体情况，李教授才正式告别了保险教学——他一生倾心的事业。

李继熊教授在其教学生涯中，参与编写教材 10 余部，多次获得优秀教学成果奖，于 2009 年被评为"新中国 60 年保险业 60 人"。为表彰其在金融保险理论研究、保险学科专业建设、金融保险人才培养和推动保险事业发展等方面做出的卓越贡献，鸿儒金融教育基金会授予其"中国金融学科终身成就奖"。获此殊荣，李教授谦逊地说："荣誉归于学校，我个人只是学校的一分子。"

提起教学，李教授仍十分怀念站在讲台上的感觉。那些求知若渴的眼神，是他一辈子怎么看也看不够的风景。作为"扶持中国保险业长大"的人，对于保险学院的学子，李教授寄予厚望："中国的保险教育是从中财开始的，你们是学保险的学生，很幸运。保险仍是一个需要发展的事业，它现在已经有了一定的广度，而深度，仍需要进一步加强，重任就落在你们身上了！"回顾自己对保险事业的坚持，李教授又说："见证保险事业得以发展到现在的状态，我感到很欣慰。希望你们能够坚定道路，继续把保险学深、学精！"

在采访的最后，谈及中财建校七十周年，李教授颇为动容。一晃白驹过隙，这位见证中财挺过种种风雨的老教授感慨道："我与中财，只一个字——'情'。我十分热爱我的工作。中财对我来说，是成长的根基。没有中财，就没有我国现在蒸蒸日上的保险事业，就没有我。我是在中财的培养下成长、成熟的。愿中央财经大学，越来越好！"

此次采访，我们收获颇多。我们需以李继熊教授的治学品格、科研精神为榜样，把学科的优良传统传承下去，不负期待，砥砺前行。

第二节　张栓林教授：感悟多维度的他

记录人：李心融、张悦

张栓林，中央财经大学教授，北京市优秀教师和高等学校教学成果奖及北京市高等教育自学考试三十周年优秀命题教师荣誉证书获得者。1959～1964年就读于北京外国语大学，通晓英、德、俄、法等语种。从事保险、再保险实务和教学多年，先后赴英国、美国、马来西亚、阿拉伯联合酋长国、中国台湾等国家和地区学习、工作和讲学。曾在国家级、省级报刊上发表文章多篇。

近年来出版的主要著作有《保险英语》《国际再保险》《英汉保险词典》等，还出版了《一位海归的人生轨迹》《一个北京知青的人生轨迹》等长篇小说。

2019年3月31日，保险学院综合部采访小组成员在北京市东城区张栓林教授的家中对他进行了采访。张教授虽已是杖朝之年，但精神矍铄，其思维之敏捷，思想之深刻，都让采访者不由得深深敬佩。

一、人生不设限：一个"不务正业"的保险教授

2004年，张栓林教授年满65岁，正式退休。到2019年8月，张老就要迎来他的八十大寿。在这退休的十几年间，张老不仅延续了他的老本行，出版了《英汉保险词典》等专业书籍，还推出了适用于父母和孩子共同学习的《亲子英语》。但是，在张老的名片上，不仅仅只有"教授"二字，他更是一个"作家"，他对自己"不务正业"的评价，也正来源于此。最近几年，张老几乎每年都要出一本长篇小说——《一个海归的人生轨迹》《一个北京知青的人生轨

迹》《感悟多维度的家》等，现在手头上还有一本待出版的书籍。刚退休的时候，张老仍然坚持为专科的学生授课，后因为特殊原因不得已作罢。13年后，张老开始出书，每天坚持工作五个小时，主要用于写作，其余时间看报纸杂志，晚上出门锻炼，天气好的时候会骑自行车到几十公里外的学校附近转转。在张老已出版的厚厚的一摞书背后，我们看见的，便是张老的自律和他对未知领域勇于探索的精神。

其实，这样的"不务正业"，在张老的青年生活轨迹中，也可见一斑了。张老60年代初从北京外国语大学毕业，尽管中学学习的是俄语，但他大学却选择了德语专业，又在选择二外时遇到了伴随自己后半生的英语。毕业后他被分配到保险公司工作，又在公司通过竞争，得到了出国的机会，谈到这里，张老展露了对自己英语能力的自信，他说，就是与那些大学英语专业的同行们竞争，他也未落下风，最终得到了去往英国的门票。在英国，张老利用每周周末的时间恶补英文，平常工作之余的一点时间也不敢浪费。1984年，张老凭着对英语的热爱，抱着不断学习的目的，选择来到中财任教，教授保险和英语。中财那时还没有保险系，只有金融系下的保险专业；那时候也没有英语教材，张老就自己挑选教材，找了许国璋英语、财经英语等书进行授课。一切都是从头开始，但是张老并未觉得苦。大概也正是因为他"活到老，学到老"的精神，才觉得不断充实自己的生活再苦也是甜的。

二、中财往事："万事开头难"

张栓林教授1984年来到中财，2004年退休，于中财任教20多年，见证了保险系的发展。他说，刚来时学校还是在北京卷烟制造厂的地盘上，一幢两三层的小红楼便是教学楼，教室也不够，条件很艰苦。卷烟厂也仍然在生产，校园里弥漫着烟的味道，难闻又刺鼻，不抽烟的张老每次经过时只能捂着鼻子或者戴口罩。

彼时张老家住北京城的东南角，从东南到西北角的学校，要倒三次公交车，但九点上班的张老从未迟到过。1986年，保险专业从金融系中分了出来，成为独立的"保险系"，但是那时，人们生活水平还不太高，没能意识到保险的重要性，保险行业还不甚景气，以至于1988年，保险系只招了二十二三个人，创下了历史新低，勉强凑成了一个班，这个班的英语也是张老教的（听闻现在保险学院的规模，张老师感叹改革春风劲吹）。张老还感慨，那时教学硬件设施也不行，没有即时的热水，更没有幻灯等教学用具。

1992年，保险系开始招收研究生；1994年，保险系出现了"保险学"和"国际保险"两个班，学院的情况也有所好转。

生于1939年的张老，见证了中国近代以来的多项重大事件，所以他对现在的生活非常满意，他表示，现在眼见耳听都是快速发展的时代，他也要趁着身体好，多记录一些东西，他打趣道："多写写，也就不会得痴呆症了。"

三、寄语新人："天道酬勤"

张老认为，作为一个老师，必须要热爱自己的职业，不能"这山看着那山高"，要明白"行行出状元"，坚信"只要功夫深，铁杵磨成针"。奋斗的人生才是幸福的人生，如果不热爱自己的职业，就很难做到这一点。其次，作为教师，知识面要宽，教的理论要与实际套的上。"为什么我喜欢保险？我教这个理论，我有过这个实践；但有的老师，他教再保险，但却不知道怎么做；就像教金融不知道营业厅里怎么搞，有哪些过程，这样怎么做好老师？理论和实践要结合，学生要问实践方面的问题，怎么解答呢？我觉得保险学院的老师在业余时间要到保险公司去实践，老师不能架空。"

对学生，张老也有一番期望。他认为学生的知识面应该放宽，知识面广，以后就业的机会才广；要奋斗，多看书，多扩充知识面。除此之外，还要能吃苦，"吃过苦才知道社会的甜，现在的孩子都生活在甜蜜罐中，不知道社会的苦。"同学们应当戒骄戒躁、刻苦学习；好的不骄傲，差的也不气馁。

四、后记

最后，张老也询问了关于沙河新校区和校庆的一些情况，关心了熟悉的教授的近况。采访小组离开时，张老坚持送至门口，目送着他们离开，让小组成员十分感动。张栓林教授的一言一行，一举一动，无不透露出一股从容淡定之大气，令人折服。

第三节　冯寒松老师：回忆年少风华　共历三十载风雨

记录人：张雨雯雯、刘心怡

为纪念中央财经大学建校七十周年，我们邀请到了保险学院的冯寒松老师谈一谈值此母校七十周年华诞她印象中的中财大和她期望中的中财大。谈及自己的一生，冯老师说她这一生大半都奉献给了中央财经大学（原称中央财经学院），从 1962 年以学生的身份进入中央财经学院金融系就读，到 1966 年毕业，再到 1979 年学校重建后被调回学校工作，并担任党总支书记兼行政副主任，与学校共历三十多年的风风雨雨。冯老师说，在中财任职也给她带来了巨大的影响，中财让她成长起来，她以自己是中财人而骄傲。

回忆起在中财三十多年的工作生活，冯老师也感慨颇多，她向我们讲述了中央财大保险学院砥砺奋进的历史沿革：在 1980 年的时候保险学院还只是保险系，隶属于金融学院，一直到 1985 年才成立了现在的保险学院。那时候只有人民保险一家保险公司，因而社会对保院学生的需求很少，招的学生也少，只有 100 多个学生，1981 年因校舍问题保院停招学生，1986 年只招了 30 人，1988 年甚至只招了 20 人。后来随着改革开放，保险公司稍微多了一点，但主要出路还是人保。一直到 1992 年的时候学校不包分配了，保险公司也多了起来，所以招的学生也越来越多了。提到当时的工作环境，冯老师说刚开始成立的时候我们条件不是很好，教工队伍不稳定，更多的学生都选择出去任职，而不会选择留校当老师，学校只好请人保总公司的一些有理论又有实践的老同志来给我们讲课，真正自己的老师很少。因为在中财学习的四年，与中财有了很深厚的感情，什么也没想就毅然决然地回来了。冯老师一开始是在金融系任职当班主任，后来成立保险系的时候，以前教过她的老师动员冯老师来保险系。虽然新成立的系和金融系相比条件肯定是要差一些，但是那时年轻的党员还很少，保险系的工作又反正都要有人干。当时只凭着"没有人也去闯吧"的决心就接下来这个工作，一干就是三十年。

当被问及工作经历，她告诉我们学生工作一定要做得深，做得细。她初到保险系时还没什么工作的经验，只想着这些孩子离家来到北京，什么东西都不是很适应，从生活上要对他们很关心，他们有什么困难要尽可能帮着解决。并且一视同仁很重要。

提起印象最深的那个学生，冯老师说如果非要说，那就是李东荣！他当时是工作了8、9年之后恢复高考的时候才考到咱们学校的，所以很珍惜这个学习机会，学习相当用功，学习特别争气。后来当了人民银行的副行长，因为他特别廉政，出行都是走路、骑车，也从不出去参加应酬；人又很勤奋，工作踏踏实实，退休以后银行叫他回去工作他就毅然回到工作岗位上，所以给我的印象很深。

聊完学生工作，我们问冯老师学校举办的让她印象深刻的活动，老师说当时学校的各种活动也是很多的，但她记得最清楚的是当时国庆节的时候参加天安门游行，她们提前很久就要练国庆的团体操和游行队伍，国庆节游行之后要全体人民一同涌向天安门，人很挤，"我们都不用走的，人拥着你就走了"，要是欢迎外宾的话还要做花，在长安街两旁等车队过来一起欢呼迎接他们。

我们都知道中财有一座龙马雕塑，于是请教冯老师龙马精神的意义。"龙马精神是有很好的激励作用，它对中财人是有引导作用的，是促使中财发展的精神引领。"冯老师如是说。

冯老师希望学校发展越来越好，她一直关注近几年学校的发展，中财的校友期刊她几乎一期不落地看。提起中财的近况，她甚至比我们这些在读生还熟悉：中财的学生在多项比赛中获得很好的名次，师资队伍也建设得越来越好。她希望我们中财的孩子能成为有信仰的人，不要随便受到利益的诱惑，要有一个正确的三观。不是要我们每个人都要当什么大官，做什么大事，起码要不负社会、不负人，尽量力所能及地为社会做点事，搞好工作和学习来提升自己的能力，对现在的社会上的一些不好的事情一定要起个好作用。

冯老师可谓保险学院的元老，从保院建立起来之后就兢兢业业地为保院开创了广阔新天地。她这样将一腔热血奉献于中央财经大学的老一辈人把工作做深再做深，做细再做细，才有了我们中央财大今天的壮丽辉煌。

第四节　程文平老师：龙马乾坤七十载
润物无声三十年

记录人：邱晓婧、吴笑寒

程文平老师，现已退休，曾任中央财经大学保险学院党总支副书记、保险学院副院长。长期在院内主持学生工作。2000 年来到保险学院工作，从事行政工作期间兼任班主任一职，曾带出过多届优秀毕业生，与学生们感情深厚，在同学们心目中如同家人一般。

2019 年时值中央财经大学建校七十周年，我们有幸采访到了保险学院前副院长程文平老师，从她的回忆中倾听保险学院的崛起与辉煌。

从采访中我们了解到，程老师是一位从部队转业回来的老师，在经过中央党校的培训后于 1985 年来到中央财经大学信息学院任职。2000 年，中央财经大学为增进学院间交流、推动学校整体发展，进行行政老师轮岗，程老师转而来到保险系，即现保险学院。

虽然程老师负责学院师生的行政工作，可她认为，只有走到学生们的生活中去，才能真正了解到学生们的需求；只有真正了解学生们的需求，才能有效地帮助学生们更好地学习、生活，因此，程老师还坚持担任班主任的工作。

程老师总是能够及时发现学生们遇到的困难并给予帮助。在程老师担任班主任期间，有一位学生令陈老师印象深刻，如今仍时常挂念。那时，这位同学家境不太富裕、性格也比较内向，常因为内心的落差感而烦恼。程老师十分留意他，常常与他进行沟通，并在发现端倪后多次陪伴他去医院就医。

留在北京大抵是所有毕业生的愿望，这位同学也不例外。但是，他在北京的工作与生活并不如意，生活态度也日渐消极。此时，程老师积极与他沟通，结合他的自身情况及就业形势帮其分析利弊，最终建议他尝试回家乡工作。未曾想，这位同学回到家乡被知名金融机构录用，生活质量不断提高，如今生活幸福美满，并且时常来探望程老师，感谢当年程老师帮助他寻找到人生的方向，去实现自我价值。

一位尽心尽力、情深意切的老师正是凝聚起一群学生的力量。如春风一般，程老师"润物细无声"，她对学生的体贴与爱护被大家看在眼里，记在心中；她对学生的深切情感自然也影响着每一位学生。所以程老师所带班级学生间的感情也非常深厚；同学之间相互关心、协作互助，十分团结。

对于保险学院的专业知识，程老师也有着极强的自豪感。保险学院曾多次联合高校开展学科知识竞赛，与北京大学、清华大学、对外经济贸易大学等进行切磋，并毫不逊色，多次在竞赛中拔得头筹。在储备知识，尤其是保险知识方面，保险学院可谓是下足了功夫。据程老师说，现在图书馆还存在着许许多多当年备战的学习资料。

所谓："大人不华，君子务实"，在中央财经大学的这些年，对程老师产生极大影响的是中财的务实与回馈给予的精神。学院的"务实"是看到每一位教职工和同学的需求，为师生们提供更适宜的环境和更广阔的平台，而不是进行口头上的承诺；教师的"务实"是对学术和教学的勤奋钻研，对学生的悉心教导；学生的"务实"是追梦路上的坚实脚印。此外，在程老师的回忆中，保险学院常年能够收到来自社会的助学金，进一步帮助有需要的学生，而许多毕业生在工作后也一定会将这种回馈母校的传统延续下去。

七十年，从零零星星的陈旧设施到如今系统完善的教学设备；从艰难困苦的条件到如今优美舒适的环境；从专研的学科知识到如今丰富的专业选择；程老师不禁感叹学校的巨大改变。同时，随着学校的不断发展，声誉的不断积累，学校的生源也越发广泛，而这一批批怀揣理想的年轻人也带动了中央财经大学走向更光明的未来。

对于中央财经大学以及保险学院未来的发展，程老师的话语中透出了殷切的希望。她认为，对于教师，敬业精神和仁爱耐心必不可少；对于同学，求真务实和刻苦钻研也务必做到。

七十年风雨兼程，浇筑了知识殿堂；三十年无声润物，留下了桃李芬芳。昨天，无数人的尽职尽责、默默奉献，成为学校发展的基石、创造辉煌的力量；而明天，更需我们传承优良传统、发扬龙马精神，努力实现自我价值，为学校和国家贡献自己的一份力量。

第五节 黄燕双老师：挥青春光华 谱保险华章

采访人：朱一叶、黄春艳

黄燕双老师，现已退休，曾任中央财经大学保险学院办公室主任。长期在院内从事行政工作。1985年末来到中央财经大学工作，在图书馆任职10年后，转而在保险学院从事行政工作，曾负责教务、资料室、办公室等方面工作。

初见黄燕双老师，一种亲切感扑面而来。前来采访前，黄燕双老师正在隔壁的办公室帮助其他老师解决有关的办公问题，可见黄老师即使退休也仍然心系保院，仍旧延续着从前的工作习惯，帮助大家更好地完成工作。

在采访中我们了解到，黄燕双老师是在1996年元旦进入当时的保险系工作，并且在当年的 9 月负责了保险学院办公室的工作，同时还兼任 1995 级国际保险班的班主任和辅导员。谈起担任班主任的经历，黄老师脸上洋溢着对往日时光的留恋和回忆的幸福。因为这是黄老师初次担任班主任和辅导员的职务，老师说，现在想起那段时光，还是十分难忘和兴奋。

在担任班主任的时间里，黄老师始终认为当时的学生们都是十分优秀的。学生们和黄老师的关系也十分融洽，时至今日，在 1995 级的班级群里，黄老师和同学们还时常聊天、寒暄，过年过节时还保持着联系。可见黄老师始终把学生放在首位，走入学生的生活中了解学生，这样才能走进学生的心，才能在时隔二十多年的今天仍然保持着良好的师生关系。

据黄老师回忆，1995 级的学生大多不是独生子女，正因如此，当时的班级十分团结。在与 1995 级的同学相处的日子里，给黄老师留下最深刻印象的一件事就是全班一起参与了献血活动。全班 48 位同学全部参与了献血的体检，除了 6 位同学未通过体检外，其余 42 位同学全部参与了献血活动。因为班级同学团结、无私奉献的精神，1995 级国保班还获得了"北京市三好班集体"的光荣称号。

黄老师也为我们讲述了给她留下印象最深刻的学生——1995 级学生于蕾（音）。本可以在北大、清华就读的于蕾考入了中财。而这样的落差让成绩优秀的于蕾产生了一些心理问题。为了调整心态，于蕾决定休学一年，和爸爸四处旅游，决心以更好的状态继续接下来四年的学习生活。黄老师说于蕾是个特别优秀的学生，学习十分轻松，每一次的考试都能夺得第一，因此被保送为保险学院的研究生。但因为自己的梦想，她选择去国外进修。现在的于蕾在国外生活的十分幸福，而谈及于蕾的故事，黄老师脸上满是骄傲。

说起在中财任职三十余年的经历，作为中财发展的见证者，黄老师为我们讲述了中财的发展。中财在 1949 年成立后一直砥砺前行，逐步发展。在 1979 年学校重新开始招生后，中财只能重新开设校园，被迫和卷烟厂共用一个院子。黄老师笑称，1985 年初来中财时，在公交车上都不用看站台，闻着烟味就知道已经到学校了。

在黄老师眼中，中财发展的七十年里，除了师资力量的逐步强大、教学设备的逐步完备、硬件设施的逐渐完善等，从生源的变化上也能看出中财的发展。曾经中财的生源远比不上国内的顶尖高校，但如今，中财的生源基本上排在全国前十。尤其让黄老师感到欣慰的是，在第四轮学科评估中，中财的应用经济学被评为 A＋，并列全国第一。黄老师说，这样重要的进步与各位校领导的正确领导、各位老师的辛勤付出还有同学们的不懈努力是分不开的。

中财的光辉发展和取得的进步被大家看在眼里，黄老师也提出了一些对中财未来发展的期望。因为经济类院校的限制，中财学生在其他领域的涉猎还有待扩展。黄老师希望中财的学生能全方面发展，成为各个领域的领军者。

对保险学子，黄老师抱有极高的希冀。她认为，学生最重要的是脚踏实地，认清自己的目标，对自己未来的发展要有清楚的认识，自己的未来是掌握在自己手中的。

辛苦耕耘三十余年，黄燕双老师将自己的青春挥洒在中财，她的辛勤付出和无私奉献为保险学院的发展做出了巨大贡献。而中财一路走来的这七十年，离不开无数人的付出和坚守，离不开众多优秀学子的开拓与创新。

愿中财砥砺前行，再铸辉煌！

附：保险学院大事记

1952～1996 年

1. 1952 年 10 月 15 日，在全国院系调整工作中，经中央人民政府政务院批准，由北大、清华、燕京、辅仁四所大学的经济系和中央财政学院合并，成立中央财经学院，直属高教部领导。学院设有财政系、统计系、会计系、企业管理系、贸易系 5 个系，有财政专业、税政专业、工业统计专门化、贸易统计专门化、农业统计专门化、工业会计专门化、贸易会计专门化、国家预算专门化、企业管理专业、企业财务管理专业、工业财务专门化、贸易财务专门化、对外贸易专门化、国内贸易专业 14 个专业（专门化）。学制分别定为 3～4 年，另外还开设了银行专修科、劳动专修科、贸易专修科、保险专修科 4 个专科专业，学制为 2 年。

2. 1956 年 2 月 18 日，保险专修班有 42 位同学因工作需要，提前调动赴中国人民保险总公司工作。

3. 1957 年 2 月 22 日，为了贯彻精简机构精神和提高工作效率，经第一次院务委员会讨论和校长批准，决定撤销财政专修班、保险专修班、基建专修班、储备专修班、师资专修班 5 个班，成立学员科。另外，组织科改称人事科。

4. 1969 年 9 月经国务院讨论决定，中央财政金融学院停办。

5. 1978 年 3 月 16 日，国家教育部、财政部根据国务院领导同志的批示，同意在北京原址恢复中央财政金融学院，开设财政、金融、国际金融、会计、统计等专业，在校学生规模 2000 人，面向全国招生，学制三年，实行财政部和北京市双重领导，以财政部为主。

6. 1979 年 11 月 26 日，中央财政金融学院张玉文同志、李继熊同志参加中国人民银行分行长会议，讨论恢复国内保险业务问题，中国保险学会同时成立，张玉文同志当选为理事。

根据会议精神，考虑到在改革开放发展形势下，各地开放口岸缺少涉外保险业务干部的问题亟待解决，中央财政金融学院积极响应财政部、中国人民银行总行党组的决定，决定1980年开始招收第一届保险专业本科生；按照经营涉外保险业务干部培养要求，拟招收"国际保险"专业。

7. 1980年9月中央财政金融学院共招收200名新生以财政、基建财务与信用、金融、国际保险、会计5个专业，各招收40名学生。其中，国际保险专业是在全国率先开设的保险专业本科项目。

8. 1986年1月17日，财政部批复，同意中央财政金融学院增设保险系等4个处级机构，并同时启用这几个单位的新印章。

9. 1986年5月16日，中国人民保险公司与中央财政金融学院就办好保险系，发展保险教育事业签订了协议书。保险学院保险系要在教学改革中不断提高教学质量，努力培养合格的保险专业人才。中国人民保险总公司将在各方面给予保险学院保险系充分协助和支持，双方对保险教育事业充满信心。

10. 1988年3月3日，美国国际保险集团驻华办事处首席代表博克先生来我院为保险系本科生、研究生举办讲座，副院长王柯敬、保险系主任李继熊会见了博克先生。

11. 1988年4月，保险学院陈继儒的论文《保险经营中几个观点的刍议》获《上海保险》优秀论文三等奖。

12. 1988年5月25日，美国纽约保险学院院长、教务主任等一行3人来保险学院访问：钱中涛、赵春新副院长和保险系主任李继熊同他们进行了友好会谈，就双方开展学术和人员交流问题交换了意见。

13. 1988年6月，保险学院保险系主任李继熊同志出席北京市保险学会成立大会，并当选为常务理事。

14. 1988年12月，保险学院李继熊等3人编写的《海上保险》获银行系统优秀教材二等奖。

15. 1989年4月9日，保险学院为中国保险公司举办的出口信用保险培训班举行开学典礼。

16. 1990年9月8日，保险学院保险系冯寒松同志、财政系王复华同志被评为北京市高教系统德育先进工作者，并参加了北京市庆祝教师节暨先进教师、先进德育工作者表彰大会。

17. 1991 年 4 月 16 日，美国纽约保险学院院长哈密尔顿先生来保险学院访问，赵春新副院长及保险系领导同哈密尔顿先生进行了亲切友好的会谈，双方就今后的学术交流问题交换了意见。

18. 1992 年 10 月 7 日，澳大利亚保险学院院长马克立先生、最高行政长官斯迈史先生对保险学院进行短期访问，王柯敬副院长及保险系主任李继熊与来宾进行了会谈。

19. 1993 年 9 月 28 日，保险学院与英国鹰星保险公司暨英国精算师学会联合办学项目新闻发布会在专家宾馆报告厅举行，中国人民保险公司副总经理潘履孚及首都部分新闻单位的记者出席了发布会。

20. 1994 年 4 月 26 日，英国通用商业再保险公司精算师杰弗·巴顿先生来保险学院访问，双方交流了中国人寿保险市场发展，精算师培养以及有关再保险专业知识方面的问题。

21. 1994 年 5 月 8 日，保险学院李继熊教授当选为北京市保险学会常务理事。

22. 1994 年 9 月，保险学院保险系副主任冯寒松和团委副书记孟志军荣获北京市教育系统德育工作先进工作者称号。

23. 1995 年 3 月 2 日，保险学院保险系主任李继熊与郝演苏、李晓林应邀参加澳大利亚使馆组织的社会保险和养老保险高级研讨会。

24. 1995 年 4 月 3 日，英国特许保险学会、英国精算师学会在中央财政金融学院设立的北京考试中心举行 1995 年春季考试，共有 3 人报名参加，其中，参加特许保险学会考试的考生 16 人（含 1 名英籍学生），参加精算考试的考生 16 人。

25. 1995 年 5 月，台湾高雄国立技术学院金融系主任凌氤宝先生来访保险学院，李继熊、郝演苏同志接待来访客人。

26. 1995 年 6 月 25 日，应英国 CII 邀请，保险学院党委副书记徐山辉、保险系主任郝演苏访问了英国太阳、鹰星两家保险公司和 CII，就保险学术交流、研究生培训及 CII 考试交换了意见。

27. 1995 年 7 月 31 日，澳大利亚国卫保险集团资助 30 万元人民币用于保险学院 1996～1998 年保险、金融、会计学科奖学金、奖教金签字仪式今天举行，澳大利亚康联保险集团关于在保险学院保险系建立 AII 考试中心的意向书亦同时签字。

28. 1995 年 11 月 20 日，保险系李晓林代表保险学院出席了在新加坡召开的第一届远东太平洋地区精算会议。

29. 1995 年 11 月 23 日，保险系与澳大利亚康联保险集团北京代表处联合举办的"中澳寿险营销制度研讨会"在保险学院举行，80 多人参加了会议。

30. 1995 年 11 月 24 日，澳大利亚保险学会正式批复，在中央财政金融学院保险系设立 AII 考试中心。

31. 精算师学会 1995 年秋季考试中，保险学院利明光（现中国人寿副总、总精算师）、龚兴峰（现新华人寿总精算师）、杨智呈、赵晓强（原中再产险总精算师）、崔丹通过 A—D 课程，荣获精算技能证书。

32. 1996 年 5 月 10 日，应澳大利亚康联保险集团的邀请，以王柯敬院长为团长的中央财政金融学院学术交流考察团一行 4 人启程赴澳大利亚，考察团访问了澳大利亚保险学会。双方就在保险学院建立 AII 考试中心一事进行商谈。6 月 11 日澳方回访保险学院，双方签订了《合作备忘录》。

33. 1996 年 5 月，中央财政金融学院更名为中央财经大学。

1997 年

1. 9 月 2 日，中央财经大学与英国鹰星保险公司、英国精算师协会在钓鱼台国宾馆举办精算证书颁发仪式。财政部部长助理高强、中央财经大学校长王柯敬、保险系负责人李晓林、英国精算师协会理事哥福德、英美烟草集团（鹰星保险公司母公司）国际部主任汤姆、鹰星保险公司北京代表处首席代表毕静媛、中国人寿保险集团董事长何界生、中国保险学会副会长潘履孚、中国注册会计师协会会长（著名会计理论家、教育家）杨纪琬等出席颁奖仪式。王柯敬、李晓林、汤姆在仪式之前的记者座谈会上介绍了中央财经大学与英国合作开展精算教育的情况，并回答了来自中外媒体记者提出的问题。

2. 9 月，中央财经大学自本届保险精算硕士研究生入学开始，英国精算师考试体系的 8 门初级课程，不再由英籍教师授课，改由中央财经大学教师讲授，精算专业课程将由保险系李晓林等讲授，财务报告、经济学两门课程将分别由会计系李晓梅、经管系张铁钢讲授。

3. 11 月，瑞士人寿与养老金公司向中央财经大学赠送一批电脑和打印机。校长王柯敬、北京代表处首席代表陈龙清、广东代表处首席代表刘红以及保险系李晓林、外事处罗永志等出席了捐赠仪式。李晓林代表保险系接收了电脑和打印机。

1998 年

1. 5 月，法国安盛国卫保险集团和中央财经大学举行了安盛国卫奖教奖学金资助协议签署仪式，中央财经大学校长王柯敬教授、安盛国卫亚洲总裁张剑锋先生等率双方的多位领导出席了签字仪式。法国安盛国卫保险集团向中央财经大学资助 30 万元人民币，用于奖励 1999~2001 年保险、金融、会计学科取得优异成绩的教师和学生。

2. 7 月 6 日，教育部本科专业新目录颁布实施，并对《普通高等学校本科专业目录》进行了整理审核，拟从本科专业目录中撤销保险专业，全国的保险专业普遍将并入金融专业。考虑到保险的特殊职能和保险学的专业特点，李晓林同志在学校的支持下向教育部提出了保留保险本科专业的申请，并与中央财经大学的保险教育著名学者李继熊、陈继儒等做了多方面的工作，还在教育部讨论相关专业合并设置的会议上，向有关专家全面陈述了保险学专业应独立保留的论证意见，此外，多次口头和书面回答了教育部有关同志提出的质询，最终得到了相关专家和领导的理解，教育部有关领导安排李晓林同志编写在《普通高等学校本科专业目录》之外特批保留保险学本科专业招生的方案。

李晓林在新成立的保监会和中共中央党校联合几所院校开展保险中介产业发展重大课题研究的过程中，组织了国内的几所开展保险专业教育的传统院校的多位保险专业学者进行了讨论，提出了特批部分学校保留保险学本科专业招生的方案，并与教育部有关同志做了反复的沟通，得到认可。

1999 年

（一）出访交流活动

1. 6 月 6~16 日，王柯敬校长率闻潜、李晓林、张铁钢等保险、经济学等专家代表团赴瑞士、德国、奥地利三国的部分大学、保险公司、银行进行访问。在此期间，与瑞士经济、保险界人士共同探讨了政府有关财政货币政策的调节功能、保险业发展，并与瑞士有关学校进行了学术交流。

2. 11 月 29 日~12 月 9 日，应美国奥斯汀·佩州立大学、威斯康星白水大学商业与经济学院和美国大都会人寿保险公司的邀请，李保仁教授等一行 5人赴美考察访问。访问期间，分别同以上两所大学和美国大都会人寿保险公司商谈了有关合作办学事宜。

（二）学术交流活动

1. 7月18～21日，中央财经大学保险系杨再贵老师在亚太风险与保险学会的资助下，应邀赴香港参加亚太风险保险学会第三届年会，并宣读论文《保险资金和最低偿付能力的监管》，该文被收入年会论文集。

2. 10月14～5日，在国家教育部的指导下，作为《普通高等学校本科专业目录》之外特批保留保险学专业的中央财经大学保险系，牵头举办了"市场经济与高校保险教育研讨会"。研讨会在中央财经大学会议室举行，并在新世纪大饭店举行了研讨成果大型发布会。李晓林同志主持了大会，并向社会发布研讨成果。教育部、中国保险监督管理委员会、中国保险协会的相关领导和国内各保险公司的人力资源管理部门的负责人及特批保留保险专业的北京大学、南开大学等全国5所高校的代表参加了研讨会。研讨会前后持续两整天，与会者对社会主义市场经济下如何开展保险教育达成了共识，明确了方向，并确定了该专业《保险学原理》等6门核心课程及《风险统计模型》等9门专业课程。

会议期间，人保副总经理、中央财经大学客座教授乔林同志等与中央财经大学领导做了深入的交流，就学校发展的部分重要事项提出了建设性意见，极大地支持了学校的发展。

（三）学科建设

1. 2月26～27日，保险系举办首届全国保险经纪人资格考试，来自黑龙江、吉林、辽宁、内蒙古、河北、天津、北京7个省市的约3000名考生参加了本次考试，考生占全国考生的50%。

2. 1999年3月2日，学校得到通知，在《普通高等学校本科专业目录》外特批中央财经大学保留保险学本科专业，同批批准目录外保留的还有北京大学、南开大学、武汉大学、西南财经大学。至此，在《普通高等学校本科专业目录》取消保险专业的情况下，申请在专业目录外特批保留保险学本科专业的工作较为圆满地结束。

3. 3月15日，中央财经大学保险系与英国精算师协会、英国鹰星保险公司共同举办的精算教育成果颁奖仪式在北京举行，校长王柯敬、英国政府精算署署长戴克礼、鹰星保险公司资深精算师玛丽歌顿、首席代表邱波，以及中央财经大学保险系李晓林、研究生部王国华、外事处罗永志等出席了颁奖仪式，向中央财经大学1997级硕士研究生在英国精算师考试中获得的初级颁发精算技能证书和奖励。该届同学的精算技能证书课程完全由中央财经大学教师任课，所有同学均有突出的表现，至此取得了超出以往各届同学的成绩。中外合作各方均予以高度评价，并热烈祝贺所取得的成果。

4. 10 月 8 日，中央财经大学与鹰星人寿保险公司和英国精算师协会签订了《谅解备忘录》，将由中央财经大学于 1999 年 9 月招收 17 名第四届精算研究生，由中英专家共同培养，学制 3 年。

2000 年

（一）学术交流活动

1. 2 月 18 日，英国著名精算学者、金融数学专家、赫瑞瓦特大学教授麦库臣先生访问中央财经大学。李晓林带领保险系教师与麦库臣教授做了深入交流。麦库臣教授多年前曾作为中英精算合作办学的主要教授之一在中央财经大学讲授精算学的重要课程。此次访华，针对中央财经大学精算教学与科研工作，特别是处理好中国精算教育与专业研究及其与国际接轨的关系，与中央财经大学学者做了较长时间的讨论，并形成了一些共同的认识。

2. 3 月 9 日，中国保险监督管理委员会副主席、中央财经大学客座教授吴小平应邀来中央财经大学作了题为"进入 WTO，中国寿险业面临的挑战及发展思路"的专题报告。

3. 11 月 26 日，由中央财经大学保险系主办的首都大学生"林肯杯"保险知识竞赛在中央财经大学结束，中央财经大学郝演苏等担任大赛评委，保险系代表队获得冠军和最佳机智奖。

4. 12 月 1 日，中央财经大学与安盛保险集团在专家宾馆举行 2000 年安盛奖教奖学金颁奖仪式，副校长王广谦、安盛保险集团亚太区高级执行副总裁罗力勇代表双方向保险、金融、会计 3 个学科的 15 名教师和 21 名同学颁奖。

（二）学科建设

9 月 12 日，中国保险网与保险系合作开办了"中国保险经纪网络课程"，创中国保险网上教育先河，新华社及国内十余家新闻媒体对此作了报道。

（三）中国精算师考试在中央财经大学启动

12 月，中国保险监督管理委员会在中央财经大学设立了中国精算师考试北京考试中心，首次面向社会举办了中国精算师资格考试中的六门课程考试。

2001 年

（一）出版专著与教材

1. 郝演苏．人身保险投保方案设计［M］．北京：中国经济出版社，2001.

2. 郭丽军．保险学概论［M］．北京：中国财政经济出版社，2001.

3. 肖梅花．保险学概论［M］．北京：中国财政经济出版社，2001.

4. 薛梅．保险学概论［M］．北京：中国财政经济出版社，2001.

（二）科研项目

1. 李晓林．"保险机构偿付能力评价体系研究"，教育部，2001.12.

2. 王柯敬．"保险公司治理结构研究"，中国保监会，2001.10.

3. 李晓林．"补充养老保险课题国别研究"，中国保监会，2001.04.

（三）学术交流活动

6 月 23 日，2008 年北京奥申委和体育总局在钓鱼台国宾馆举行"奥运会风险管理"研讨会。作为北京 2008 奥运会申办中的风险管理方案执笔人，李晓林和李继熊出席了研讨会，做了主题报告。

2002 年

（一）出版专著与教材

1. 郝演苏．财产保险［M］．北京：中国金融出版社，2002.

2. 肖梅花．保险学［M］．北京：立信会计出版社，2002.

3. 张栓林．保险基础［M］．北京：中国财政经济出版社，2002.

4. 郑苏晋．人寿保险的风险统计与分析—新世纪的中国人寿保险丛书［M］．北京：中国财政经济出版社，2002.

（二）校级课题

1. 刘钧，重点项目，02X103，我国社会保险基金投资运营的监管。

2. 王玉玫，一般项目，02X213，城镇农民工生存状况及其社会保障问题。

（三）学术交流活动

9 ～ 12 月，台湾东吴大学邀请中央财经大学保险系郝演苏、张栓林、肖梅花、王玉玫等教师赴台湾举行观摩讲座，为学生讲授保险制度等课程。

2003 年

（一）出版专著与教材

郭丽军．再保险学［M］．北京：中国金融出版社，2003.

（二）科研项目

郑苏晋．"奥运会取消的微观经济影响评估"，江泰保险经纪公司，2003. 11.

（三）机构增设

4 月 16 日，中央财经大学决定在 1993 年成立的"中央财政金融学院保险精算研究所"，和在 1999 年重组成立的"中央财经大学中国保险与风险管理研究中心"的基础上，成立"中央财经大学中国精算研究院"。研究院领导由李晓林担任，内设研究机构、人员编制、研究经费、办公场所由保险系负责解决，研究院负责人及其人员变动由保险系集体研究决定，并报学校科研处备案。

同时，作为保险学、精算学博士研究生导师，李晓林教授负责整合师资力量，组织中国精算研究院申报教育部人文社会科学重点研究基地。

2004 年

（一）科研项目

1. 李晓林．"中国保险业偿付能力问题研究"，教育部基地重大项目，2004.

2. 王晓军．"中国社会保险制度统计、精算与监控系统研究"，教育部基地重大项目，2004.

3. 管怡升．"香港民安保险有限公司五年发展规划"，香港民安保险有限公司，2004.

4. 郭丽军．"开办对外保函保险"，中国出口信用保险公司，2004.

（二）部分科研成果

1. 郭丽军．二手车全损，如何赔付［N］．国际金融报，2004. 06.

2. 郭丽军．车险如何走出"高返还"怪圈［N］．国际金融报，2004. 03.

3. 郭丽军．恶意重复保险，到底该不该赔［N］．国际金融报，2004. 03.

4. 郭丽军．现行强制三者险与商业化经营矛盾多［N］．中国汽车报，2004.04.

5. 郝演苏．将手写保单逐出保险市场［N］．中国保险报，2004.01.

6. 郝演苏．合资寿险公司制度缺陷堪忧［N］．国际金融报，2004.03.

7. 郝演苏．要爱护国有企业的市场形象［N］．国际金融报，2004.03.

8. 郝演苏．警惕合资寿险公司组织结构的制度隐患［N］．国际金融报，2004.02.

9. 李晓林．加快保险信息化发展，提升我国保险行业竞争力［J］．中央财经大学学报，2004.02.

10. 刘钧．社会保险缴费水平的确定：理论与实证分析［J］．财经研究，2004.02.

11. 刘钧．美国企业年金监管发展的经验及其对我国的借鉴意义［J］．北京金融，2004.07.

12. 刘钧．创新制度规范，促进企业年金的发展［J］．北京金融，2004.11.

13. 刘钧．我国企业年金的政策优惠和政策规范［J］．新疆农垦经济，2004.08.

14. 王玉玫．增加失地农民就业的几点思考［N］．中国改革报，2004.12.

15. 薛梅．体育保险发展滞后是保险公司的责任吗［N］．中国保险报，2004.07.

16. 薛梅．体育保险谁来补位［J］．中国保险，2004（9）．

17. 薛梅．农民工保险，鸡肋还是蛋糕［N］．中国保险报，2004（9）．

18. 薛梅．体育保险，难在何处［J］．上海保险，2004（12）．

19. 薛梅．家财险跛足现象［J］．中国保险，2004（12）．

20. 薛梅．世界在保险费率持续上涨［N］．中国保险报，2004.01.

21. 张栓林．勇于进取的工商时报［N］．中华工商时报，2004.10.

22. 周桦．论公共卫生最优支出策略［J］．中央财经大学学报，2004（5）．

（三）学术交流活动

1. 4月9日，中央财经大学举办中日保险制度对比学术讲座。讲座听取著名旅日保险专家沙银华主题为"中日保险制度对比"讲座，学校师生150余人参加学习。

2. 5 月 15 日，学校举办第五届首都大学生保险知识竞赛。竞赛评委由中国保险业专家学者组成的 6 人专家小组担任，最终人大代表队获得冠军。该项竞赛从策划、组织到实施全过程由中央财经大学保险系同学完成。

3. 9 月 19 日，中央财经大学学生在首届"中国平安青年保险优秀论文比赛"中获奖。学校共 5 名学生保险论文获奖，一等奖、二等奖各 1 名，三等奖 3 名。

（四）研究院发展

1. 9 月 6 日下午，教育部吴启迪副部长在中央财经大学视察并指导工作期间，来到中国精算研究院，考察了办公与科研条件，与李晓林院长和多位老师亲切交流，鼓励研究院在精算与风险管理的重大问题研究方面做出更大贡献，并在签到簿上签名、在留言中录写了"忠诚、团结、求实、创新"的校训。

2. 9 月 16 日，教育部组织的由多所大学校领导和权威学者组成的人文社会科学重点研究基地评审委员会，在教育部社科司相关领导的陪同下来保险学院实地考察，王广谦校长亲自领导和组织了基地建设相关工作，安排了迎接该项实地考察的准备工作。中央财经大学党委书记李葆仁、校长王广谦、副校长王国华、中国精算研究院院长李晓林等就中国精算研究院在基地建设五大任务相关工作做了全面汇报，科研处、财务处、人事处、国际合作处等多个部门的负责人和李晓林教授、李健教授、祁怀锦教授、王晓军教授等专兼职专家一起回答了评审委员会各评审专家的全面质询，得到了与会专家的充分肯定；李晓林、王晓军汇报了所负责申报的基地重大项目的申报内容，并在答辩中回答了各类问题，得到了专家的认可。

3. 10 月，中央财经大学引进加拿大滑铁卢大学陈建成副教授在中央财经大学兼职。

4. 11 月 26 日，中国精算研究院入选教育部人文社科重点研究基地。12 月 17 日，教育部社科司袁振国司长等领导来中央财经大学宣布了中国精算研究院获批列入教育部百所人文社会科学重点研究基地的决定。学校同时也举行了中央财经大学的重点研究基地建设大会。中国精算研究院将在学校的领导下，在全校各部门的支持配合下，为我国人文社会科学的发展，我国保险与风险管理事业的发展，努力做出更大贡献。

2005 年

（一）出访交流活动

1. 5月，郝演苏应邀前往台湾进行讲学活动，在两个星期里，郝演苏教授先后在逢甲大学、朝阳科技大学、明道管理学院、中兴学院、东吴大学进行了有关保险市场发展的专题讲座。

2. 9月，郝演苏随中央财经大学代表团访问乌克兰，并且对于乌克兰国立经济大学建立保险系发表了专业建议。

3. 2005年3月14～18日，中国精算研究院院长李晓林教授与徐景峰博士出访英国和加拿大。期间访问了英国精算师协会、英国伦敦城市大学、加拿大滑铁卢大学、多伦多大学，与其就人才培养、研究生交流、精算专家学者合作开展研究及学士交流达成合作意向，并接受英国《精算师》杂志的采访。

（二）主办国际会议

2005年1月6～8日，中国精算研究院与英国精算师协会共同举办了精算证书颁发仪式暨首届中国精算国际高层论坛。中央财经大学李俊生副校长和中国精算研究院李晓林院长分别主持了精算证书颁发仪式和首届中国精算国际高层论坛，英国精算师学会主席麦克尔、英国政府精算署署长戴克礼、中国香港精算师学会主席李仕达出席并做了重要发言。

（三）学术交流活动

1. 3月，郝演苏教授在"2005年中国保险业高峰论坛"上发表题为"夯实中国保险业发展的制度基础"的专题演讲。

2. 4月，中国人民财产保险股份有限公司副总经理王和为中央财经大学师生做了题为"中国保险公司经营"的专题讲座。

3. 6月，保险系教师和研究生20余人参加了中韩保险学术研讨会。

4. 7月，保险专业2004级硕士研究生郑宇应邀出席7月26～30日在印度班加罗尔举行的亚太金融年会，并且在会上进行了关于中国人寿保险产品保障问题的专题演讲。

5. 7月26日，中国保险监督管理委员会人身保险监管部精算处处长丁昶先生率精算处同志来教育部人文社会科学重点研究基地中央财经大学中国精算研究院访问并调研，李晓林院长带领研究院老师接待了丁处长，正在中国精算研究院授课的保险学院英籍教授刘延平先生等也参加了会见。双方就中国寿险精算发展中的一下问题做了深入、友好的交流，对中国精算师未来的发展方向，特别是一些重大问题交换了看法，并对进一步的合作形成了重要的共识。

6. 8月，郝演苏教授带领保险专业 2003 级硕士研究生陈舒、刘晓珺、邱鹏和保险专业 2004 级硕士研究生郑宇、张辉，于 8 月 1～10 日前往美国盐湖城出席首届世界保险与风险管理学术年会。陈舒、刘晓珺、郑宇应邀在大会上进行学术演讲。

（四）国际交流

1. 2005 年 2 月，中央财经大学申报加拿大滑铁卢数学学院统计与精算系学者——陈建成副教授为长江学者讲座教授获得教育部批准，陈建成与中央财经大学正式签订《长江学者讲座教授聘任合同》，成为中央财经大学第一位长江学者讲座教授。自 2005 年起，每年陈教授将在中央财经大学开展为期 3 个月的教学与科研工作，并受聘为中央财经大学博士生导师，聘期 3 年。

2. 3 月 14～18 日，由国际精算学会非寿险精算研究部（ASTIN）、北美精算师协会（SOA）和中国保险行业协会精算工作委员会主办，由中央财经大学中国精算研究院承办、慕尼黑再保险公司北京分公司支持的非寿险精算研讨班，在中国精算研究院举行。来自国内各大财产险公司的精算专业工作者参加了研讨班，国际著名精算专家做了为期一周的精彩分享。

3. 2005 年 6 月，保险系聘请法国国家保险学院副教授 Bruno Borius 来中央财经大学任教一年，用英文为研究生和本科生每星期教授 6 课时的专业课。除此以外，还有五位老师开设了双语课程。

（五）王恩韶先生来访

1 月 21 日，著名保险专家、保险业元老、中央财经大学客座教授王恩韶先生来中央财经大学访问，中国精算研究院院长、保险系书记李晓林教授迎接并陪同考察了学校。王老先生出生于 1922 年 1 月，保险世家，我国第一部保险法起草组副组长，经常来中央财经大学做讲座、讲授专业课程。退休后，王老在保险公司担任顾问。老人将其顾问收入每年无偿捐献给中央财经大学和西南财经大学两个学校的保险专业学生，用于支付困难学生的生活费。此次来访，八十多岁的王恩韶先生亲自送来最后一笔捐款，并向李晓林教授表示，由于自己年事已高，无法继续为保险公司做顾问了，已与泰康人寿保险公司的陈东升董事长谈好，以后由泰康人寿保险公司继续设立支持困难学生的奖助基金，支持在校的困难学生。

同年，泰康人寿的该项基金在保险系设立。

2006 年

（一）出访交流活动

7月23日～8月5日，应日本精算师协会邀请，中央财经大学保险学院教师徐景峰博士和精算研究院姚海波作为中国大陆精算界代表出访日本，在东京参加了日本精算协会举办的为期两周的东亚精算论坛。

（二）主办国际会议

1. 1月，中国精算研究院和英国精算师学会继续联合举办精算证书颁发仪式暨第二届中国精算国际高层论坛。精算证书颁发仪式由中央财经大学副校长李俊生主持，副校长王国华、英国精算师学会主席麦克尔、英国政府精算署署长戴克礼、中国香港精算师学会主席李仕达出席并致辞；第二届中国精算国际高层论坛由李晓林院长主持。麦克尔、戴克礼、李仕达和中央财经大学长江学者陈建成教授在论坛上并做了重要报告。

2. 12月，由中央财经大学与加拿大滑铁卢大学联合主办、精算研究院、仿真实验室、金融学院、中国金融发展研究院、滑铁卢大学定量金融与保险研究所、计算机研究所共同承办"2006中加风险管理——金融风险模型及其应用国际研讨会"在北京德宝饭店隆重召开。李晓林院长主持大会，李俊生副校长和滑铁卢大学数学院院长托马斯·科勒曼（Thomas Coleman）教授致辞，来自美国华尔街、美加两国大学著名专家学者和中央财经大学史建平、张俊喜等教授做了精彩报告，李晓林院长还代表大会向全球风险管理的专家学者发出邀请，邀请全球学者来到开放的中国，来到开放的中央财经大学，共同探讨风险管理事业的合作与发展。

（三）学术交流活动

1. 3月29日，中国保险监督管理委员会财产保险监管部精算处处长丁鹏先生率精算处同志来中国精算研究院访问并调研，李晓林院长带领研究院老师接待了丁处长。双方就中国非寿险精算发展中的以下问题做了深入、友好的交流，并对未来双方工作中的合作做了进一步的设计和安排。

2. 4月北大CCISSR论坛，杨再贵副教授的论文《对2005年中国养老保险新制度的基本分析》被评选为优秀论文。保险学院师生共入选5篇论文。

3. 6月，第三届京津保险论坛在中央财经大学落下帷幕。莅临此次闭幕式的有保监会吴定富主席、周延礼副主席、中央财经大学校长王广谦教授等。最后由保险学院郝演苏教授代表学院师生向保监会主席吴定富赠送了礼品。

4. 10月，由中国平安保险公司主办的第三届"中国平安青年保险学术论文奖"评选结果揭晓，保险学院2006级保险学硕士研究生获奖。

5. 9月，褚福灵教授在首届中国社会保障论坛上作主题演讲。

6. 6月26日，台湾淡江大学参访学团来中央财经大学保险学院进行学术交流。来访团成员演讲的内容多涉及台湾保险实务层面，为中央财经大学师生了解台湾保险市场及台湾保险法律法规等方面的情况提供了一个很好的机会。

7. 6月，应上海复旦大学邀请，中国精算研究教师一行4人在上海复旦正大管理发展中心参加了由上海保险学会、复旦大学、香港大学共同举办的"上海香港保险精算论坛"。

8. 7月，2004级硕士研究生郑宇应邀前往美国纽约出席国际保险行业合作会议，其后在日本2006年年会上发表两篇论文。

9. 7月12日，在中国保险学会副秘书长郭峰陪同下，韩国保险学会会长金钟国来访中国精算研究院。金钟国会长高度关注李晓林教授研究并发布的"保险产品评价指数体系"，希望进一步开展合作，并邀请李晓林教授率团访问韩国。

10. 在10月24日结束的中国平安全国保险专业大学生学术论文评选活动中，保险学院学生公开发表的论文经专家评审，有9篇论文获奖，占本次获奖论文的30%。

11. 11月，应台湾逢甲大学商学院和台湾人寿保险公司邀请，中国精算研究院院长李晓林教授出席了"2006年海峡两岸保险高级论坛"，并主持了"年金与退休金"分会。

（四）对外交流

1. 2006年2月16日，在北京举行了关于授予中央财经大学保险专业毕业生"澳大利亚与新西兰保险与金融学学会会员资格"的签字仪式。根据协议，从2006年起，学院保险专业的本科毕业生可以免试申请成为澳大利亚与新西兰保险与金融学学会会员，获得研究生学位并具有至少5年保险职业经验的毕业生可以免试申请成为高级会员，对于扩大中央财经大学保险专业的国际影响，提高保险专业毕业生在国内外保险机构后的竞争力、促进中央财经大学学科建设的国际化具有重要意义。

2. 10月，中央财经大学校友论坛——保险学术沙龙开幕。此论坛将成为保险学院学科建设过程中的一个长期规划，每年都将安排和邀请成功校友来校担任论坛主讲。

（五）学生工作

10月，瑞泰人寿保险有限公司与中央财经大学保险学院合作见面会在保险学院会议室举行。与会双方就合作办学、师生实习、教学科研、学生活动、毕业生招聘等方面达成初步意向，表示将本着互助互学、双方共赢的原则建立长期合作关系。瑞泰人寿副总段方晓先生、保险学院郝演苏教授代表双方出席了本次合作会议。

2007 年

（一）主办国际会议

1月4~5日，第三届中国精算高层论坛在中央财经大学 MBA 教育中心多媒体教室举行。此次论坛由教育部人文社会科学重点研究基地——中国精算研究院和英国精算师学会共同主办。英国精算师学会主席登伯克、英国政府精算署署长戴克礼、中央财经大学长江学者讲座教授陈建成、中国精算研究院李晓林院长作了学术报告。

（二）学术交流活动

1. 2007年1月8日，应韩国保险学会的邀请，李晓林院长与陈建成教授赴韩国釜山访问，出席保险产品发展趋势国际研讨会，分别做了"中国保险市场的发展动向"和"北美保险产品发展趋势"的报告。

2. 2007年1月21日，中央财经大学中国精算研究院与台湾东吴大学联合举办的2007中财—东吴精算论坛开幕。论坛分为台湾会期和北京会期，台湾会期为1月21日~2月5日。北京会期为5月25日~6月10日。

1月21日，李晓林院长率中国精算研究院教师和博士后、博士研究生、硕士研究生等师生17人，抵达台北，开始了为期14天的2007中财—东吴精算论坛台湾会期。论坛于22日在台湾东吴大学开幕。台湾会期共举行了20个报告会，分别在东吴大学、台湾保险事业发展中心、台湾人寿保险同业公会、国泰人寿保险公司等处举行，共有49人次的专业报告，台湾方面的报告人包括乔治华教授、庄声和教授、林忠机教授、吴君诚先生、杨斌义先生、林音汝女士、陈淑娟女士，保险事业发展中心总裁曾武仁先生、副总裁梁正德先生、精算处袁晓芝处长、教育训练处王少华处长、国际资料室周玉玫委员、黄剑铭研究员，同业公会的洪灿楠秘书长、精算资讯组的陈昌正主任、白明昭秘书等，国泰人寿投资型商品部的黄景禄经理和陈雅雯女士、资深精算师曾庆弘先生和潘景荣、林昭廷协理、北美资深精算师叶正旭主任和叶柏宏经理，等等；保险学院的报告人包括李晓林、周明、张宁、寇业富、董洪斌、姚海波、韩光华、高洪忠、陈辉、张芳洁、徐颖、孙晓静等。东吴大学马君梅副校长到论坛现场看望与会专家学者，校长刘兆玄先生在乔治华教授和庄声和教授的陪同下与李晓林院长做了深入的交流。

3. 3 月，中国金融网和 CCTV 经济频道联合举办的 2006 中国金融年度人物评选活动揭晓，经过长达三个月的时间，由百名金融记者提名、网上投票和专家评审，最终保险学院郝演苏教授和金融学院贺强教授当选 2006 中国金融业突出贡献专家。同时郝演苏教授还当选 2006 中国保险业年度人物。

4. 5 月 11 日，教育部社科司司长袁振国来人文社会科学重点研究基地——中国精算研究院考察工作，中央财经大学书记邱东、校长王广谦以及张东刚等同志陪同前来。李晓林院长汇报了中国精算研究院的发展情况，袁振国司长肯定了中国保险产品评价指数等研究成果和基地建设的各项成绩，并对基地未来的发展方向提出了新的要求。

5. 7 月 22 日，保险学院的 4 位教师和郝演苏教授指导的 7 位学生赴台出席 APRIA 年会并发表专题演讲，其中保险专业本科生李若瑾同学打破了 APRIA 没有本科生参加的纪录。

6. 9 月，全国教育科学"十一五"2007 年度教育部规划课题评审结集揭晓，中央财经大学郝演苏教授申报的课题"高校学生医疗保险及医疗费用负担研究"获得资助立项。

7. 10 月 9 日，教育部在大兴国家教育行政学院召开了教育部人文社会科学重点研究基地工作会议，并在会议期间举行了基地成果的展示活动。李晓林院长带来研究院多位老师通过视频和研究院开发的精算智能信息交换系统，展示了保险产品评价系统、保险资金运用指数等丰富的创新成果，教育部长袁贵仁、副部长李卫红和其他部领导、社科司领导听取了李晓林院长的汇报，认真翻阅、考察了精算智能信息交换系统等成果，给予了较高的评价。

（三）学科发展

1. 12 月 12 日，教育部下发了《教育部财政部关于批准 2007 年度第一批高等学校特色专业建设点的通知》，中央财经大学申报的保险和统计学业被评为 2007 年度第一批高等学校特色专业建设点。

2. 2007 年 6 月 25 日，中央财经大学第一位保险学博士毕业生徐颖在导师李晓林教授的指导下获得博士学位证书。

3. 2007 年 7 月 11 日，李晓林教授负责讲授的《寿险精算》被评为北京市精品课程。

2008 年

（一）主办国际会议

1. 5 月 6 日，北美非寿险精算师协会前副会长、著名精算专家 Robert Conger 来中央财经大学访问，并于下午做了题为"非寿险精算师的机遇"的报告。精算研究院李晓林、陈建成、齐玲等多位教授、学者和在校的博士、硕士研究生出席了报告会。

2. 5 月 10 日，北美精算师协会主席 Mr. Bruce D. Schobel 莅临中央财经大学，获聘为中央财经大学名誉教授，并应中央财经大学长江学者讲座教授陈建成博士的邀请，举办了为"国际精算发展"的学术报告会。李俊生副校长、李晓林、孙宝文、陈建成出席了聘书颁发仪式，李晓林教授主持了报告会。

3. 7 月 4 日，中央财经大学中国精算研究院在 MBA 阶梯教室举办"新型保险产品国际学术报告会"。来自加拿大 Wilfrid Laurier University 商学院和经济学院的金融学教授费利穆·鲍意尔（Phelim Boyle）、加拿大滑铁卢大学统计与精算学系教授玛丽·哈蒂（Mary Hardy）以及中央财经大学长江学者讲座教授陈建成（Ken Seng Tan）出席报告会并作了报告。中国保监会人身保险监管部产品处蔡宇处长和沈海波副处长，各大保险公司精算业界代表以及中国精算研究院的全体师生出席了报告会。报告会由中国精算研究院书记李晓林教授主持。

（二）学术交流活动

4 月，第十二届"亚太风险管理与保险年会"论文评选揭晓，经过由多国著名保险专家组成的大会评审团的严格评判，中央财经大学保险学院教师管贻升、杨再贵、张楠楠、周桦、周县华及王德馨、葛立章、杜鹃、王莹 4 名同学脱颖而出，获邀于 7 月赴悉尼参加 APRIA（亚太风险管理与保险年会）并在会上发表演讲。

（三）精算教育

2 月 28 日，英国精算师学会前主席、英国政府精算署前署长、国际著名精算专家戴克礼获聘中央财经大学名誉教授暨英国精算证书颁发仪式在中财大厦二层阶梯教室举行。戴克礼先生是中央财经大学精算教育项目的创建者之一，并长期支持中央财经大学的精算教育事业，现刚刚从已担任十三年之久的英国政府精算署署长的岗位上退休。英国精算师学会主席登伯克先生，香港精算师学会中国委员会主席李仕达先生及中央财经大学校长王广谦、副校长王国华等出席了仪式。仪式由中国精算研究院院长孙宝文主持，王广谦校长为戴克礼先生颁发了名誉教授聘书。之后进行了英国精算师资格证书颁发仪式和第四届中国精算国际论坛。中央财经大学精算学专业毕业的冯珂获得英国"精算师资格证书"，正式成为英国精算师学会的会员。邹少龙和戴丽娜两人获"精算技能证书"和"财务与投资证书"。英国精算师学会主席登伯克先生颁发了证书。李晓林教授主持了论坛。

2009 年

（一）出访交流活动

1. 2009 年 8 月 1～12 日，保险学院精算科学系主任徐景峰副教授率领的学术交流团一行四人前往澳大利亚墨尔本大学和新南威尔士大学，双方就精算教育体系、课程设置、研究生培养计划等问题进行了深入交流，同时就当前精算中资产定价、保险公司风险管理、保险会计等领域的相关问题进行了学术探讨。

2. 2009 年 8 月 3～4 日，保险学院管贻升副教授率领由薛梅副教授、徐晓华博士、张楠楠博士组成的代表团对韩国保险开发研究院和三星金融研究所进行了访问。就韩国保险业如何应对保险法中不可抗辩条款带来的影响、保险公司偿付能力制度、小额保险制度、巨灾风险制度的建立等主题进行了深入的学术交流。

3. 2009 年 6 月 30 日～10 月 1 日，中国精算研究院高洪忠副研究员赴加拿大滑铁卢大学统计与精算系做访问学者，与中央财经大学长江学者讲座教授 Ken seng Tan 合作，从事年金产品老龄化问题研究，完成研究报告两篇。

4. 2009 年 8 月 23 日，中国精算研究院副研究员周明，应香港理工大学应用数学系邀请，赴香港理工大学进行了为期两个月的合作访问研究。研究课题为：对偶风险模型下具有交易费用的最优分红策略（Optimal dividend strategy in dual model with both fixed and proportional transaction costs）。

（二）主办国际会议

2009年3月17日，第五届中国精算国际学术会议暨英国精算师证书颁发仪式在中央财经大学专家宾馆四层会议室召开。本次会议由教育部人文社会科学重点研究基地——中国精算研究院联合英国精算师学会、保险学院共同举办。会议由中国精算研究院李晓林教授主持。

（三）学术交流活动

1. 2009年4月27~28日，中德法治国家对话第九届法律研讨会在深圳举行。会议的主题是完善养老保险法律制度。保险学院褚福灵教授作为中方专家代表应邀出席研讨会，并在养老保险权益的司法保护专题会上发言。

2. 2009年5月20日，由中央财经大学保险市场研究中心主办、保险理论研究协会承办的"自然灾害影响及防控国际研讨会"在中央财经大学主教学术报告厅举行。保险学院师生及来自京津地区7所高校的师生代表和相关媒体参加了本次研讨会。

3. 2009年6月8日下午，由美国北得克萨斯州立大学（UNT）工商管理学院博士生项目负责人及研究主任尼兰詹·雀帕斯（Niranjan Tripathy）率领的代表团拜访了保险学院，双方就联合培养风险管理及保险方向的博士研究生、联合开展相关专业领域的课题研究等事项进行了洽谈，并且就双方合作的意向达成共识。双方决定于2009年秋季开始着手交换师资，并联合开展相关课题研究。

4. 2009年6月30日~7月2日，应保险学院邀请，新加坡国立大学张捷教授来中央财经大学举行了"社会保障与经济增长"系列讲座，主要讲授"社会保障与经济增长的关系""动态模型中的社会保障最优化"以及"增长模型中的最优税率"等问题。

5. 2009年7月19~22日，亚太风险与保险学会（APRIA）第十三次年会在北京举行。保险学院杨再贵教授、周桦讲师、张楠楠讲师、博士生孙晓静、硕士生王莹、李若谨、涂强、钟诚等的学术论文入选，受邀参加会议并发表演讲。

6. 2009年9月14日，台湾中正大学社会福利系教授、台湾社会福利学会秘书长吕建德博士应邀来中央财经大学就台湾地区全民健康保险问题做报告。

7. 2009 年 9 月 12 ~ 13 日，第五届社会保障国际论坛在中国人民大学逸夫会堂举行。本次论坛的主题是社会保障从历史走向未来。中央财经大学社会保障研究中心主任褚福灵教授应邀出席本次大会，并在第五届社会保障国际论坛分论坛上发表"中国社会保障管理体制研究"的演讲。

8. 2009 年 5 月 17 ~ 19 日，教育部人文社科重点研究基地中国精算研究院基地负责人孙宝文教授、李晓林教授及高洪忠、周明副研究员赴重庆出席了"应对国际金融危机高层论坛暨 2009 年度教育部人文社科重点研究基地（经济类）工作会"。李晓林教授主持了论坛的部分学术交流活动。

9. 2009 年 9 月 16 ~ 18 日，由中国精算师协会（China Association of Actuaries，CAA）和国际精算协会（International Actuarial Association，IAA）共同主办的第十届中国精算年会在昆明举行。中国精算研究院李晓林教授、寇业富副研究员出席了会议并就上述问题同与会专家学者进行了深入探讨。

（四）中央财经大学多人入选"新中国 60 年保险 60 人"

2009 年 2 月 10 日，由《中国保险报》等媒体联合组织的"新中国 60 年保险业 60 人"评选活动揭晓，保险学院教授李继熊、陈继儒以及李克穆、缪建民、陈剖建 3 位校友入选。

2010 年

（一）出访交流活动

2010 年 7 ~ 9 月，中央财经大学中国精算研究院副院长周明博士应邀赴香港大学统计与精算系，以高级助理研究员身份进行了为期两个月的合作研究。访问期间，周明博士与香港大学袁锦泉（Kam C Yuen）合作完成了学术论文"Optimal reinsurance and dividend for a diffusion model with capital injection：variance premium principle"。

（二）学术交流活动

1. 2010 年 1 月 4 ~ 5 日，2010 精算和金融风险国际会议在华东师范大学举行。中央财经大学中国精算研究院周明副研究员、孟辉博士和池义春博士应邀出席会议。周明副研究员在会上作了题为"Optimal dividend strategy with transaction costs for a dual risk model"的学术报告。

2. 2010 年 3 月 3 日，中法医疗保险探讨会在中央财经大学召开，李俊生副校长到会致辞。法方代表就法国的基本医疗保险和补充医疗保险情况进行了详细介绍，中方代表就中国的基本医疗保险和补充医疗保险情况进行了简要说明，双方就有关问题进行了热烈讨论。

3. 2010 年 4 月 20 日，基本养老保险全国统筹开题暨研讨会在中央财经大学召开。褚福灵教授作基本养老保险全国统筹项目开题报告，各位专家就基本养老保险全国统筹的意义、目标和路径等进行了热烈讨论。

4. 2010 年 6 月 5 日，2010 年保险与精算国际研讨会在重庆大学召开。本次会议由重庆大学、加拿大滑铁卢大学和中国精算师协会联合举办。中国精算研究院徐景峰副教授、周明副研究员、寇业富副研究员和韦晓博士出席了会议。在分会场的学术报告中，周明副研究员作了题为"Optimal risk control and dividend distribution policies for a diffusion model with terminal value"的报告，寇业富副研究员作了"The Study on the Incidence of Disease based on Fuzzy Markov Chain"的报告，韦晓博士作了题为"Moderate Deviations for Multi-risk Models With Consistently Varying Tails Random Variables"的报告。

5. 2010 年 6 月 14 ~ 16 日，第三届国际 Gerber – Shiu 论坛在加拿大滑铁卢大学举行。中国精算研究院池义春博士应邀出席了会议，并在会上作了题为"一般的跳跃扩散风险模型的研究"的学术报告。

6. 2010 年 6 月 17 ~ 19 日，2010 年"保险：数学与经济"年度大会在加拿大多伦多大学举行。中国精算研究院长江学者讲座教授陈建成博士、池义春博士和韦晓博士出席了会议。陈建成教授主持了大会的金融分会场，并作了题为"Pricing and hedging with discontinuous functions：quasi-monte carlo methods and dimension reduction"的报告；池义春博士在风险测度与风险管理分会场作了题为"Optimal reinsurance under VaR and CVaR risk measures：A simplified Approach"的报告，韦晓博士在权益连结保险及年金分会场作了题为"Asymptotic expansion method to EIA pricing under stochastic interest rate model"的报告。

7. 2010 年 7 月 8 日，保险学院薛梅副教授、2008 级精算研究生赵金巧、2009 级精算研究生熊璐撰写的三篇论文分别入选第六届亚太经济学协会年会，并受邀参加会议并进行了主题发言。会议期间，由中央财经大学保险学院发起的"Economy in China"分会场研讨也同时举行，薛梅副教授主持了研讨会。

8. 2010 年 10 月 14 日，社会保障研究中心主办的"两岸社会保障研讨会"隆重召开，研讨会的主题是"两岸社会保险制度改革与借鉴"。台湾国立中正大学社会福利系以及保险学院的有关老师作了主题报告，保险学院研究生及本科生参加了研讨会。

9. 2010 年 11 月 20 ~ 21 日，由中国人民大学统计学院、中国人民大学风险管理与精算中心主办的"2010 年中国风险管理与精算论坛"在中国人民大学逸夫会堂举行。中国精算研究院韦晓副教授和池义春博士出席了会议，并与与会的专家学者作了交流和讨论。

（三）学生工作

2010 年 7 月 11 ~ 21 日，保险学院暑期社会实践团队一行 17 人在副院长徐晓华、辅导员才立琴的带领下赴陕西渭南中国人寿保险公司渭南分公司实习。中国人寿渭南分公司是保险学院建立的教学实践基地，也是中央财经大学第一个组织集体教学实习的实践基地。此次实践活动是课堂教学的有效延伸，同时也是一堂生动的社会教育课，学生们开阔了眼界，增加了保险实务知识，也体验了保险一线人员的工作热情，意识到了自己的社会责任，为将来的学习提供了精神动力。

2011 年

（一）出访交流活动

1. 5 月 30 日 ~ 6 月 9 日，应台湾逢甲大学的邀请，学院副院长陶存文教授率团赴台就两岸保险业发展和保险学科的人才培养等议题进行学术交流。在台期间，陶存文教授一行先后走访了逢甲大学、朝阳科技大学、政治大学和铭传大学 4 所高校，了解了各高校保险学科人才培养的模式和特点，与各高校相关系所教师进行了深入的学术交流。

2. 1 ~ 8 月，研究院齐玲教授赴美国堪萨斯大学（University of Kansas）做访问学者。

3. 2 月 15 日 ~ 5 月 15 日，研究院副院长徐景峰在澳大利亚墨尔本大学精算中心进行了为期三个月的访问。访问期间，徐景峰与李栓明（Shuanming Li）、伍雪原（Xueyuan Wu）等多位研究人员就变额年金及其他寿险新产品的定价和风险管理作了研讨，并撰写了两篇工作论文；同时，徐景峰还考察了墨尔本大学精算中心本科及研究生的教学与课程设置，为进一步优化中央财经大学精算各阶段的教育提供了有益的帮助。

（二）主办国际会议

3月18日，由中央财经大学中国精算研究院、英国精算师学会联合主办的第七届中国精算国际学术会议暨英国精算师证书颁发仪式在中央财经大学学术会堂举行。英国精算师学会前主席、英国政府精算署前署长、国际著名精算专家、中央财经大学名誉教授戴克礼，英国精算师学会主席罗尼·鲍伊，中国精算师协会秘书长利明光，中央财经大学校党委书记胡树祥出席了会议。

9月23日，学院和澳大利亚与新西兰保险金融学会联合举办"纪念中国加入WTO十周年，中国保险业的国际化发展"学术会议。来自国内外34家保险机构、大学和政府组织的160余位专家学者参加了会议。来自澳洲安保集团、中国人民财产保险公司、瑞士再保险公司、美国达信保险经纪公司、澳大利亚与新西兰保险金融学会和中央财经大学保险学院的专家们就保险业的国际化投资、保险业的发展之道、国际再保险的发展、中国保险业入世后的发展、保险经纪的国际化和国际保险教育等问题发表了主题演讲。

（三）学术交流活动

1．10月22日，学院2010级保险学硕士研究生徐婧姝、许栩参加在对外经济贸易大学举办的第六届中国保险教育论坛。两位学生各自独立撰写的论文分别入选论坛。在人寿与健康保险分会场上，徐婧姝同学就所撰写的论文《我国中外（合）资寿险公司经营效率实证研究》作了主题发言并获得保险教育论坛优秀论文三等奖。

2．1月7日，中国平安励志计划全国大学生优秀学术论文评选颁奖典礼举行，学院学生提交的论文分别获得了保险组的2个一等奖、4个二等奖、5个三等奖，获奖论文数量占保险组30个获奖名额的37％。

3．4月19日，学院师生参加北京大学经济学院和北京大学中国保险与社会保障研究中心（CCISSR）主办的"北大赛瑟（CCISSR）论坛·2011（第八届）"活动，共有4篇论文入选该论坛，其中教师2人，研究生2人。学院教师杨再贵的论文《新农保、农民收入与内生增长》获选优秀论文。

4．9月27日，院长助理管贻升副教授受邀参加了在韩国首尔举行的韩国第四届国际保险论坛。

5．3月29日，"基本养老保险全国统筹方案专家论证会"在中央财经大学召开。本次论证会由保险学院中国社会保障研究中心主办，中心主任褚福灵教授主持会议。

246

6. 7 月 24～25 日，中央财经大学保险学院·中国精算研究院与台湾东吴大学举办"健康保险"两岸研讨会。

（四）学科发展

2011 年，学院围绕完成学校"211"三期建设项目、国家特色专业建设项目，在加强学科建设方面做了大量工作。学院全年参加境外高层次学术交流和教学观摩活动约 20 人次；同时，学院通过中国精算研究院的双周论坛，保险学院的校友论坛、社会保障系列讲座和较大规模的国际学术会议，推动师生对于专业前沿问题的研究和思考。

2011 年，学院根据学科建设和发展的需要，进一步完善了博士研究生的课程内容，调整了学术型研究生和专业硕士的教学计划，并根据培养目标的差异进行了相关课程的整合。在硕士研究生课程建设中，为了保证调整后的教学计划与国际同类专业基本相近，学院组织了相关专业课教师前往境外进行课程观摩和教学计划比较，并且邀请境外专家来学院指导。同时，学院还开展了专业硕士校外导师团队的聘任工作，将业界有影响力的专家聘请为校外导师，努力提升学院高层次人才培养水平和质量。

2012 年

（一）出访交流活动

2012 年，研究院教师出访 2 人，出访美国、加拿大等国家和地区，进行学术交流。接待国/境外来访 5 人次。7 月 21～25 日，保险学院师生在院长郝演苏教授带领下前往韩国成均馆大学出席 2012 年亚太风险管理与保险国际年会。

（二）主办国际会议

2012 年 6 月 20～21 日，由中央财经大学中国精算研究院主办的"农业风险、农村金融及农业保险国际会议"在北京召开，参会人员 53 人，其中参会国外代表 22 人，参会国内代表 31 人。本次会议的主题围绕"农业风险、农村金融、农业保险及农险精算"展开，包括主题演讲、特邀报告和分组会议三个部分。

（三）学术交流活动

1. 2012 年 3 月 16～17 日，保险学院周明副研究员与孟辉副研究员参加了在重庆大学举办的"精算与金融数学国际会议"。

2. 保险学院 2009 级保险本科班林鸿灿同学撰写的论文《保险机构系统性风险溢出效应的实证研究——基于 AR – GARCH – CoVaR 模型》和保险学院 2011 级保险研究生许栩同学撰写的论文《保险公司集团化经营绩效实证研究》入选 2012 年 4 月 24 日在北京大学举办的"塞瑟"论坛。

3. 2012 年 6 月 24～26 日，2012 级精算与风险管理国际会议在厦门大学召开。中国精算研究院周明副研究员、池义春副研究员、孟辉副研究员、韦晓副教授出席了会议。

4. 2012 年 6 月 28～30 日，第十六届"保险：数学与经济"（IME）国际会议在香港大学召开。本次会议由香港大学统计与精算科学系主办。中国精算研究院周明副研究员、池义春副研究员、孟辉副研究员、韦晓副教授出席了会议。

5. 2012 年 6 月 23～24 日，Chinese Economists Society 2012 年会"Development beyond the Middle Income Trap：China in Transition"在河南大学召开。中国精算研究院杨再贵教授出席了会议，在分会场的学术报告中作了题为"Population aging and public pension：the case of Beijing based on OLG model"的报告。

6. 2012 年 7 月 2～4 日，数量金融与风险管理国际学术研讨会在吉林大学召开。保险学院主管科研周明副院长、副研究员，寇业富副研究员作为邀请专家参加了此次会议。

7. 在 10 月 24 日结束的中国平安全国保险专业大学生学术论文评选活动中，保险学院学生公开发表的论文经专家评审，有 9 篇论文获奖，占本次获奖论文的 30%。

（四）人才培养

1. 3 月 24 日，保险学院召开了财经应用型创新人才培养模式改革实施试点方案研讨会。会议重点讨论了中央财经大学本科财经应用型创新人才培养模式保险专业（含精算方向）实施试点方案与保险专业（含精算方向）本科与专业硕士连读培养方案。围绕创新型人才的培养目标，本科与专业硕士培养方案的设计。

2. 为了提高保险专业硕士的培养质量，强化实践环节，保险学院自 2011 年开始对保险专业硕士实行校内与校外双导师制。5 月 18 日，保险学院举办了校外导师聘任仪式，聘请 53 位来自政府部门和保险公司的专家为保险专业硕士校外导师。

（五）学生工作

1. 保险学院暑期走访用人单位，为了适应新的就业形势，密切与用人单位联系，拓宽就业渠道，培养适应社会需求的高素质毕业生，暑假期间，保险学院根据学校要求，学院领导带领专业教师、辅导员和行政管理人员进行了用人单位和校友的走访工作。根据学院就业工作的特点，此次走访活动设计了两条路线。一路为广东一线，包括广州、佛山、东莞、惠州、深圳；另一路为杭州—宁波—上海一线。走访小组分别由郝演苏院长与徐晓华副院长带领。

2. 保险学院开展2012年暑期校外实践教学活动，2012年暑假，保险学院组织42位2010级本科生前往广东中山、广东惠州、广东肇庆、陕西渭南、黑龙江鹤岗等实践教学基地开展暑期实习活动。根据学院实践教学计划及实习单位的安排，同学们深入业务第一线开展实习实践活动。

2013 年

（一）出访交流活动

2013年7月28~31日，保险学院12位师生撰写的13篇论文入选2013年在美国纽约举行的2013年度亚太地区风险管理与保险年会（APRIA），并被邀请赴美参会及发表专题演讲。

（二）主办国际会议

2013年9月6~7日，由中央财经大学保险学院中国精算研究院主办的第九届长寿风险与资本市场国际研讨会在中国北京万豪酒店召开，来自全球10多个国家和地区的近160名专家和学者参加了本次会议。大会遴选出50余篇论文和报告，其中中国精算研究院、保险学院的10多名教师和学生提交了论文并做会议报告。

（三）学术交流活动

1. 2013年3月29日下午，"中国社会保障发展指数报告2011成果发布会"在中央财经大学学术会堂召开。在中央财经大学科研实验区计划支持下，我国首部社会保障发展指数研究系列报告——《中国社会保障发展指数报告2011》出版发行。

2. 2013年4月17日，保险学院7名师生应邀参加由北京大学中国社会保障与保险研究中心举办的第十届"塞瑟"论坛并作了主题发言，参加本次论坛并作主题发言的保险学院师生有褚福灵教授、陈华副教授、寇业富副研究员，2011级研究生邹琪慧、许文璐，2012级研究生马聪、黎春里等。

3. 2013年6月30日～7月3日，由丹麦哥本哈根大学数学系主办的第17届"保险：数学和经济学国际大会"（The 16th International Congress on Insurance Mathematics and Economics）在哥本哈根大学召开。中国精算研究院郑苏晋副教授和韦晓副教授的论文入选，并分别就中国寿险公司实际偿付能力资本管理行为和随机利率下变额年金产品的定价问题作报告。

4. 2013年7月28～31日，保险学院、中国精算研究院韦晓副教授参加了在美国纽约St. Johns University（圣约翰大学）举行的2013年度亚太地区风险管理与保险年会（APRIA），并作了题为"Quantitative risk management of variable annuities under the strategy of constant proportion portfolio insurance"演讲。

5. 2013年8月1～3日，保险学院、中国精算研究院韦晓副教授参加了在美国费城由SOA（北美精算师协会）主办天普大学（Temple University）承办的Actuarial Research Conference年会，并作了题为"Pricing Guaranteed Minimum Death Benefits under Stochastic Volatility and Stochastic Interest Rate"的报告。

6. 2013年在10月22日结束的中国平安励志计划全国大学生学术论文奖评选活动中，中央财经大学包揽了保险本科组的2个一等奖，同时还获得研究生组2个二等奖、本科组2个二等奖和2个三等奖，获奖论文总数为8篇，占保险组获奖总数的26%。

7. 2013年10月23日，保险学院方志平副教授参加了旅行社责任保险统保示范项目事故索赔时效专题研讨会，与来自法院律师事务所和保险公司的实务界人士共同探讨了旅行社责任保险条款中索赔时效的法律问题。

8. 2013年11月16～17日，2013年第四届中国风险管理与精算论坛在天津财经大学召开。中国精算研究院池义春副研究员、高洪忠副研究员、韦晓副教授出席了此会议。

（四）学生工作

1. 2013年4月1日，保险学院开展"朝阳偎依夕阳好"特色志愿活动，此次活动与枫丹丽舍社区居委会联合举办，主要是对社区中的三户空巢老人提供了爱心帮助。

2. 2013年5月4日～6月5日，保险学院团总支开展了"梦想交流展宏愿，支部融汇奏新章"活动。该活动为保险学院主题教育系列活动之"青春汇"系列活动之一，旨在建设校园班级文化，激励团员们实现个人梦想，坚持中国梦想。

3. 2013 年 11 月 24 日，保险学院保险理论研究会在主教室 210 举办了第三届华泰公估杯四校联合模拟法庭决赛。本次活动以新颖的形式、激烈的比赛、典型的案例、独特的平台，激发了同学们学习保险知识的兴趣，增强处理实际问题的能力，明确了今后的提高方向，促进了理论知识与实际实务的结合，达到了学以致用的目的。

2014 年

（一）出访交流活动

2014 年，保险学院、精算研究院教师出访 12 人、学生出访 10 人赴美国、新加坡、瑞士、澳大利亚、俄罗斯、葡萄牙、加拿大和中国台湾等国家和地区，进行学术交流。接待国/境外来访 9 人次，包括来自比利时、法国、以色列、澳大利亚、英国、美国以及加拿大等国家和地区的专家学者。

（二）主办国际会议

1. 2014 年 1 月 3 ~ 5 日，精算研究院在学术会堂举办首届"高维相依及 Copula 理论、建模及应用"国际研讨会。1 月 3 日，由克拉蒂亚·查杜（Claudia Czado）教授（Technical University of Munich，Germany）等讲授两门短期课程"High – Dimensional Copulas via Pairwise Constructions"和"High-dimensional Multivariate Extremes and Copulas"。在随后的两天里，举办了 34 场报告，有 100 多名国内外专家、学者参加了相关议题的讨论和交流。

2. 2014 年 6 月 22 ~ 24 日，由中国精算研究院、加拿大滑铁卢大学保险、证券及数量金融研究院和加拿大曼尼托巴大学联合主办的第三届"农业风险、农村金融及农业保险国际会议"在瑞士苏黎世隆重举行。

（三）学术交流活动

1. 2014 年 4 月 25 日，中国精算研究院在学术会堂 706 举办两岸三地"最优保险、再保险理论与实务"研讨会，探讨最优的保险、再保险合同设计及应用，40 多名专家学者参加了此次研讨会。

2. 2014 年 10 月 26 日，中央财经大学保险学院、中国精算研究院于主教一楼报告厅举办了《中国保险业发展与精算师使命高峰论坛——暨中央财经大学精算校友大会》，100多位从中央财经大学毕业的杰出校友回到母校，同各位老师以及100多位在校学生欢聚一堂。本次大会由中央财经大学保险学院精算科学系主任郑苏晋主持。

3. 2014年10月23日，在APEC会议期间，由APEC工商咨询理事会和亚太金融论坛主办，中国国际贸易促进委员会、中华人民共和国财政部和APEC中国工商理事会联合承办的2014亚太金融论坛（APFF）在北京举行。保险学院李晓林教授主持了保险主题论坛，来自中国保险学会、中国人民保险集团、中华联合保险集团、都邦财险保险公司等机构的领导代表出席了大会，以"保险与经济社会发展"为主题，进行了热烈的讨论。论坛期间，李晓林教授发表了应充分发挥保险的风险治理、价值创造和资源配置三职能作用的意见。

4. 11月21日，李继熊教授、李晓林教授出席中国保险学会2014年学术年会的智库建设与保险业发展研讨会。李晓林教授主持了大会，李继熊教授与来自国家行政学院、中国社科院、保险公司的教授、专家分别发表了关于保险业智库建设的重要观点。

5. 2014年11月22日，由全国保险专业学位研究生教育指导委员会秘书处主办，中央财经大学保险学院承办的全国保险专业学位研究生培养单位工作会议在中央财经大学召开。全国政协常委、全国保险专业学位研究生教育指导委员会主任李克穆研究员、中央财经大学副校长赵丽芬教授、全国保险专业学位研究生教育指导委员会委员及全国42所保险专业学位研究生培养单位负责人等参加了会议。

（四）国际协议

2014年1月9日，保险学院与英国特许保险学会签署合作《谅解备忘录》。保险学院院长郝演苏教授在学院会议室会见了英国特许保险学会（Chartered Insurance Institute，以下简称CII）的亚洲区代表马克·格林伍德（Mark Greenwood）先生和珍·林姆（Jane Lim）女士。双方就CII会员资格认证、师资交流、课程研发，与硬件合作建设等方面进行了会谈，并签订了合作谅解备忘录。保险学院院长助理王庆焕，风险管理与保险系副主任张楠楠参与了会见。

（五）学生工作

1. 2014年3月19日，宣传鼓励科技创新，答疑解惑项目课题——保险学院2014级大学生创业创新训练计划项目选题指导会在主教室106顺利展开，活动紧紧围绕如何选择创新创业的主题、更好地组织创新创业活动的开展等话题对同学们参加大学生创业创新比赛进行了点拨指导。参加此次指导会议的同学都有很大的收获，获得了参赛选题的灵感和方向，并更加深入地了解了参赛流程和评审流程，得到了极大的鼓励。

2. 2014 年 5 月 7 日晚，由中国精算研究院主办的"精算论坛"之"英国与中国的职业精算师之路"讲座于沙河校区学院 7 号楼 115 会议室顺利举行。到场嘉宾有保险学院和精算研究院的李晓林、徐景峰、郑苏晋、刘敬真老师。讲座由英国精算师协会现任主席 David Hare 先生，中央财经大学精算专业 1996 届硕士毕业生、明智九州投资管理有限公司副总裁赵晓强先生和中央财经大学精算专业 1998 级硕士毕业生、中美联泰大都会人寿报信公司副总裁和首席风险官张戈先生主讲。

2015 年

（一）出访交流活动

1. 2015 年 5 月 21~25 日，周明副院长一行 4 人于 2015 年 5 月 21~25 日赴台湾政治大学进行学术访问，并举办了"两岸风险管理与保险学术研讨会"。

2. 2015 年 8 月 2~6 日，保险学院师生在院长郝演苏教授带领下，前往德国慕尼黑路德维希大学出席第三届全球风险与保险经济学大会（World Risk & Insurance Economics Congress，WRIEC）。保险学院共有 13 位师生（其中，硕士生 5 名，博士生 4 名）撰写的 14 篇论文入选本次会议，并受邀做主题发言及评论。

3. 2015 年 12 月 13 日，许飞琼教授应邀赴日出席学术会议并做报告。并在会上做了"中国的老龄化与养老保险财政"的主题报告。

4. 池义春教授赴加拿大滑铁卢大学统计精算系交流合作。池义春副研究员以访问教授身份进行学术访问，做关于最优再保险问题的研究。

（二）主办国际会议

2015 年 7 月 4~5 日，保险学院主办金融保险风险的量化分析与决策国际研讨会。由中央财经大学中国精算研究院主办的"金融与保险风险管理国际研讨会"于 2015 年 7 月 4~5 日在中央财经大学学术会堂举行。来自海内外 15 所高校的 30 位著名专家学者以及中央财经大学部分教师和研究生共计 80 余人参加了本次会议。本次会议专家学者围绕时间不一致均衡决策、带机制转移的最优投资决策、下方风险控制下最优投资问题等方面交流论文 29 篇。

（三）学术交流活动

1. 6月9日，2015年全国保险专业学位研究生培养单位工作会议在中央财经大学学术会堂604会议室召开。来自全国40余家培养单位的负责人和老师出席了本次会议，会议由全国保险专业学位研究生教育指导委员会秘书长、保险学院院长郝演苏教授主持。本次会议明确了评估工作的要点，为评估工作的圆满完成奠定了坚实的基础。同时，加强了保险专业学位各培养单位之间的沟通和联系，为保险专硕案例教学和培养模式改革开启了新的篇章

2. 2015年5月6日下午，保险学院团队式引进项目"金融数学方法在变额年金定价和风险度量中的应用"系列课程第三讲"Tree Method in Finance"在沙河校区学院楼3号楼122会议室开讲。

3. 2015年6月18日，中国精算研究院举办ERM高级研讨会：保险公司的再保险网络及其对再保险决策的影响。

4. 2015年6月26日，中国精算研究院学术报告会顺利召开。

5. 2015年7月17日，保险学院举办"劳动与社会保障专业建设与人才培养研讨会"。来自中国人民大学、浙江大学、北京师范大学、对外经济贸易大学、上海财经大学、华北电力大学、首都经济贸易大学等国内知名高校的社会保障学科专家学者应邀赴会，围绕如何发挥既有学科优势、增强劳动与社会保障专业办学特色，介绍了各自举办劳动与社会保障专业的成功经验、特色做法，分享建设经验，共谋发展之路，共绘人才培养蓝图，为中央财经大学提高劳动与社会保障专业办学水平出谋划策。

6. 2015年7月15～18日保险学院师生参加2015年中国保险与风险管理国际年会。

（四）党务工作

2015年5月13日下午两点，保险学院、中国精算研究院全体党员大会在学院南路校区主教学术报告厅圆满召开，会议选举了保险学院党总支参加学校第六次党代会代表。会议实到正式党员161人，会议由党总支书记李晓林教授主持。整个选举过程严格按照选举程序进行，期间气氛热烈、秩序井然。按差额选举方式，本次大会选出了于晓明、包英娟、苏伟峰、李晓林、张楠楠、周明、郝演苏、徐晓华8名同志（按姓氏笔画排序）为保险学院党总支参加学校第六次党代会代表。

（五）学生工作

2015 年暑假，保险学院组织百余名同学在带队老师的带领下前往广东佛山、广东中山、广东珠海、浙江宁波、陕西渭南、山西太原、山西晋中、北京等地的实践教学基地集中开展校外实践教学活动。同学们根据学院校外实践教学计划及实践单位的工作安排，深入业务一线进行实习实践活动。

2016 年

（一）出访交流活动

2016 年 10 月 31 日～12 月 9 日，保险学院刘芳达讲师赴加拿大滑铁卢大学精算系进行学术交流与合作，开展关于最优保险问题的学术合作。

（二）主办国际会议

2016 年 11 月 5～7 日，由保险学院主办的"2016 年中财金融与精算风险研讨会"在中央财经大学学术会堂 706 室举行。本次研讨会的主讲嘉宾为比利时鲁汶大学经济和商业学院教授、中央财经大学讲席教授杨·丹（Jan Dhaene）及其海外研究团队，包括丹尼尔·林德斯（Daniel Linders）、姚经（Jing Yao）、汉姆扎·汉巴林（Hamza Hanbali）及卡里姆·巴里苟（Karim Barigou）。来自各个高校的青年教师、博士生及硕士生共 40 余人参加了本次研讨会。

（三）学术交流活动

1. 2016 年 1 月 8 日，中国学位与研究生教育学会 2016 年第 1 次秘书长联席会议在北京西郊宾馆召开，保险专业学位研究生教育指导委员会副秘书长陶存文教授及秘书王维参加了会议，就 2015 年教指委工作总结及 2016 年工作计划进行了交流，并对 2016 年的重点工作开展了研讨。

2. 2016 年 2 月 20～21 日，由中国社会保障学会主办的第二届全国社会保障学术大会隆重举行，大会主题为"共享发展与社会保障制度建设"。来自全国人大、全国政协、相关部委、部分省市和近百所高校的官员及专家学者共计 250 多人出席了会议。保险学院褚福灵教授、陈华副教授、张建伟副教授参加本次会议，并进行专题发言，引起与会代表关注。

3. 2016 年 3 月 5 日至 7 日，由中央财经大学中国精算研究院主办，英国精算师协会协办的"精算研究与应用"研讨会在中央财经大学学术会堂隆重举行，此次会议本次会议主题为"新兴市场国家的精算研究和应用"。

4. 2016年4月20日，由北京大学经济学院和北京大学中国保险与社会保障研究中心（CCISSR）主办的"北大赛瑟（CCISSR）论坛·2016（第十三届）"在北京大学举行。保险学院入选论文作者陈华、郑苏晋、寇业富、杨再贵、徐景峰5位老师和丁宇刚、冯钰宸、赵建川、曹园、高彦、石晨曦、孙越君、李玉龙、赵春红9名同学应邀到会进行了演讲和交流。

5. 2016年10月15～16日，由中国社会保障学会主办、江西财经大学财税与公共管理学院承办的全国社会保障教学研讨会（2016）在江西省南昌市隆重举行，来自全国90多所高校以及多家出版机构等约200多名代表参加了本次会议。保险学院褚福灵教授、刘钧教授、张建伟副教授、陈华副教授和李晨光博士应邀参加此次会议并积极参与会议各项活动。

6. 2016年10月21日，2016年度中国平安励志计划全国高校学生保险论文评奖活动结束。经过来自全国13所高校教授的严格评审，最终有30篇公开发表的学术论文获奖。中央财经大学提交的保险方面的参评论文有12篇获奖，包揽了研究生组别的一等奖奖项。

7. 2016年11月17日，全国保险专业学位研究生培养单位工作会议在中央财经大学学术会堂604会议室召开。主任委员、原保监会副主席周延礼对中国保险业"十三五"规划进行了详细解读。副主任委员郝演苏教授对2015年全国保险专业学位授权点合格评估工作进行了总结，详细说明了教指委2017年工作计划。三所院校代表就保险专业学位研究生培养的基本情况、经验做法、特色、存在的问题及思考等方面分别进行了经验交流和分享。

（四）党务工作

2016年10月29日，保险学院党委组织60余名师生党员和20余名入党积极分子及团学骨干，在怀柔生存岛拓展基地开展了为期一天的户外拓展活动。本次活动的主题为"融合·沟通·拓展·提升"，旨在通过拓展训练项目，提高团队合作意识，培养创新思维方法，掌握人际沟通技巧，增强组织凝聚力。

（五）学生工作

1. 2016年4月，保险学院男篮获"中财杯"校篮球赛冠军，创下学院参加该比赛的历史最好成绩。

2. 2016年6月21日，由保险学院团总支学生会外联部策划并组织的"康辉与你面对面"讲座在沙河校区大学生活动中心金色大厅举办。此次座谈会邀请到了央视新闻中心播音部副主任、新闻联播主持人康辉老师来与同学们进行交流。

3. 2016 年 7 月 12 ～ 15 日，"中央财经大学保险学院第一届全国优秀大学生夏令营"顺利举办。通过夏令营所有活动的综合考核，共有 42 名同学考核成绩优异，列入第一批免试录取名单。

2017 年

（一）出访交流活动

1. 保险学院院长李晓林、副院长周桦、精算系主任郑苏晋、廖朴老师一行于 2017 年 3 月 12 日赴英国伦敦，就"保险与风险管理国际联合创新实验中心"（International United Experimental Center for Innovation in Insurance and Risk Management）相关研究事项以及有关学术研究、人才培养、课程认证、互派学生等事宜，与英国精算师协会和伦敦城市大学卡斯商学院精算与保险系等机构领导进行了亲切而热烈的会谈，确立了保险学院与他们的新型合作关系，并签署了合作协议。

2. 伍慧玲副教授赴巴黎中央理工大学进行六个月的学术访问，学习相关理论知识，和导师交流，听相关讲座，促进了保险学院与巴黎中央理工大学之间的科研合作与交流。

3. 刘芳达讲师赴奥地利维也纳参加"第 21 届保险：数学与经济国际会议 &IME 教育研讨会"。

（二）主办国际会议

2017 年 5 月 8 日，"中央财经大学与英国精算师协会（IFoA）合作 25 周年庆典暨新技术与保险业发展论坛"在中央财经大学学院南路校区举行

在庆典活动上，李俊生副校长致欢迎辞，中国保监会原副主席、中国精算师协会前会长魏迎宁先生、英国精算师协会主席科林·威尔逊（Colin Wilson）先生、保险学院 1995 级精算学研究生、天安人寿副总裁、总精算师刘勇先生发表讲话。魏迎宁先生、李俊生教授、科林·威尔逊先生和李晓林教授共同为保险学院新成立的"保险与风险管理国际联合创新实验中心"揭牌。在庆典后的"新技术与保险业发展论坛"上，魏迎宁先生、约翰·泰勒（John Taylor）先生和李晓林教授分别作了精彩的报告。

（三）学术交流活动

1. 2017 年 7 月 3 ～ 5 日，保险学院 2016 级精算学研究生谭碧琪应邀参加

了第 21 届 Insurance：Mathematics and Economics 年度学术交流会议，并发表了题为 "On the Valuation and Risk Measurement of Variable Annuities with Flexible Premium" 的演讲，展示其与导师韦晓副教授的研究成果。

2. 2017 年 7 月 19 ~ 22 日，保险学院副院长周明研究员、孟辉研究员、寇业富副教授、伍慧玲副研究员及 5 名硕士研究生（侯锦宇、李博方、李明子、李冰、李晓）和 2 名博士研究生（陈翠霞、刘兵）应邀由清华大学经管学院和伦敦城市大学卡斯学院主办的 2017 年中国保险与风险管理国际年会（CCIRM），并做主题演讲。

3. 2017 年 7 月 30 日 ~ 8 月 2 日，保险学院郝演苏教授、张楠楠副教授、郑莉莉副教授及博士生石晨曦、硕士生李晓、李博方、俞文扬、欧阳芳洁、本科生冯钰宸、杨心悦等参加亚太风险与保险学会（APRIA）第 21 届年会，并做主题发言。

4. 9 月 21 ~ 22 日，保险学院 2015 级博士生陈翠霞同学应邀出席由台湾政治大学风险管理与保险研究中心（RIRC）主办，台湾养老金协会以及卡斯商学院协办的 2017 年第 13 届长寿风险与资本市场管理国际年会，并作了题为 "Optimal Risk – Taking and Risk Management Decisions of Annuity Insurers under Cumulative Prospect Theory" 的专题报告。

（四）学科建设

2017 年 7 月 6 日，英国精算师协会授予中央财经大学保险学院英国精算师协会高级课程 CA1 考试豁免资格。英国精算师协会授予中央财经大学保险学院 "资产负债管理" 课程，即 "精算风险管理（Actuarial Risk Management，CA1）" 的考试豁免资格。中央财经大学成为目前亚洲唯一一所获得 CA1 考试豁免的高校，标志着中央财经大学精算课程进入世界前列。

（五）学生工作

为进一步提高 "双培计划" 的实施质量，有效促进优质教育资源的深度共享，结合《北京市高等学校高水平人才交叉培养 "双培计划" 实施指导意见》，中央财经大学保险学院联合首都经济贸易大学、北京工商大学组织召开了 "双培计划" 人才培养机制研讨会暨 "双培计划" 虚拟教研室活动。此次研讨会从 "双培" 生人才培养工作的实际出发，以问题为导向，为完善和创新人才培养机制，培养经济发展与社会建设的高水平人才明确了方向，也为今后进一步推进三校之间交流合作与优质资源共享奠定了坚实基础。

2018 年

（一）出访交流活动

1. 2018 年 7 月 26 日～8 月 25 日，保险学院刘敬真副教授指导的 2017 级精算学硕士生林荔圆与王奕可应邀赴香港理工大学应用数学系进行为期一个月的研究工作，并获得香港理工大学的全额资助。

2. 2018 年 11 月 10～21 日，中国精算研究院廖朴副教授赴澳大利亚麦考瑞大学开展 SOA 合作项目研究。

（二）主办国际会议

2018 年 7 月 13～14 日，中国精算研究院成功举办"第二届最优保险和再保险国际研讨会"。来自国内外大学、科研机构、保险公司的 60 余名专家学者参加了此次会议。本次会议邀请到了中科院夏建明研究员、阿姆斯特丹大学蒂姆·布伦（Tim Boonen）教授、香港大学张嘉俊（Ka Chun Cheung）教授等 20 多位专家作了报告。报告内容涵盖了最优再保险、再保险定价、保险需求等问题。

（三）学术交流活动

1. 2018 年 5 月，保险学院共计有 12 名学生在中国平安励志计划学术论文竞赛中分获保险组奖一、二、三等奖，占此次活动保险组全部获奖论文的 40%，连续 14 年在此项面向全国高校保险专业学生的学术论文评奖活动中夺魁。

2. 2018 年 7 月 15～18 日，保险学院 2017 级精算学研究生王奕可同学应邀赴澳大利亚悉尼参加第 22 届年度学术交流会议。

3. 2018 年 7 月 18～21 日，保险学院寇业富教授、伍慧玲副研究员及 2 名博士研究生（付煜、刘兵）、1 名硕士研究生（陈山河）和 13 名本科生（雷妮妮、杜尚隆、齐恒昕、郝祎琳、贾晓颖、刘翔宇、杨轩睿、王崧涵、左明慧、于靖海、陈天娇、田泽、严宇豪）应邀赴河北保定参加由清华大学经管学院和伦敦城市大学卡斯学院主办的 2018 年中国保险与风险管理国际年会（CCIRM）。

4. 2018 年 7 月 29 日～8 月 1 日，保险学院 2 名博士研究生（刘兵、孙喆）及 6 名硕士研究生（王舜尧、董雪、祁琪、陈山河、明岑、王晓）应邀赴新加坡参加亚太风险与保险学会（APRIA）国际年会并做了分会场演讲。

5. 2018 年 8 月 4～5 日，保险学院副院长周明研究员、孟辉研究员、池义春研究员、伍慧玲副研究员及 2016 级保险博刘兵应邀赴青岛参加了由中国工业与应用数学学会金融数学与工程和保险精算专业委员会主办，山东大学协办的第一届金融数学与工程和精算保险研讨会，并报告了最新的研究成果。

6. 2018 年 8 月 25～26 日，2017 级精算研究生林荔园同学应邀赴西安参加了"中国运筹学会金融工程与金融风险管理分会第八届学术年会"，并在金融优化与决策会场报告了其与刘敬真副教授合作的题为《带消费习惯的最优消费、寿险和投资决策》一文。

7. 2018 年 12 月 7 日，"精算理论前沿发展学术报告会"在中国精算研究院 506 会议室成功举办。来自中国人民大学、南开大学、南京财经大学、湖南师范大学、河北工业大学、曲阜师范大学、中央财经大学的 20 余名专家学者参加了此次会议。

（四）学科建设

1. 2018 年 5 月 14 日，北美精算师协会正式确认中央财经大学获得"Centers of Actuarial Excellence"（CAE）认证。中央财经大学成为我国高校中第一所、也是目前唯一一所获得 CAE 殊荣的高校。

2. 2018 年 5 月 18 日，中央财经大学与英国精算师协会正式签约，确定中央财经大学保险学院"资产负债管理"课程获得英国精算师协会"精算风险管理（Actuarial Risk Management，CA1）"课程考试豁免资格。截至目前，中央财经大学是亚洲唯一一所获得 CA1 考试豁免的高校。

3. 2018 年 5 月 19 日，保险学院顺利通过应用经济学一级学科授权点合格评估。

（五）党务工作

1. 2018 年 5 月 26 日，保险学院党委组织师生赴石门山开展素质拓展活动。

2. 2018 年 5 月 29 日，学院党委以"每日一课"微党课平台为载体，加强党员经常性学习教育的项目，获得学校党建基金重点项目立项。

（六）学生工作

1. 2018 年 3 月 20 日～5 月 31 日，保险学院篮球队参加"中财杯"篮球赛，最终保险学院男子篮球队获得"中财杯"篮球赛冠军。

2. 2018 年 6 月，保险学院与华泰财产保险有限公司签署合作协议，成立了保险学院第 16 个实习基地。